참으로 신실하게

믿음이란
한 알의 밀알이 땅에 떨어져 죽음으로 많은 열매를 맺음과 같이
진리의 열매를 위하여 스스로 죽는 것을 뜻합니다.
눈으로 볼 수는 없으나 영원히 살아 있는 진리와
목숨을 맞바꾸는 자들을 우리는 믿는 이라고 부릅니다.
「믿음의 글들」은 평생, 혹은 가장 귀한 순간에
진리를 위하여 죽거나 죽기를 결단하는
참 믿는 이들의, 참 믿는 이들을 위한, 참 믿음의 글들입니다.

참으로 신실하게

이재철 지음

홍성사

책머리에

    지정학적으로 유럽의 중심인 스위스 제네바에서 생활하던 3년 내내, 나는 본질적인 것들을 생각할 수밖에 없었다. 기독교 역사(歷史)는 있지만 말씀의 역사(役事)는 없고, 기독교 문화는 융성하되 사람이 거듭나는 생명은 실종되고, 예배당은 무수하나 신자는 사라지고, 신학은 건재하지만 신앙은 부재하며, 인간은 실존하나 하나님은 부정되는 유럽의 한 가운데에서 말이다. 그 속에서 나는 대체 하나님의 말씀이 내겐 어떤 의미인지, 믿음과 구원이란 구체적으로 무엇인지, 그리고 크리스천으로 살아간다는 것은 궁극적으로 무엇을 뜻하는지를 숙고치 않을 수 없었다. 그리고 얻은 지극히 간단한 결론이 있었다. 신앙이란 신실이고, 신실이란 본질에의 신실함이란 것이다.

    이 책에 수록된 글들은 1여 년 전, 독일 슈투트가르트에서부터 시작하여 주로 유럽 지역의 청년들과 함께 묵상했던 내용들이다. 물론 그간 세계 여러 곳의 장년들과도 같은 내용으로 깊은 은혜를 나누었으나, 작년 가을 귀국하여 고국의 청년들을 만날 때까지 시간이 흘러갈수록 청년들을 향한 애정이 더욱 깊어져 갔고, 그 애정이 나로

하여금 스위스에서 귀국한 후 무엇보다도 먼저 청년들을 위하여 이 책을 쓰게 만들었다.

내일을 위해 자신의 바탕을 닦고 있는 청년들이 결코 잊어서는 안 될 사실이 있다.

하나님께서는 심령이 오염된 절대다수가 아니라 신실하게 깨어 있는 소수를 통해 인류의 미래를 늘 새롭게 하시며, 신실한 중심은 오늘, 청년의 때부터 길들여지지 않으면 안 된다는 것이다.

2002년 1월 15일

차 례

책머리에 4

01 말씀 그 절대성 9
크리스천의 벨류 이노베이션 / 제기되는 의문들 / 말씀-하나님의 사랑 / 말씀과 자기통합 / 말씀의 사람이 되기 위한 전제 / 맺음말

02 믿음 그 완전성 73
믿음의 출발점 / 하나님을 믿는다는 것 / 참된 믿음의 증거 / 맺음말

03 구원 그 영원성 145
기적 중의 기적 / 하나님의 본심 I / 하나님의 본심 II / '하나님의 본심'에 담긴 메시지 / 맺음말

04 삶 그 현장성 215
산은 산이고 물은 물이다 / 갈릴리로 가라 하신 의미 / 우리의 갈릴리-일터 / 우리의 갈릴리-가정 / 맺음말

01

말씀 그 절대성

어떤 율법사가 일어나 예수를 시험하여 가로되 선생님 내가 무엇을 하여야 영생을 얻으리이까? 예수께서 이르시되 율법에 무엇이라 기록되었으며 네가 어떻게 읽느냐 대답하여 가로되 네 마음을 다하며 목숨을 다하며 힘을 다하며 뜻을 다하여 주 너의 하나님을 사랑하고 또한 네 이웃을 네 몸과 같이 사랑하라 하였나이다 예수께서 이르시되 네 대답이 옳도다 이를 행하라 그러면 살리라 하시니
누가복음 10:25-28

크리스천의 벨류 이노베이션

한국계 미국인인 찬 킴(Chan Kim) 교수가 주창한 '벨류 이노베이션'(value innovation, 가치혁신) 이론이 구미 사회에서 주목을 받고 있다. 기술혁신 혹은 경영혁신이란 말은 있어 왔으나 가치혁신이란 용어는 챤 킴이 처음으로 주창하였다. 이 이론의 핵심은, 기업은 고객이 추구하는 가치가 무엇인지를 파악하여 그 가치를 창출해 내기 위해 필요한 모든 것을 혁신해야 한다는 것이다. 구체적인 예를 들어 보기로 하자.

한때 전 세계적으로 극장이 사양길을 걷던 적이 있었다. 그때 벨기에의 어느 극장주가 한 가지 중요한 사실을 발견하게 되었다. 사람들이 20대를 끝으로 극장에서 발길을 끊어 버린다는 것이었다. 예전엔 남녀노소를 불문하고 극장을 즐겨 찾았는데, 세월이 흐르자 이상하게도 30대가 되기만 하면 극장과는 전혀 상관 없는 사람이 되어 버리는 것이었다. 그 극장주는 왜 사람들이 30대가 되면서부터 극장

출입을 마다하는지 그 이유를 찾아보기에 이르렀는데, 이유인즉 이랬다.

첫째, 30대란 대부분 어린아이를 가진 부부가 되었음을 의미한다. 따라서 부부가 함께 극장에 가기 위해서는 매번 누군가에게 어린아이를 맡겨야만 하는데 그 번거로움을 꺼려하는 것이었다. 둘째, 30대부터는 자기 소득 증대로 인해 자연히 안락한 삶을 추구하기 마련인 반면, 오래 전에 지어진 극장의 의자는 전후좌우가 모두 협소하여 2시간 동안 앉아 있기에는 불편하기 짝이 없었다. 셋째, 시대의 발전으로 30대는 거의 자동차를 소유하고 있지만, 옛날 시내 중심에 자리 잡은 극장엔 주차장이 전혀 없는 실정이었다. 일단 자동차를 생활화하기 시작한 사람이 오직 극장에 가기 위해 정거장까지 걸어가서 전차나 버스로 움직인다는 것은 쉬운 일이 아니었다. 넷째, TV와 비디오의 발달로 단지 한 편의 영화 감상을 위해 극장에 간다는 것은 별다른 매력일 수가 없었다.

이상과 같은 사실은, 극장주로 하여금 30대 이후의 사람들이 극장과 관련하여 추구하는 가치가 무엇인지를 깨닫게 해 주었다. 즉 극장에 갈 때엔 손쉽게 어린아이를 맡길 수 있어야 하고, 극장엔 주차장이 겸비되어 있어야 하며, 극장의 좌석은 안락해야 하고, 나아가 극장은 단순히 한 편의 영화 감상에 그치지 않는 다양한 놀이터가 되어야 한다는 것이었다. 이와 같은 가치를 확인한 극장주는 그 가치를 구현하기 위하여 당시로서는 혁신적인 방안을 실행하였다.

즉 시내 중심가가 아닌 변두리 넓은 땅을 싼 가격에 구입하여 극장을 짓고 주차장을 완비하였다. 주차장을 제공하는 한, 자동차를 가진 사람에게 약간의 거리는 문제가 되지 않는다는 판단에서였다.

그리고 극장 안에 탁아소를 설치하여 부모가 마음 놓고 영화를 감상할 수 있게 하였다. 물론 보다 크고 안락한 의자를 설치하여 쾌적감을 더 높였다. 그리고 하나의 극장 안에 여러 개의 작은 상영관을 두어 관객들이 원하는 대로 영화를 선택하여 볼 수 있게 하였다. 한 걸음 더 나아가 극장 안에 스낵코너와 게임기까지 설치하여 명실공히 종합적인 오락장이 되게 하였다. 그리고 그의 가치혁신이 30대 이후 사람들의 큰 호응을 얻었음은 두말할 나위도 없다. 바로 이것이 오늘날 전 세계적으로 붐을 일으키고 있는 복합상영관(multiplex)의 효시이며, 이러한 복합상영관의 등장이 사양길을 걷던 영화산업의 부흥을 가능케 한 동인(動人) 중의 하나가 되었다고 한다.

    기업은 고객을 왕이라 부른다. 고객 없는 기업이란 존재할 수 없는 까닭이다. 그러므로 기업이 그 존속을 가능하게 해 주는 왕(고객)이 추구하는 가치를 바르게 파악하여, 그 가치를 실현하기 위해 끊임없이 자신을 혁신해 가는 것은 기업의 당연한 몫일 수밖에 없다. 그것 없이는 그 어떤 기업도 도태하기 마련이다.

    크리스천이란 인간을 창조하신 하나님을 우리의 왕, 주인으로 모시고 살아가는 자들이다. 다시 말하면 크리스천은 주인이신 하나님께서 인간에게 요구하시는 가치가 무엇인지를 바르게 깨닫고, 그 가치를 구현하기 위해 중단 없이 자기혁신을 꾀하는 자이어야만 한다. 그 가치혁신 없이는 하나님을 주인으로 바로 섬길 수도, 참된 크리스천이 될 수도 없다.

    그렇다면 인간이 추구하지 않으면 안 될 가치혁신이란 과연 무엇인가? 신약성경 누가복음 10장에 나오는 어느 율법사 이야기가 그 해답을 제시해 주고 있다.

어느 날 한 율법사가 예수님을 찾아와, '영생'에 대해 물었다.

선생님, 내가 무엇을 해야 영생을 얻겠습니까?

(눅 10:25 표준새번역)

그러나 그는 주님으로부터 답을 얻기 위해 질문한 자가 아니었다. 질문의 목적은 하나, 주님께서 무엇이라 답하시든 간에 그 대답을 빌미로 주님을 올무에 빠트리기 위함이었다.

옛소련이 해체되기 전 KGB가 무소불위의 권력을 휘둘렀음은 잘 알려진 사실이다. KGB의 중요한 임무 중 하나는 최고 권력자의 눈 밖에 난 사람을 숙청하는 일이었다. 그때 KGB가 가장 즐겨 사용한 방법 중 하나는 숙청 대상자의 글을 입수하는 것이었다고 한다. 긴 글이 필요치 않았다. 단 한 줄의 글만 입수하면 충분했다. 이를테면 숙청 대상자가 직접 쓴, "나는 당신을 사랑합니다"라는 글을 입수하였다고 치자. 그것으로 모든 것은 끝났다. 숙청 대상자를 잡아다가, "뭐? 당신을 사랑한다고? 여기에 쓴 당신이 대체 누구야? 네가 사랑한다는 당신이란 바로 미제국주의지?" 하고 뒤집어씌우는 것으로 간단하게 상대를 제거하였다는 것이다.

바로 누가복음 10장의 율법사가 이와 똑같았다. 당시의 율법사란 하나님의 말씀인 율법에 통달한 사람이었다. 뿐만 아니라 단어나 토씨 하나 틀리지 않고 율법을 정확하게 암송할 수 있었다. 그러므로 마치 옛소련의 KGB처럼, 그 역시 주님의 긴 대답을 필요로 하지 않았다. 단 한 줄이면 족했다. 자신의 질문에 대한 주님의 답변이 어떠하든 상관없이, 그는 그 답변을 꼬투리 삼아 얼마든지 주님을 올무에 빠트릴 수 있다고 스스로 믿는 자였다. 그는 그만한 실력과 자신감을 지니고 있었던 것이다.

그와 같은 율법사의 사악함을 모르실 리 없는 주님께서는 오히려 그에게 반문하셨다.

율법에 무엇이라고 기록하였으며, 너는 그것을 어떻게 이해하고 있느냐?(눅 10:26 표준새번역)

말하자면 이 말씀은 이런 의미였다. 넌 자신만만한 율법사가 아니냐? 너 스스로 율법에 통달한 자라면서? 그렇다면 너 자신이 이미 답변을 가지고 있을 것이 아니냐? 어디, 그것을 말해보렴.

이에 율법사는 주님의 말씀이 끝나자마자 자신만만하게 대답하였다.

'네 마음을 다하고 네 목숨을 다하고 네 힘을 다하고 네 뜻을 다하여, 주 너의 하나님을 사랑하여라' 하였고, 또 '네 이웃을 네 몸같이 사랑하여라' 하였습니다. (27절 표준새번역)

이것은 참으로 흠 잡을 데 없는 모범답안이었다. 그도 그럴 것이 율법사는 구약성경 신명기 6장 5절과 레위기 19장 18절을 토씨 하나 빠짐없이 그대로 외웠기 때문이다. 과연 그는 율법사로 불리기에 조금도 손색이 없는 인물이었다.

이제 다시 예수님 차례였다. 율법사는 예수님의 입에서 나올 답변을 기다리면서 예수님을 공격할 만반의 준비를 갖추고 있었다. 자신의 정확한 모범답안이 예수님의 입장을 난처하게 만들었음이 틀림없다고 여기면서 말이다. 그러나 주님의 말씀은 율법사의 예상과는 전혀 달랐다.

네 대답이 옳다. 그대로 **행하여라**. 그러면 살 것이다.

(28절 표준새번역)

율법사는 자신이 하나님의 말씀을 이만큼 안다는 것을 과시한 반면, 주님께서는 하나님의 말씀을 '행할 것'을 요구하셨다. 믿음이란 '앎'이 아니라 '삶'인 까닭이었다. 한마디로 말하면, '네가 아무리 하나님의 말씀에 통달하였다 할지라도 그 말씀을 행하지 아니하면 하나님을 진정으로 믿는 자일 수 없다'는 의미였다. 이는 참으로 형식주의에 빠져 있던 율법사의 정곡을 찌르는 말씀이었다. 그러나 그것으로 순순히 물러날 율법사도 아니었다. 그는 자신을 과시함과 아울러 또 다른 공격의 단서를 찾기 위해, 그렇다면 사랑해야 할 이웃이 누구인지를 주님께 다시 물었다. 이 질문에 대한 주님의 답변이 바로 그 유명한 '선한 사마리아인의 비유'이다.

어떤 사람이 예루살렘에서 여리고로 내려가다가 강도를 만났다. 강도들은 행인의 물품만 강탈한 것이 아니라 심한 구타까지 가한 뒤에 도망가 버렸기에, 그는 거의 초죽음 상태로 길가에 버려져 있었다. 마침 그 곁을 제사장과 레위인이 차례로 지나갔지만, 그들은 약속이라도 한 듯 모두 그를 보고서도 외면해 버리고 말았다. 제사장과 레위인이라면 그들 역시 하나님의 말씀에 통달한 자들이었다. 그들은 그 경우 어떻게 해야 하는지, 하나님의 말씀을 정확하게 알고 있는 자들이었다. 그러나 그들은 자신들이 알고 있는 하나님의 말씀을 실행할 의사를 전혀 지니고 있지 않았다.

이번에는 한 사마리아인이 그 현장을 지나가게 되었다. 사마리아인이라면 당시 제사장이나 레위인 같은 유대인들이 인간으로 취급해 주지 않던 부류의 사람들이다. 누구보다도 혈통을 중요시하던 유대인의 관점에서 볼 때, 사마리아인에겐 이방인의 피가 섞여 있기 때문이기도 하려니와 하나님의 말씀에 대해 무지하다고 여겼기 때문이다. 그런데 그 인간 같잖은 사마리아인은 피투성이가 된 채 길가에 쓰러져 있는 행인을 보고 지체 없이 멈추어 섰다. 자신이 지니고 있던 기름과 포도주로 응급처치를 한 뒤에, 그 행인을 자기 나귀에 싣고 주막으로 가서 그를 돌보아 주었다.

인간의 마음이란 밤과 낮이 다른 법이다. 밤에는 반드시 하리라 결심했던 것을, 날이 샘과 동시에 포기해 버리기 일쑤인 것이 인간의 마음이다. 그러나 이 사마리아인은 달랐다. 밤이 지나 이튿날 아침이 되었건만, 그 불쌍한 행인에 대한 그의 마음엔 변함이 없었다. 그는 길을 떠나면서 주막 주인에게 이틀 분의 임금에 해당하는 두 데나리온을 맡겼다. 강도 만난 자를 위한 숙박비와 치료비였다. 만약 비용이 더 든다면 돌아오는 길에 갚아 주겠다는 약속과 함께 말이다. 사마리아인인 그는 제사장이나 레위인의 평가처럼 하나님의 말씀에 통달한 자는 아니었을는지 모르지만, 그럼에도 하나님 말씀의 정신을 삶으로 실천하는 자임엔 틀림없었다.

이 긴 이야기를 마치신 주님께서 율법사에게 재차 물으시고, 이에 대한 율법사의 답변이 이어졌다.

너는 이 세 사람 가운데서, 누가 강도 만난 사람에게 이웃이 되어 주었다고 생각하느냐?(36절 표준새번역)

그에게 자비를 베푼 사람입니다.(37절·상 표준새번역)

이번에도 율법사의 대답은 역시 모범답안이었다. 그러나 주님께서는 그 모범답안을 인정하지 않으셨다. 주님께서 율법사를 향해 내리신 결론은 이러하였다.

가서, 너도 그와 같이 **하여라**.(37절·하 표준새번역)

이번에도 주님께서 되풀이하여 강조하신 것은 '행하라'는 것이었다. '행하라'는 이 한 마디를 말씀하기 위해 주님께서는 '선한 사마리아인의 비유'를 길게 이야기하신 것이다. 그렇다면 본문의 내용을 토씨 하나 틀림없이 외우면서도 실천하지는 않는 자가 참된 크리스천이겠는지, 아니면 선한 사마리아인의 비유가 성경 어디에 기록되어 있는지는 잘 모르지만 그 말씀을 삶 속에서 구현하는 자가 참된 크리스천이겠는지, 그 해답이 너무나도 자명하여 재론의 여지조차 없다.

바로 여기서 우리는 하나님께서 인간에게 요구하시는 가치, 다시 말해 크리스천이 추구하지 않으면 안 될 가치가 무엇인지를 분명히 알게 된다. 그것은 두말할 것도 없이 하나님의 말씀을 행하는 것, 곧 말씀을 따라 사는 것이다. 믿음이란 하나님의 말씀에 대한 믿음이요, 말씀에 대한 믿음은 반드시 말씀대로 사는 삶을 수반하는 까닭이다.

크리스천의 자기혁신

로고스이신 주님께서 이 땅에 오시어 우리에게 말씀을 주셨다. 이유는 하나, 우리로 하여금 그 말씀을 믿고 말씀대로 살게 하시기 위함이었다. 그렇다고 해서 단지 주님께서 말씀만 하신 것은 아니었다. 주님께서 제자들과 이른바 '최후의 만찬'을 가지신 뒤, 고난을 당하시기 전 제자들에게 남기신 마지막 유훈(遺訓)의 말씀이 요한복음 14장부터 16장에 걸쳐 기록되어 있다. 그 가운데 다음과 같은 말씀이 있다.

> 이후에는 내가 너희와 말을 많이 하지 아니하리니 이 세상 임금이 오겠음이라 그러나 저는 내게 관계할 것이 없으니 오직 내가 아버지를 사랑하는 것과 아버지의 명하신 대로 행하는 것을 세상으로 알게 하려 함이로라 일어나라 여기를 떠나자
>
> (요 14:30-31)

여기서 '세상 임금'이란 주님을 못박으려는 악한 무리를 의미한다. 그 사악한 무리가 지금 다가오고 있지만 전혀 개의치 않으시고 당신께서 성부 하나님을 얼마나 사랑하는지, 그리고 하나님께서 명하신 것을 얼마나 철저하게 행하는지를 친히 보여 주시기 위해 이제부터는 말을 많이 하지 않을 것이라고 천명하셨다. 그리고 실제로 주님은 말없이 십자가를 지시고 당신의 말씀 그대로 실행하셨다. 로고스이신 주님께서 이 땅에 오시어 말씀하신 까닭이 말씀 그 자체에 있는 것이 아니라, 당신의 말씀을 당신의 삶으로 몸소 보여 주시기

위함이었다. 왜 십자가를 져야 하는지, 그 결과는 무엇인지, 십자가의 죽음을 통한 부활의 영광이 얼마나 찬란한지를 인간에게 일깨워 주기 위해 그분은 말씀하셨고, 그 말씀을 실천하셨던 것이다.

만약 그분이 몸소 행함을 보이지 않고 단지 말씀하기만 하셨다면, 그분의 로고스란 실체 없는 관념에 지나지 않았을 것이다. 하지만 주님께서 당신의 말씀을 몸소 행하심으로 그분의 로고스는 육화(肉化, incarnation)를 이룰 수 있었고, 그 육신을 가진 채로 돌아가셨다가 그 육신으로 부활하심으로써, 당신의 말씀은 관념이 아니라 육체를 가진 인간을 영원히 구원하는 살아 계신 생명의 말씀임을 친히 보여 주셨다.

크리스천이란, 이처럼 말씀을 삶으로 보여 주신 주님을 생의 주인으로 모신 자이다. 그렇기에 말씀대로 살지 않고서는 말씀을 삶으로 실증하신 예수 그리스도의 제자가 될 도리가 없다. 이것이 주님께서 다음과 같이 말씀하시는 이유이다.

> 나의 계명을 가지고 지키는 자라야 나를 사랑하는 자니 나를 사랑하는 자는 내 아버지께 사랑을 받을 것이요 나도 그를 사랑하여 그에게 나를 나타내리라(요 14:21)

주님께서는 당신을 사랑한다는 것을 당신의 말씀을 지켜 행하는 것과 동일시하셨다. 그 이외에 사랑의 진위를 판가름할 다른 방법이란 없다. 바꾸어 말하면, 누가복음에 나오는 율법사처럼 주님을 사랑한다면서 설령 말씀에 통달한 자라 할지라도 주님의 말씀을 행하려 하지 아니하면 그는 참된 크리스천일 수 없다는 말이다.

그러므로 크리스천이 추구해야 할 최고의 가치혁신이란, 재론의 여지없이 말씀대로 사는 삶이다. 주님의 말씀을 좇아 그 말씀을 행하며 살아가는 삶을 위해 크리스천은 날마다 자기혁신을 이루어가야 한다. 그 이유는 너무나도 간단하다. 그것 아니고는 크리스천 됨의 참된 증거가 달리 있을 수 없기 때문이다.

제기되는 의문들

부처님의 가르침을 따르지 않는 자가 어떤 경우에도 바른 불교신자일 수 없듯이, 주님의 말씀을 행하며 사는 자만이 참된 크리스천일 수 있다는 것은 전혀 새로운 사실이 아니다. 그러나 바로 여기에 모든 크리스천의 심각한 고민이 도사리고 있다.

대부분의 크리스천들이 말씀대로 살아야 할 당위성은 익히 알고 있으면서도, 막상 실생활 속에서는 말씀을 좇아 사는 것을 대단히 힘들어하고 또 불편하게 생각하고 있다. 말씀 자체를 도저히 질 수 없는 짐으로 여기고 고통스러워하거나, 아예 말씀대로 산다는 것은 불가능하다고 체념해 버리기도 한다. 이것이 말씀대로 살아야 할 대부분의 크리스천들이 당면하고 있는 심각한 딜레마이다. 그런데 그 뚜껑을 열어보면, 그 속에는 공통적으로 피해의식이 자리 잡고 있음을 알게 된다. 즉 하나님의 말씀대로 산다는 것은 그야말로 일방적으로 하나님만을 위한 것이요, 그로 인해 인간은 끊임없이 희생과 고통을 감수해야만 한다는 피해의식이다. 그래서 하나님의 말씀대로 살 것을 요구하시는 하나님이 때론 야속하고 심술궂게 여겨지기도 한다.

그러나 우리는 여기서 냉철해지지 않으면 안 된다. 이 피해의식의 허구성을 바르게 인식하지 않는 한 거기로부터 벗어날 길은 없고, 그릇된 피해의식에 사로잡혀 있는 한 말씀대로 살아가는 성숙에는 이를 수 없다. 과연 내가 말씀대로 사는 것은 하나님의 유익만을 위함인가? 그것은 일방적으로 하나님께 득이 되는 일이요, 내겐 손실만 초래하는 일인가? 아니, 내가 하나님의 말씀대로 살지 않는다면 하나님께 무슨 불이익이라도 돌아가는가?

우리 다 함께 욥기 35장 6-7절 엘리후의 말에 귀를 기울여 보자.

> 네가 범죄한들 하나님께 무슨 영향이 있겠으며 네 죄악이 관영한들 하나님께 무슨 관계가 있겠으며 네가 의로운들 하나님께 무엇을 드리겠으며 그가 네 손에서 무엇을 받으시겠느냐?

참으로 지당한 말이다. 내가 하나님의 말씀대로 살기 때문에 하나님께서 비로소 창조주 하나님이 되시는 것이 아니다. 내가 말씀대로 살지 않기 때문에 하나님의 거룩하심에 흠집이 생기는 것도 아니다. 나의 삶과는 상관없이 하나님께서는 본래부터 창조자시요, 전능자시며, 거룩한 분이시고 또한 영원한 분이시다. 자신이 키우는 개의 종류와 무관하게 그 주인은 언제나 사람이듯이 말이다. 그렇다면 하나님께서는 왜, 당신께 유익이 되는 일이 아님에도 우리에게 당신의 말씀대로 살 것을 요구하고 계시는가?

이 질문에 대한 해답은 신명기 10장 12-13절이 제시해 주고 있다.

> 이스라엘아 네 하나님 여호와께서 네게 요구하시는 것이 무엇이냐 곧 네 하나님 여호와를 경외하며 그 모든 도를 행하고 그를 사랑하며 마음을 다하고 성품을 다하여 네 하나님 여호와를 섬기고 내가 오늘날 **네 행복을 위하여** 네게 명하는 여호와의 명령과 규례를 지킬 것이 아니냐

하나님의 말씀대로 사는 것은 하나님만을 위한 것이란 인간의 피해의식과는 달리, 하나님께서는 인간의 행복을 위하여 당신의 말씀을 좇아 살 것을 요구하고 계신다. 한마디로 말해, 하나님께서는 당신 자신을 위해서가 아니라 바로 인간인 우리를 위해 그 같은 명령을 하고 계시는 것이다. 왜 그런가? 왜 하나님의 말씀을 행하며 사는 것이 우리 자신을 위하는 일인가? 이 질문을 스스로 이해하기 위해서는 먼저, 인생에 대한 바른 이해가 선행되지 않으면 안 된다.

요즈음 보건복지부가 TV를 통해 내보내고 있는 금연캠페인 광고는 보는 이의 가슴을 저미게 한다. 광고에 등장하는 사람은, 후두암을 앓으면서도 담배를 피우다가 마침내 목소리를 잃어 버린 실제 인물이다. 그가 있는 힘을 다해 목구멍의 바람소리만으로 단 한 마디를 말하는 것으로 광고는 끝난다. 그러나 전문인이 아니고서는 그 바람소리의 말을 알아들을 수 없기에, 실제로는 화면에 자막이 나타나는 것으로 끝나고 있다. 그 자막의 내용은 다음과 같다.

시간을 되돌릴 수만 있다면!

이 얼마나 가슴 아픈 말인가? 시간을 되돌릴 수만 있다면!—이것은, 그릇된 지난 삶에 대한 회한의 절규인 동시에 순식간에 지나가 버린 세월에 대한 한탄이다. 그렇다. 인생은 한 순간에 흘러가 버리고, 한 번 지나간 시간은 다시는 되돌아오지 않는다. 그러나 이것이 어찌 그만의 일이겠는가?

내가 지난 3년 동안 스위스에서 체류하면서 누구보다도 가깝게 지냈던 스위스 사람으로는 단연 몽몰렝(Montmollin) 목사님 부부였다. 그분들은 모두 칠십이 넘은 노부부였다. 젊은 시절 몽몰렝 목사님이 아르헨티나에서 선교사로 사역할 때 부인은 그곳 신학교의 교수로 재직하였고, 그 이후 스위스로 귀국한 뒤에 목사님은 제네바의 상징인 생 삐에르 교회(St. Pierre Cathédrale) 담임목사를 역임하였다. 말하자면 그 두 분은 스위스 교회를 대표하는 목회자 부부였다.

지난 1999년, 내가 아르헨티나를 다녀 온 직후에 그분들을 뵈었을 때였다. 자연히 대화의 주 내용은, 그분들이 자신의 젊은 시절을 보내었던 아르헨티나였다. 대화가 끝날 때쯤 부인이 이런 말을 하는 것이었다.

"그래요. 지금도 대서양을 건너가기만 하면, 젊은 시절 우리 부부가 살았던 아르헨티나는 여전히 그곳에 있어요. 그러나 그 시절의 우리 부부는 찾을 길이 없군요. 눈 깜짝할 사이에 남아 있는 것이라곤, 이처럼 노인이 되어 버린 우리 자신뿐이니 말입니다."

그 역시 순식간에 지나 버린 자기 인생에 대한 탄식이었다. 그러나 그와 같은 탄식을 그녀에게서 처음 들은 것은 아니었다. 묘하게도 똑같은 표현을 영국의 시인 알프레드 하우스만(Alfred E. Housman)의 시에서도, 근대 중국의 석학인 오경웅 박사의 책 속에서도 만난 적이 있었다. 아니, 그와 같은 탄식은 동서고금을 막론하고 인간이 있는 곳이면 어디서든 접할 수 있는 공통적인 표현이다. 언제 어디서나 인생은 예외 없이 눈 깜짝할 사이에 사라지는 탓이다. 그래서 일흔 살에 세상을 떠난 다윗 역시 눈앞에 임박한 자신의 죽음을 바라보며 다음과 같이 고백할 수밖에 없었다.

사람은 헛것 같고 그의 날은 지나가는 그림자 같으니이다
(시 144:4)

다윗이 얼마나 분명한 삶을 살았던가? 천하무적이라는 골리앗을 단숨에 쓰러뜨리고 왕족이 아니면서도 왕좌의 주인이 되는 등, 그 얼마나 선이 굵은 인생을 뚜렷하게 살았던가? 하지만 그 또한 인생이 얼마나 빨리 지나가 버렸던지, 마치 있는 것 같아 보였는데 실은 아무것도 없는 헛것 혹은 그림자처럼, 순식간에 그의 생이 끝나 버렸음을 탄식하였다. 그런데 유대인의 탈무드는 바로 다윗의 이 고백에 대해 다음과 같은 주석을 달아 두었다.

인생은 그림자라 경에 일렀으니 서 있는 나무나 바위의 그림자인가? 아니다. 날아가는 새의 그림자로다. 새가 날아간 뒤에는 새도 없고 그림자도 없느니라.

만약 인생이 그림자라 할지라도 나무나 바위의 그림자라면 절망

하지 않을 수도 있다. 오늘 해가 서산으로 짐과 동시에 그림자 역시 비록 사라지긴 하지만, 내일 아침 동녘이 밝아 옴과 동시에 사라졌던 그림자는 다시 뚜렷하게 그 모습을 드러낼 것이기 때문이다. 그러나 인생은 그림자이되 새의 그림자, 그것도 날아가는 새의 그림자라는 것이다. 새가 얼마나 빨리 날아가 버리는가? 그 속도와 정비례하여 그림자마저 사라지고 만다. 인생이란 그처럼 속절없이 빠르게 날아가 버리는 것이다. 그렇기에 모세마저 이렇게 한탄하지 않았던가?

우리의 연수가 칠십이요 강건하면 팔십이라도 그 연수의 자랑은 수고와 슬픔 뿐이요 신속히 가니 우리가 날아가나이다
(시 90:10)

천하의 모세라고 해서 그의 인생이 한도 없이 더디게 간 것은 결코 아니었다. 그의 인생이 다윗과 삶의 자리와 시기는 달랐을지언정, 그 속도에 관한 한 전혀 다를 바가 없었다.

그대 청년들은 아직 젊기에, 인생이 순식간에 끝난다는 사실을 절감치 못할지도 모른다. 그러나 한번 자신이 지나온 날을 되돌아보라. 유치원에 다니고 초등학교 학생이었던 때가 엊그제 같은데 눈 깜짝할 사이에 벌써 청년이 되어 있지 않은가? 이것이 정녕 사실이라면, 그렇다면 앞으로 두세 번만 더 눈을 깜짝거리고 나면 그대의 인생도 막을 내리지 않겠는가? 지혜로운 청년이란, 청년의 때부터 이 사실을 알고 살아가는 사람이다.

일반적으로 사람들은 시간이란 마치 강물처럼 과거에서 현재를 거쳐 미래를 향해 흘러가는 것으로 인식하고 있다. 어제 강원도에서

출발한 한강이 오늘 서울을 거쳐 내일 서해로 빠져 나가듯 말이다. 그러나 어거스틴은 이와는 정반대의 시간관을 지니고 있었다. 즉 '시간은 과거에서 미래로 나아가는 것이 아니라 미래로부터 현재의 나를 향해 달려왔다가 과거로 역류한다'는 인식이었다. 이와 같은 시간관을 가진 자는 전자에 비해 훨씬 적극적인 삶을 살 수 있다.

가령 이것을 사람과 강물의 관계로 생각해 보자. 흘러가는 강물 앞에서 사람은 구경꾼이나 방관자가 되기 마련이다. 강둑에 앉아 강의 흐름을 한가로이 감상하거나 아니면 뱃놀이를 즐길지도 모른다. 그러나 어떤 사람이 벌판에서 일을 하고 있는데 갑자기 둑이 터져 강물이 자신을 향해 몰려오고 있다고 치자. 그때, 아 강물이 덮쳐 오는 구나, 하면서 그 물을 감상할 사람은 아무도 없을 것이다. 적어도 정상적인 사람이라면 그 물을 피하든지 아니면 거슬러 올라가든지, 어떻게든 적극적으로 대응하게 될 것이다. 이와 같은 이치로, 시간이 미래에서 현재의 나를 향해 달려왔다가 과거로 역류한다고 생각하는 자들이 종전의 시간관을 가진 자들에 비해 매사에 적극적인 삶을 살기 마련이다. 그러나 이 두 시간관 중에 어떤 시간관을 갖고 있더라도 거기엔 한 가지 공통점이 있다. 어떤 경우이든, 시간은 순식간에 사라져 버린다는 의미에서 양자는 모두 동일하다는 것이다.

60년대 초에 허버트 조지 웰스의 과학소설 〈타임머신〉(*The Time Machine*)이 영화로 만들어져 상영된 적이 있었다. 한 과학자가 과거와 미래를 마음대로 넘나들 수 있는 타임머신을 만들어 기상천외한 시간여행을 한다는 내용이다. 나중에 미국의 영화감독 스티븐 스필버그가 만든 '백투더퓨처'(*Back to the future*)는 바로 이 소설에서 아이디어를 얻은 것으로 알려져 있다. 그 '타임머신'에서 잊혀지지 않는 장면이 있다.

　영화 속의 과학자가 타임머신을 타고 원시 시대로 갔을 때이다. 원시인들의 눈에는, 이상한 옷차림과 용모를 하고 있는 과학자가 정상적인 사람처럼 보일 수가 없었다. 마침내 원시인들이 과학자를 죽이려 하자 그는 안간힘을 다하여 타임머신으로 달려갔다. 도끼를 치켜든 원시인들은 도망가는 그를 바짝 뒤쫓았다. 가까스로 타임머신에 도착한 과학자는 의자에 앉자마자 미래를 향한 단추를 눌렀다. 그와 동시에 타임머신의 프로펠러가 돌아가면서 1년 2년, 10년 20년, 100년 200년, 1000년 2000년…… 시간이 마구 날아가기 시작했다. 그때 타임머신 바로 앞까지 따라와 과학자를 향해 도끼를 내려치려던 원시인은 어떻게 되었겠는가? 순식간에 날아가는 시간의 흐름으로 인해 갑자기 그 자리에 넘어져 죽은 시체가 되고, 그 시체는 흙먼지가 되어 형체도 없이 사라져 버리는 것이었다. 그것은 인생의 실체가 무엇인지를 생생하게 보여 주는 살아 있는 영상이었다. 그래서 그 영화를 본 지 40년이 지난 지금까지도 그 장면은 나의 뇌리 속에 그대로 남아 있다. 모든 인간이란 결국 한낱 재에 지나지 않는 것이다.

　우리 선조들은 인생을 가리켜 '한 줌의 재'라는 표현을 즐겨 사용하였다. 만약 가족 중 누군가를 화장해 본 경험이 있는 사람이라면 어떻게 그런 표현이 가능한지를 이미 알고 있을 것이다. 화장터 화구 속으로 들어간 시체는 불과 한 시간만에 뼈 몇 조각만을 남긴다. 화장터 직원은 그 뼈를 수습하여 분골실로 옮긴 뒤, 그곳에서 뼈를 갈아 가루를 유족에게 넘겨 준다. 바로 그 가루를 받아 보면 정확하게 한 줌에 지나지 않는다. 그 사실을 알고 있었던 우리 선조들은,

그래서 인생을 '한 줌의 재'라고 했던 것이다. 그렇다. 인생이란 한 줌의 재다. 그것도 한 줌의 재가 되기 위하여 쉬지 않고 달음질치는 허망한 존재에 불과하다.

그렇다면 그것으로 모든 것은 끝장인가? 허망하게 한 줌의 재가 되는 것으로 인생의 모든 것은 의미도 없이 다 끝나 버리고 마는 것인가?

1994년 아이들과 함께 부산에 갔을 때이다.
해운대 바닷가에서 아이들이 파도와 더불어 장난을 치며 소리를 지른다. 바로 그곳은 내가 대학생일 때 여름마다 친구들과 어울려 함께 놀던 곳이다. 때론 소리를 지르고, 때론 노래를 부르면서 말이다. 그로부터 이십 수 년이 흘러 내 아이들이 똑같은 해변가에서 놀고 있다. 모래밭도 있고 바다도 있고 파도도 있고 아이들도 있는데, 그러나 없는 것이 있었다. 내가 보이지 않는 것이었다. 분명 그곳에 있었던 20대의 나 자신, 도대체 그때의 나는 어디로 가 버렸단 말인가?

1998년 9월에 이곳 제네바로 온 뒤, 틈이 나면 네덜란드의 암스테르담을 방문해 보리라 마음을 먹었다. 1972년, 내가 난생 처음으로 유럽에 발을 디딘 곳이 바로 암스테르담의 스키폴 공항이었기 때문이다. 마침 작년 말 베를린을 다녀오는 길에 비행기가 암스테르담을 경유하게 되었고, 스키폴 공항에서 3시간을 대기하여야만 했다. 예전에 비해 공항은 엄청나게 확장되어 있었다. 나는 사람들에게 물어 1972년에 있었던 건물, 즉 내가 처음으로 발을 디뎠던 청사를 찾아가 복도에 있는 의자에 앉았다. 여전히 수많은 승객들이 분주히 오가고 있다. 나는 그들 틈에서 나를 찾는다. 27년 전 스물네 살의 나이에, 설레이는 마음으로 그 복도를 걸었던 그때의 나는 지금 어디에 있는가? 그때의 나는 영영 사라져 버리고 말았는가?
아니었다. 그때의 나는 지금의 내 속에 고스란히 살아남아 있었다.
 －〈청년아, 울더라도 뿌려야 한다〉 '책머리에' 중에서

그렇다. 시간은 순식간에 사라져 버린다. 그러나 그 시간의 의미와 가치는 사라지지 않는다. 지금 현재의 내 모습이 나를 스쳐 지나간 모든 시간의 축적이요, 결정체이기 때문이다.
우리는 구약성경 사사기에 등장하는 삼손이란 인물을 잘 알고 있다. 그는 태어날 때부터 하나님으로부터 귀한 은사를 받은 자였다. 하지만 그는 하나님께서 주신 능력과 가능성을, 허망한 자기욕망과 본능을 좇느라 다 탕진해 버린 어리석은 자였다. 종국엔 기생 들릴라의 유혹에 빠져 어이없게도 적국인 블레셋의 포로가 되어 두 눈이 뽑히고, 온몸이 쇠줄에 묶인 채 감옥 속에서 짐승이 돌리는 맷돌을 돌려야만 했다.
우리는 삼손의 그와 같은 모습을 어렵지 않게 그려 볼 수 있다. 그리고 바로 그 모습 속에, 지나간 세월 동안 삼손이 추구해왔던 삶의 여정이 고스란히 축적되어 있다. 진리에 눈이 어두워 마치 맹인처럼 살아온 삼손, 욕망의 노예가 되어 욕망의 쇠사슬에 꼼짝없이 묶여

살던 삼손, 오직 본능만을 좇느라 흡사 짐승처럼 살아온 삼손—그 삼손의 전 인생이, 두 눈이 뽑히고 쇠사슬에 묶인 채 짐승이 돌리는 맷돌을 돌리고 있는 삼손의 그 모습 속에 그대로 농축되어 있는 것이다.

마침내 삼손은 감옥 속에서 다시 하나님을 만났다. 그리고 블레셋이 삼손을 노리개로 삼기 위해 그들의 신전으로 불러내었을 때, 삼손은 신전의 두 기둥에 양팔을 대고 하나님을 향해 간절히 기도하였다. 그리고 두 팔에 힘을 가하자 신전이 무너져 내리며 그 속에 있던, 무려 3천 명에 달하는 블레셋 사람들이 죽었다. 그래서 사사기 16장 30절은, 삼손이 죽을 때에 죽인 적군의 수가 살았을 때에 죽인 수보다 더 많았다고 증거하고 있다. 그렇다면 삼손 최후의 모습—두 눈은 여전히 멀고 온몸엔 쇠사슬이 감겨 있지만, 그러나 하나님을 향해 기도하며 인생의 최후를 맞는 삼손의 모습 또한 그의 전 생애의 축적이다. 한때는 진리를 등지고 욕망의 쇠사슬에 얽매여 마치 짐승처럼 살았지만, 다시 하나님의 은혜를 회복하고 하나님을 향한 믿음 속에서 자신의 인생을 아름답게 매듭지었던 삼손의 생애 말이다.

지금 하나님의 말씀을 위하여 이 글을 쓰고 있는 나는 적어도 겉으로는 멀쩡하다. 그러나 엑스레이(X-Ray)로 촬영해 보면 나의 폐는 70퍼센트밖에 작동하지 않는다. 폐기종으로 인해 폐 기능의 30퍼센트를 상실했기 때문이다. 젊은 시절 허랑방탕하게 사느라 나의 건강과 생명을 스스로 허망하게 갉아먹은 결과이다. 그렇다면 속으로 폐 기능의 30퍼센트를 잃은 채 하나님의 말씀을 전하고 있는 현재의 나의 안팎 역시, 이제껏 살아온 내 인생의 집약이 아닐 수 없다. 젊어서는 욕망의 노예가 되어 폐 기능을 상실할 정도로 허망한 삶을 살다가, 오직 주님의 은혜로 뒤늦게 주님 말씀의 길을 좇고 있는 나의 전 인생 말이다.

나는 여자 화장품 가게 앞을 지날 때마다 불가사의한 생각을 떨쳐 버리지 못한다. 저 산더미처럼 쌓여 있는 화장품이 다 팔리기나 할까? 종업원은 정말 저 많은 화장품의 성능을 다 알고 있을까? 이런 의문 때문이다. 유럽의 화장품 가게는 한국보다 훨씬 더 많은 제품을 진열하고 있다. 그러나 한 가지 분명한 점은, 이 세상 그 어떤 화장품도 여자의 얼굴을 수녀의 얼굴처럼 가꾸어 주지는 못한다는 사실이다. 수녀가 이 세상의 화장품으로는 도저히 일굴 수 없는 해맑은 얼굴을 지니고 있는 것은, 평생토록 수정 같은 영혼과 투명한 양심으로 살아온 결과이다. 그런데 세상의 욕망에 찌들어 살면서도, 단지 화장품만으로 수녀 같은 얼굴을 갖기 원한다면 어찌 그것이 가능할 수 있겠는가?

지난 세월의 결과가 현재 나의 모습임을 결코 잊지 말아야 한다. 진실되이 살아온 자의 지금 언행이 불량할 수는 없을 것이다. 거짓되이 살아온 자의 현재 눈빛이 의로울 수도 없을 것이다. 인생은 결코 거창한 것이 아니다. 지금 우리를 스쳐 지나가고 있는 1초 1초의 축적이 곧 인생이다. 그 시간은 참으로 순식간에 지나가 버린다. 그것도 눈 깜짝할 사이에 날아간다. 그러나 그 1초 1초를 어떻게 맞았느냐에 따라 그 시간의 의미는 결코 사라지지 않는다. 그 의미는 반드시 축적되어 남는다. 그래서 하나님께서는 당신의 말씀대로 살 것을 요구하고 계신다. 당신의 유익을 위해서가 아니라, 결국엔 한 줌의 재에 지나지 않을 우리 자신을 위하여서 말이다.

말씀 - 하나님의 사랑

하나님께서는 베드로전서 1장 24-25절을 통해 이렇게 말씀하고 계신다.

모든 육체는 풀과 같고 그 모든 영광이 풀의 꽃과 같으니 풀은 마르고 꽃은 떨어지되 오직 주의 말씀은 세세토록 있도다

이 세상에 있는 것치고 한 줌의 재로 끝나지 않는 것이라곤 아무 것도 없다. 그 모든 것이 유한한 까닭이다. 그러나 오직 하나님의 말씀만은 영원하시다. 그러므로 하나님의 말씀대로 사는 것은 바로 나 자신의 유익을 위하는 길이다. 영원하신 하나님의 말씀대로 산다는 것은, 순식간에 사라져 버릴 내 인생을 영원하신 하나님께 접붙이는 것을 뜻하기 때문이다. 다시 말하면, 그것은 의미 없이 나를 스쳐 지나가 버릴 수도 있는 1초 1초를 영원의 의미로 축적시켜 가는 것이

다. 반면에 말씀을 등지고 살아간다는 것은 지금 한 줌의 재로, 먼지로, 허망하게 사라지고 있음을 의미하는 것인즉 그보다 더 어리석은 삶이 어디에 있겠는가? 그래서 우리를 사랑하시는 하나님께서는 당신의 영원하신 말씀을 우리에게 주시고, 그 말씀대로 살기를 요구하고 계신다.

에베소서 5장 16절을 통하여 하나님께서는 '세월을 아끼라' 고 말씀하신다. 이것은 우리도 흔히 쓰는 표현이다. 자기 할 일을 하지 않고 빈둥거리는 사람을 향해 우리 역시, '세월을 아끼라' 혹은 '시간을 아끼라' 고 말한다. 과연 세월, 즉 시간을 아낀다는 것은 구체적으로 무엇을 의미하는가? 그리스어 원문에는 '아끼라' 는 동사가 '엑사고라조'(exagorazo)라고 기록되어 있는데, 그 뜻을 쉽게 풀이하면 '건져 올린다' 는 말이다. 시간을 아낀다는 것은 시간을 건져 올리는 것이다. 태평양에 아무리 물고기가 많아도 건져 올리지 않으면 나와는 전혀 상관이 없다. 시간이 1초 1초 쉬지 않고 나를 스쳐 지나간다 할지라도 그 1초 1초를 건져 올리지 않으면, 그의 삶의 형태가 어떠하든 그것은 실은 허망한 시간낭비에 지나지 않는 것이다.

유럽대륙은 2년마다 축구열병을 앓는다. 월드컵대회가 4년마다 열리고, 그 중간에 유럽선수권대회가 또 4년 터울로 개최되기 때문이다. 2000년에는 유럽선수권대회가 있었다. 축구 중계방송 시간이 되면 거의 모든 시가지가 철시(撤市)하고, 경기가 끝나면 이긴 나라 국민들이 국기를 들고 경적을 울리며 온 시가지를 누비고 다닌다.

그해 6월 28일 네덜란드와 이탈리아의 준결승이 있었다. 모든 전문가들은 강력한 우승후보인 네덜란드의 승리를 장담하였다. 더욱이 경기 장소가 네덜란드의 홈그라운드였기에 네덜란드의 승리를 의심하는 사람은 별로 없었다.

드디어 경기가 시작되었다. 예상했던 대로 네덜란드 팀의 일방적인 우세였다. 그러나 전반전이 끝나기까지 골이 터지지는 않았다. 후반전에서도 네덜란드의 우세는 여전했다. 이탈리아의 골문을 향해 소나기처럼 슛을 퍼부었지만 단 한 골도 건져 올리지 못했다. 계속된 연장전에서도 사정은 마찬가지여서 경기는 0 대 0, 끝내 무승부로 끝났다. 어쩔 수 없이 승부차기로 결판을 내는 수밖에 없었다. 그러나 네덜란드 최고의 선수가 두 명이나 실축, 네덜란드는 압도적인 우세에도 불구하고 무릎을 꿇고 말았다. 이튿날 아침 '인터내셔널 헤럴드 트리뷴'(International Herald Tribune) 유럽판은 이 경기에 대한 기사를 1면에 게재하였는데, 그 제목이 다음과 같았다.

Italy beat wasteful Dutch.
(이탈리아가 낭비스러운 네덜란드를 격파하다.)

참으로 적절한 표현이다. 축구 경기에서 아무리 슛을 쉬지 않고 날려도 골을 건져 올리지 못하면 그것은 단지 시간낭비에 지나지 않는다. 축구는 골을 건져 올림으로써만 비로소 축구의 가치를 지니게 된다.

그로부터 나흘이 지난 7월 2일 프랑스와 이탈리아의 결승전이 벌어졌다. 경기는 이탈리아가 1 대 0으로 앞서 나갔다. 90분에 걸친 전후반 경기가 끝날 때까지 그랬다. 그러나 주심은 4분간의 루즈타임을 적용했고, 그 루즈타임이 끝나기 4초 전까지도 이탈리아가 이기고 있었다. 모든 정황으로 보아 이탈리아의 우승이 기정사실인 것처럼 보였다. 그러나 종료 3초 전 프랑스의 윌토르(Wiltord) 선수가 날린 강슛이 심판의 휘슬과 동시에 이탈리아의 그물을 갈랐다. 프랑스가 최후의 순간에 한 골을 건져 올린 것이었다. 그것은 단순히 한 골만 건져 올린 것이 아니었다. 그 한 골로 인해 이미 진 것과 진배 없었던 그 경기 자체를 송두리째 건져 올린 것이었다. 그리고 계속된 연장전에서 프랑스가 한 골을 더 건져 올림으로써 대망의 우승컵을 차지하였다. 따라서 마지막에 건져 올린 역전골의 가치는 그 한 경기에만 국한된 것이 아니었다. 예선전에서부터 시작하여 본선을 거쳐 결승에 이르기까지 그 이전의 모든 과정이 그 한 골로 인하여 우승으로 건져 올려진 것이다. 그러므로 그 한 골의 가치는 아무리 강조해도 지나침이 없을 것이다.

이처럼 하나님의 말씀은 우리를 스쳐 지나가는 1초 1초를 영원으로 건져 올리는 골과도 같다. 그분의 말씀이 영원하시기에, 영원하신 그분의 말씀으로만 덧없이 날아가는 시간을 영원으로 건져 올릴 수 있는 것이다. 프랑스가 결승전에서 얻었던 마지막 골로 인하여 그 이전의 전 과정까지 함께 건져 올렸듯이, 비록 자신의 생명을 허망하게 갉아먹는 어리석은 삶을 살아왔을망정 하나님의 말씀 속에서 자기 시간을 영원으로 건져 올리기 시작하면, 그릇되었던 지난 시간들까지도 그분의 말씀 안에서 모두 합력하여 선을 이루어 새로운 의미로 회복되고 승화되는 것이다.

반대로 이른 새벽부터 늦은 밤까지 조금도 쉬지 않고 열심히 뛰어다닌다 할지라도 그 삶이 말씀을 바탕으로 하고 있지 않다면, 그의 인생은 낭비의(wasteful) 인생이 아닐 수 없다. 말씀으로 건져 올리지 못한 삶이란 욕망의 노예 된 삶일 수밖에 없고, 그 삶을 스쳐 가는 모든 시간이란 한낱 물거품에 지나지 않는다. 있는 것 같으나 순식간에 형체도 없이 소멸되어 버리는 그 허망한 물거품 말이다.

남아프리카 공화국의 흑인 빈민촌을 직접 찾아가 보면, 소위 서구 백인들이 외치는 인권이나 정의가 얼마나 허구에 찬 것인지를 알 수 있다. 그들의 비참한 현실은 이루 말할 데가 없고, 그들을 그런 지경으로 몰아넣은 자들이 다름 아닌 그 땅을 강탈한 백인들이기 때문이다.

흑인 빈민들의 움막 속엔 벽이란 것이 없다. 벽을 만들 돈이 없는 것이다. 대신 큰 천으로 공간을 나누어 이쪽은 부모 그리고 저쪽은 자녀들의 구역으로 쓰는 식이다. 그런 구조이다 보니 가려진 천은 단지 형식일 뿐이요, 그 천 너머에서 일어나고 있는 일을 서로 알게 마련이다. 다시 말해 아이들은 밤중에 부모가 무엇을 하는지를 다 알고 있는 것이다. 그 움막 속에서 흑인들은 평균 다섯 명에서 여섯 명, 심한 경우에는 열 명의 아이들을 낳는다. 그리고 그 아이들은 중학교를 졸업하기 전에 어김없이 아빠와 엄마가 된다. 아이들이 아이의 부모가 되는 것이다. 그래서 사람들은 그 이유를 이렇게 분석한다. 그곳의 흑인들이 어릴 때부터 워낙 비교육적인 열악한 가정환경 속에서 살기 때문이라고 말이다. 그러나 우리는 좀더 깊이 생각할 필요가 있다. 과연 흑인 빈민촌 아이들이 아이 때에 아이의 부모가 되는 것이 단순히 비교육적인 환경 탓인지 말이다.

길고 긴 겨울이 끝나고 봄이 되면 스위스의 중학생들은 학교를 파한 뒤 아파트 단지 내 잔디밭에서 서로 뒹굴며 논다. 그런데 뒹구는 상대는 늘 동성이 아니라 이성이다. 그들이 입을 맞추며 한데 뒤엉겨 있는 모습은 단지 옷만 벗지 않았을 뿐, 포르노와 조금도 다르지 않다. 그뿐만이 아니다. 그 중학생들은 며칠 단위로 서로 짝을 바꾸어가며 똑같은 행동을 반복한다. 그 장소가 아파트 단지인 만큼 지나가는 사람들은 모두 부모이거나 이웃집 어른이겠지만 그 누구도 어린 학생들을 제지하지 않고, 학생들 역시 누가 지나가도 전혀 개의치 않는다. 이것이 지난 3년 동안 스위스에서 내가 서재의 유리문을 통해 보아온 광경이다.

한번은 그곳 중학교에 다니는 한인 학생에게, 스위스의 중학생들이 학교에서도 그렇게 노는지를 물은 적이 있다. 대답은 물론이라는 것이었다. 쉬는 시간이면 짝을 바꾸어 가며 뒤엉기지만 선생은 이에 대해서는 언급조차 않는다고 했다.

스위스인과 결혼하여 스위스 교회에 다니는 한인이 내게 들려 준 이야기다. 중학교에 다니는 딸이 교회 수련회에 참석하겠다고 해서 기쁜 마음으로 보내 주었다. 그런데 그날 밤 그녀는 수련회 인솔자로부터 질책의 전화를 받아야만 했다. 중학생 딸아이를 수련회에 보내면서 피임기구를 챙겨서 보내지 않는 부모가 어디에 있느냐고 말이다. 그 이후로 그 어머니에겐 큰 근심이 생겼다. 딸이 어디를 갈 때마다 피임기구를 주자니 마치 그렇게 하라고 조장하는 것 같고, 무시해 버리자니 느닷없이 딸이 임신하여 들어올까 두려웠기 때문이다. 그녀와 똑같은 근심을 하고 있는, 아들을 둔 어머니를 영국에서 만난 적이 있다. 현재 서구에서는 나라에 따라 학교장 재량으로 중학교에 콘돔자판기를 설치하고 있다. 얼마 전 프랑스의 교육부 장관과 가정부 장관이 중학교를 찾아가서 반드시 피임기구를 사용할 것을 계몽, 홍보하였다.

프랑스와 스위스 같은 서구세계는 남아프리카 공화국이 아니다. 그곳은 명실공히 세계 최고의 선진 사회요, 그에 걸맞게 최고의 교육제도와 교육적 환경을 지니고 있다. 그러나 남아프리카와 비교해 볼 때 청소년들의 무절제한 성과 관련하여 우리는 아무런 차이를 발견할 수가 없다. 굳이 차이를 따진다면, 남아프리카의 중학생들은 피임에 대해 무지하고 피임기구를 구입할 경제적 형편이 되지 못해 아이가 아이의 부모가 되고, 서구 중학생들은 사회가 공인하고 계몽하는 피임기구 덕분에 임신하지 않는다는 외형상의 차이만 있을 뿐, 본질적으로는 호리(毫釐)의 차이도 없다.

그렇다면 이것은 우리에게 어떤 메시지를 주고 있는가? 영원하신 하나님의 말씀으로 시간을 건져 올리는 삶을 살지 않는 한, 최고 선진 사회에서 살든 아프리카의 빈민촌에서 살든, 그 같은 인생은 결국 욕정과 탐욕에 절어 덧없이 사라져 버릴 뿐이라는 것이다. 그래서 하나님께서는 당신의 유익을 위해서가 아니라, 유한하기 짝이 없는 우리를 위해 말씀대로 살 것을 당부하고 계신다. 그리고 말씀이신 주님께서는 친히 이 땅에 오시어, 오직 말씀으로 건져 올리는 삶만이 영원함을 십자가의 고난과 부활을 통하여 친히 보여 주셨다. 이런 의미에서 하나님께서는 진정 사랑이시며, 그분이 우리에게 주신 말씀이야말로 한 줌의 재로 끝날 수밖에 없는 인간을 위한 최대의 선물이다.

이 같은 사실을 분명히 인식하고 나면, 평소 우리가 이해하기 어려웠던 성경 구절들의 의미를 비로소 정확하게 포착할 수 있게 된다.

> 여호와를 경외하면 장수하느니라 그러나 악인의 년세는 짧아지
> 느니라 (잠 10:27)

여호와를 경외하는 자는 장수하고 악인은 단명한다는 이 구절을 우리는 선뜻 받아들이기 어려웠다. 세상은 오히려 그 반대이기 때문이다. 불의한 방법을 불사하면서까지 치부한 자들이 그 돈으로 보약을 먹고 누구보다도 더 오래 사는 것이 현실 아닌가? 그러나 이제 우리는 이 구절의 의미를 바르게 깨달을 수 있다. 악한 자가 아무리 긴 세월을 살았다 할지라도 불의한 그는 말씀으로 건져 올린 시간이 없기에, 그의 삶은 전혀 산 것이 아니다. 삶의 모양이 어떠했든 상관없이 하나님 앞에서 그의 삶이란 한 줌의 재요, 허망한 물거품일 뿐이다. 그러나 이 세상에서 상대적으로 짧은 생을 살았을망정 말씀으로 인생을 건져 올린 자가 있다면, 참된 의미에서 그가 장수의 주인공이다. 그의 생은 이미 영원과 접목되어 있는 까닭이다.

> 하나님을 사랑하는 것은 이것이니 우리가 그의 계명들을 지키
> 는 것이라 그의 계명들은 무거운 것이 아니로다 (요일 5:3)

하나님을 사랑하는 것은 하나님의 계명들을 지키는 것이라는 데에는 이의가 있을 수 없다. 그 이외는 하나님을 사랑하는 증거가 달리 있을 수 없으니 말이다. 그러나 하나님의 계명, 즉 말씀이 무겁지 않다는 것에는 쉽게 동의하기가 어려웠다. 서두에서 말한 바와 같이 많은 크리스천들이 하나님의 말씀을 큰 짐으로, 엄청난 부담으로 여기고 있음이 사실이다. 그러나 우리는 하나님께서 당신의 계명이 무

겹지 않다고 말씀하시는 까닭을 이젠 명료하게 알 수 있다. 하나님의 말씀이 무거운 짐으로 여겨졌던 것은, 내가 하나님을 위해 하나님의 말씀대로 살아 드린다고 잘못 생각했기 때문이다. 이제 하나님의 말씀이 전혀 무겁지 아니함은, 그것은 바로 한 줌의 재에 지나지 않는 나 자신을 위함임을 분명히 알았기 때문이다.

흉년이 극심할 때 길을 가던 사람들이 쌀 한 가마니를 발견했다고 치자. 그 중에서 제일 힘센 자가 가장 약한 자에게 그 쌀가마니를 지고 자기 집까지 따라오라고 한다면 그것은 참으로 무거운 짐일 수밖에 없다. 그러나 힘센 자가 약한 자에게 네 집으로 지고 가서 네 식구들 양식으로 삼으라고 한다면, 그 쌀가마니가 아무리 무거워도 무거울 수가 없다. 오히려 그때엔 무거울수록 가볍다. 한 줌의 재 이상일 수 없는 인간에게 하나님의 영원하신 말씀이 결코 무거운 짐일 수 없는 것은 바로 이와 같은 이치이다.

> 내 소유는 이것이니 곧 주의 법도를 지킨 것이니이다 (시 119:56)

'소유'라면 은행통장이거나 증권 혹은 귀금속이라야만 할 것이다. 어떻게 하나님의 말씀대로 산 것이 소유일 수 있단 말인가? 참된 소유란 우리의 코끝에서 호흡이 끝난 뒤에 하나님 앞에 들고 갈 수 있는 것이어야 한다. 그때 지니고 갈 수 없는 것이라면 잠시 빌린 것일 뿐 참된 소유일 수는 없다. 영원하신 말씀으로 영원히 건져 올려진 삶만 영원하신 하나님 앞에 들고 갈 수 있기에, 오직 그것만이 우리의 참되고 영원한 소유가 될 수 있다.

누구든지 나의 이 말을 듣고 행하는 자는 그 집을 반석 위에 지
은 지혜로운 사람 같으리니 비가 내리고 창수가 나고 바람이 불
어 그 집에 부딪히되 무너지지 아니하나니 이는 주초를 반석 위
에 놓은 연고요 나의 이 말을 듣고 행치 아니하는 자는 그 집을
모래 위에 지은 어리석은 사람 같으리니 비가 내리고 창수가 나
고 바람이 불어 그 집에 부딪히매 그 무너짐이 심하니라
(마 7:24-27)

여기에서 말하는 창수(漲水)란, 한 순간 느닷없이 닥쳐드는 죽음이다. 말씀을 등지고 산 자의 인생이란 전혀 건져 올린 것이 없기에, 죽음과 동시에 그의 인생은 마치 모래 위의 집처럼 무너져 내리지 않을 도리가 없다. 그러나 말씀 안에서 생을 건져 올린 자는 죽음이 찾아온들 그의 인생은 반석 위의 집일 수밖에 없다. 말씀으로 영원을 건져 올린 그에게 죽음이란 찬란하고도 영원한 생명의 출발점이기 때문이다. 그래서 말씀의 절대성은 아무리 강조해도 지나침이 없다.

사랑하는 청년들이여!

결코 잊지 말라. 하나님의 말씀대로 사는 것은 절대로 하나님을 위함이 아니다. 바로 유한한 존재에 지나지 않는 그대 자신을 위함이다. 그러므로 청년의 때부터 말씀으로 자신의 시간을 건져 올리는 것보다 더 큰 지혜는 없다.

말씀과 자기통합

 그렇다면 말씀으로 영원을 건져 올리는 삶을 산다는 것은 궁극적으로 무엇을 의미하는가?
 예루살렘에 갔을 때의 일이다. 호텔에서 유대인 여성이 먼저 타고 있는 엘리베이터에 오르게 되었다. 그 여성이 엘리베이터 버튼박스 바로 앞에 서 있었으므로, 나는 내 방 층수의 버튼을 누른 다음 뒤쪽으로 가서 섰다. 그러자 그 여성이 내게, 자신이 가고자 하는 층수의 버튼을 눌러 줄 것을 부탁했다. 앞쪽으로 나아가 그녀가 요구한 층수의 버튼, 즉 그녀의 바로 앞에 있는 버튼을 눌러 주고 나자 의아스러운 생각이 들었다. 나는 그 여인에게, 자신이 버튼박스 앞에 있으면서도 왜 뒤쪽의 내게 버튼을 눌러 달라는지 그 이유를 물었다. 대답인즉 마침 그날은 안식일(토요일)이므로, 안식일을 거룩하게 지키라는 계명을 준수하기 위해 엘리베이터 버튼을 누르는 일을 할 수 없기 때문이라고 했다.

미국 서부에 살고 있는 아는 집사님으로부터도 똑같은 경험의 이야기를 들은 적이 있다. 어느 토요일 오후 집에서 쉬고 있는데, 평소 알고 지내던 이웃집 유대인 여성이 찾아와 자기를 좀 도와 달라는 것이었다. 무슨 큰 일이 있는가 하고 그녀의 집으로 따라갔더니 엉뚱하게도 에어컨을 좀 꺼 달라는 것이었다. 손님이 와서 에어컨을 켰다가 꺼 주는 것을 잊고 가 버렸다는 것이다. 그날도 안식일이었던 지라 하나님의 계명을 지키기 위해, 그 여인 역시 이웃에 사는 집사님의 손을 빌려 에어컨 끄는 일을 하게 했던 것이다.

안식일에 엘리베이터나 에어컨의 버튼을 누르는 일이 정말 하나님 앞에서 죄가 된다고 믿는다면, 자신이 하지 않는 것은 물론이요 남에게 그 일을 시켜서도 안 된다. 그럼에도 자신의 신앙을 지키기 위해 타인으로 자기 대신 죄를 짓게 한다면 그것은 얼마나 무서운 율법주의인가? 본질을 외면한 채 형식만 붙들려는 율법주의는 이처럼 타인에 대한 폭력이요 흉기에 불과할 뿐이다. 영원을 건져 올리는 말씀의 사람이 된다는 것이 이와 같은 율법주의자가 되는 것을 의미하는가? 결코 아니다. 하나님의 말씀은 생명의 말씀이기에, 말씀의 사람은 자신과 더불어 타인을 살리는 사람이다.

말씀으로 영원을 건진다는 것은 말씀으로 자기통합을 이루는 것을 의미한다. 인간이라면 누구든 지금의 자신과 앞으로 되어져야 할 자신 사이에 간격이 있게 마련이다. 그것은 자기이중성 혹은 자기모순으로 불리는 간격이다. 바로 그 틈 사이로 시간은 아무 의미도 없이 새어 나가 버린다. 그래서 그 같은 삶은 설령 오래 산다 해도 물거품 이상일 수가 없다. 이 간격은 오직 진리이신 말씀으로만 통합될 수 있고, 통합된 자의 삶이 곧 영원을 담는 생명의 그릇이 된다.

베드로의 자기통합

사도행전 9장은 욥바의 다비다에 관한 기사를 전해 주고 있다. 평소 누구보다도 구제와 선행에 앞장서던 다비다가 죽었을 때 욥바의 크리스천들은 참으로 애석해했다. 마침 인근 룻다에 사도 베드로가 와 있다는 소문이 들려왔다. 욥바의 교인들은 즉시 룻다에 사람을 보내어 베드로에게 도움을 청했고, 이에 베드로는 지체 없이 욥바로 달려왔다. 베드로는 죽은 다비다를 위하여 기도했고, 주님께서는 그의 기도를 통로로 삼아 다비다를 살려 주셨다. 이때 욥바 크리스천들의 감격이 얼마나 컸을는지는 능히 짐작할 수 있다.

그런데 베드로는 이 직후 욥바를 떠난 것이 아니었다. 그는 여러 날 동안이나 욥바에서 체류하였다. 그렇다면 베드로를 자기 집에 모시기 원하는 교인들이 얼마나 많았겠는가? 죽은 자를 살릴 정도의 능력을 지닌 사도를 자기 집에 모신다면 자기 가족에게도 동일한 은혜가 내릴 것이라 믿는 사람들이 분명 적지 않았을 것이다. 더욱이 다시 살아난 당사자 다비다가 누구보다도 베드로를 자기 집에 모시고 싶어했을 것이다. 그녀가 평소 구제와 선행을 즐겨 행하던 사람이었음을 감안한다면, 자신을 살리는 주님의 도구가 되어 준 베드로에게 감사를 표하고픈 마음은 이루 말할 수 없었을 것이다. 그러나 베드로는 놀랍게도 그 누구의 집도 아닌, 피장 시몬의 집에서 여러 날 동안이나 머물렀음을 사도행전 9장 43절이 밝혀 주고 있다.

피장(皮匠)은 우리말로 무두장이, 즉 가죽 제조 기술자를 의미한다. 2천 년 전 이스라엘 사회에서 피장은 인간 취급조차 받지 못하던 최하층민이었다. 유대인들은 부정한 것을 가장 싫어하였는데, 그 이유는 부정한 것과 접촉하면 그 부정이 자신에게 옮는다는 생각 때문이었다. 피장이는 부정한 짐승의 사체로부터 가죽을 벗겨 내는 자이다. 말하자면 죽은 짐승의 부정이 옮은 자였다. 따라서 그와 접촉하는 것은 곧 그의 부정을 자신에게 주입시키는 것을 뜻하기에 모든 유대인들은 피장이를 인간 이하로 취급하여 경원하였고, 어쩔 수 없이 피장이는 외딴 곳에 홀로 살아야만 했다.

2천 년 전 유대와 같은 가부장적 사회에서 결혼한 여자가 먼저 이혼을 제기한다는 것은 상상할 수도 없는 일이었다. 그러나 그 불가능한 일이 가능한 단 한 경우가 있었다. 여인이 결혼한 뒤에 알고 보니 남편의 직업이 피장이일 경우, 그 여인은 무조건 이혼을 제기하고 실행할 수 있었다. 부정한 피장이는 인간이 아니었던 것이다.

사실이 이러하였으니 비정상인이 아니고서는 피장이의 집에서 잠을 잔다는 것은 있을 수 없는 일이었다. 피장이의 집에서 자기 위해서는 피장이의 이불을 덮어야 하고, 피장이의 수건으로 얼굴을 닦아야 하며, 피장이의 식사 도구로 식사를 해야 하고, 피장이의 변소에서 용변을 보아야만 한다. 그것은 부정의 연못 속으로 자기 자신을 스스로 내던지는 것을 의미하기에 정상인으로서는 생각할 가치조차 없는 일이었다. 그럼에도 베드로는 그를 모시고자 하는 많은 크리스천들의 청을 마다하고 유독 피장 시몬의 집에서, 그것도 하루가 아닌 여러 날을 묵었다. 그래서 사람들은 이것을, 초대 교회가 직업에 대한 계급의식을 타파한 증거라 이해하고 있다. 그것은 분명 사실이긴 하지만, 그러나 그것만이 모두인 것은 아니다. 베드로가 피장이의 집에서 잠을 잤다는 것은 그보다 훨씬 심오한 메시지를 내포하고 있다.

부정한 짐승의 시체를 만지는 자라 하여 피장이와의 신체적 접촉은 말할 것도 없고 만남 자체를 부정하게 여긴다면, 피장이가 만든 가죽제품 또한 부정한 것으로 간주되어야만 할 것이다. 가죽제품이란 부정한 피장이의 부정한 손으로 만들어진 것이기에 모든 가죽제품엔 피장이의 부정이 전이되었을 수밖에 없기 때문이다. 그러나 유대인은 그 부분만은 달랐다. 가죽제품을 부정하게 여기기는커녕 벨트, 옷, 신발, 가방 등 가죽제품은 유대인의 삶에서 없어서는 안 될 귀중한 필수품이었다. 이왕이면 더 고급품을 선호하였을 것임은 물론이다. 그렇다면 이것은 얼마나 무서운 이중성이요 이율배반인가?

피장이를 부정하다 하여 인간으로 취급조차 않는다면, 부정한 피장이의 손으로 만들어진 가죽제품도 응당 부정하게 여겨야만 한다. 가죽제품을 귀중한 필수품으로 선호한다면, 그 필수품의 제공자인 피장이 또한 귀하게 대접해 주어야 한다. 아니 최소한 인간 이하의 존재로 부정해서는 안 된다. 하지만 유대인들은 피장이의 존재는 부정하면서도 피장이가 만든 제품만은 귀하게 여기는 자기모순, 자기이중성에 빠져 있었다. 바로 그 이중성의 틈 사이로 그들의 시간이 의미 없이 새어 버렸을 것임은 두말할 나위가 없다.

그렇다면 우리는 사도행전이 왜, 베드로가 유독 피장 시몬의 집에서 체류한 사실을 강조하고 있는지 이제 그 연유를 알게 된다. 베드로가 욥바의 많은 사람들의 청을 마다하고 굳이 피장이 집에서 잠을 잤던 것은, 그는 말씀 안에서 자기통합을 이룬 자였기 때문이다. 베드로가 유대인이었음을 감안하면, 그 역시 가죽제품은 선호하면서도 피장이는 인간 이하로 취급하던, 자기이중성과 자기모순에 빠져 있던 자임을 쉽게 짐작할 수 있다. 그러나 하나님의 말씀 안에서 보니 피장이 역시 하나님의 형상을 지닌 하나님의 자녀였고, 하나님께서 창조하신 이 세상의 한 부분을 충실하게 지키고 있는 하나님의 일꾼이었다. 이에 베드로는 주저 없이 피장의 집을 선택하고, 피장이의 이불과 수건 그리고 식기를 사용하면서 수일 동안이나 그곳에서만 유숙하였다. 그것은 그때까지 피장이를 부정해 왔던 그릇된 자기 삶에 대한 회개인 동시에, 말씀 안에서 자기모순과 이중성을 극복하고 자기통합을 이룬 자신에 대한 자기확인이었다.

이처럼 말씀 안에서 자기통합을 이룬 베드로였기에 그의 삶은 영원을 담는 진리의 그릇이 될 수 있었고, 그 결과 그는 우리가 아는 바대로의 위대한 사도일 수 있었다. 만약 베드로가 자기통합을 이룬 말씀의 사람이 아니었다면 그가 영원한 진리의 사도가 될 리도 없었을 것이고, 우리가 2천 년 전 갈릴리의 무식한 어부를 기억해야 할 까닭도 없었을 것이다. 하나님께서 주신 말씀 안에서 자기통합을 이루는 것은 이렇듯 중요하다.

고세 신부의 불로장생주

가난을 미덕으로 삼던 프레몽트르 수도원의 재정이 마침내 바닥이 나 버리고 말았다. 수도원의 뾰족탑이 무너져 내리고 창문들은 깨어져 나갔지만 그런 것을 손볼 여유가 전혀 없었다. 더욱이 깨어져 버린 종마저도 다시 살 형편이 되지 못해 신부님들은 나무 딱따기를 쳐서 기도 시간을 알리곤 했다. 마침 그 수도원에는 고세라는 이름을 가진 수사가 있었는데 그가 하는 일이란 고작 젖소 두 마리를 돌보는 일이었다. 가난에 찌들대로 찌든 수도원의 재정 상태를

늘 가슴 아프게 생각하던 고셰 수사는, 수도원장의 허가 아래 젖소 돌보던 일을 중단하고 '불로장생주'를 만들기로 했다. 어릴 때 자신을 키워 준 양부모가 불로장생주의 전문가였기에, 그때 어깨 너머로 배운 것을 기억해 가면서 6개월 동안 밤낮으로 애쓴 결과, 마침내 고셰 수사는 불로장생주를 빚는 데 성공하기에 이르렀다.

그 다음날부터 고셰 수사가 빚은 불로장생주는 프랑스 전역으로 불티나게 팔려 나갔고, 가난에 찌들었던 프레몽트르 수도원은 하루 아침에 돈방석에 앉게 되었다. 수도원의 건물은 웅장하게 고쳐졌고 뾰족탑은 하늘을 찌를 듯이 높아졌다. 그 모든 것이 고셰 수사 덕분이었다. 그 빛나는 공적으로 인해 고셰 수사는 신부의 서품까지 받게 되었다. 수도원의 그 누구도 이에 대해 이의를 제기하는 사람은 없었다.

어느 날 저녁 신부님들이 모두 모여 경건하게 저녁미사를 드리고 있을 때였다. 갑자기 누군가가 뛰어들어 괴성을 지르며 혀 꼬부라진 소리로 노래를 부르기 시작하는 것이었다. 얼마나 술을 마셨던지 얼굴이 새빨갛게 달아오른 채, 자기 자리를 찾지도 못하고 비틀거리는 고셰 수사였다. 그는 자신이 만든 불로장생주가 잘 빚어졌는지를 확인하기 위해 매일 그 술을 시음해 보다가, 그만 알코올 중독자가 되어 버리고 말았던 것이다. 그러나 경건하게 미사를 드리던 다른 신부님들은 술주정하는 고셰 수사를 향해 "사단아 물러가라!"고 외치면서 그를 밖으로 끌어내어 버렸다. 그리고 신부님들은 다시 경건하게 미사를 계속하였다. 그 이튿날 아침 수도원 원장은 고셰 수사에게 앞으로는 성당 출입을 삼가고, 주조장에서 불로장생주만 빚으면서 거기에서 혼자 기도할 것을 명령했다.

마음씨 착한 고셰 수사는 수도원장의 명령을 따랐다. 매일 술을 빚고 그 술을 시음해 보면서 주조장 밖으로는 한 발자국도 나갈 엄두를 내지 못했다. 그러던 어느 날 수도원장이 주조장을 찾아왔을 때, 고셰 수사는 수도원장에게 눈물로 간청하였다. 이제 술을 그만 만들겠으니 예전처럼 젖소 돌보는 일을 하게 해 달라고 말이다. 그러나 수도원장은 고셰 수사의 간청을 일언지하에 거절하였다. 그러고는 자비로운 주님께서 모든 것을 책임지실 것인즉, 아무 염려 말고 소신껏 수도원을 위해 열심히 불로장생주만 빚으라고 도리어 격려해 주었다.

어쩔 수 없이 고셰 수사는 계속해서 술을 빚었고, 그 술은 날마다 날개 돋친 듯이 팔려 나갔으며, 수도원은 쉴 틈 없이 돈을 긁어모았다. 그리고 매일 미사가 끝날 때에 수도원장은 이렇게 말하는 것을 잊지 않았다. "우리 수도원을 위해 봉사하고 있는 사랑하는 고셰 신부를 위해 기도합시다." 그 말이 끝나기가 무섭게 미사에 참여한 모든 사람들은 고셰 수사를 위하여 간절히 축복기도를 드리는 것이었다. 그러나 바로 그 기도 소리를 들으면서 고셰 수사의 영혼과 육체는 주조장 안에서 서서히 죽어 가고 있었다.

이 이야기는 프랑스의 작가 알퐁스 도데(Alphonse Daudet)의 꽁트 '고셰 신부의 불로장생주'의 내용이다. 이 작품 속의 수도원장과 신부들이 사랑한 것이 과연 무엇인가? 그것은 의심의 여지없이 돈이었다. 주님의 이름과 고셰를 위한 기도는 단지 명분이었을 뿐, 그들이 집착했던 것은 돈이 전부였다. 무서운 이중성이었다. 그 이중성의 틈바구니로 그들의 인생은 새어 나갔고, 그 같은 그들의 삶은 순박한 고세의 영과 육을 죽이는 흉기였다. 그러나 그들의 모습이 바로 우리 자신의 실상인 것은 아닌가? 주님의 능력을 이용하여 단지 자신의 욕망만을 성취하려는 우리 자신 말이다. 그렇다면 그 이중성 사이로 지금 우리를 스치고 있는 1초 1초 또한 허망하게 소멸되고 있을 뿐이지 않겠는가?

자기 이기심의 모순

서구 백인들이 아프리카 흑인들에게 행한 만행은 필설로 이루 다 할 수가 없다. 그들은 땅을 훔치고 인간의 생명을 노략질하였다. 그리고 개명천지가 된 지금도 아프리카의 중요한 땅은 여전히 백인들의 소유로 되어 있다. 작년 짐바브웨의 무가베 대통령은 자국 내 영국 출신 백인 소유의 토지를 몰수하였다. 물론 백인에 대한 흑인의 증오심을 이용하여 자신의 독재 권력을 연장하려는 정치적 목적이 더 컸겠지만, 그러나 흑인의 1퍼센트에도 미치지 않는 백인이 경작 가능한 전 국토의 65퍼센트 이상을 소유하고 있는 짐바브웨의 현실을 보면 수긍이 가지 않는 것도 아니다. 그 불균형의 원인은 말할 것도 없이 총칼에 의한 백인들의 토지 강탈이었다. 무가베의 토지 몰수 선언과 동시에, 짐바브웨의 식민 종주국이었던 영국을 비롯한 서구 사회는 연일 언론을 총동원하여 무가베를 광야의 무법자로 몰아 붙였다. 그러나 무가베는 대 국민연설을 통하여 다음과 같이 말하였다.

영국인들은 우리더러 민주주의를 하라고 한다.

그러나 그들은 이 땅에서 결코 민주주의를 행한 적이 없다.
그들은 우리더러 서로 사랑하라고 말한다.
그러나 그들은 이 땅에서 단 한 번도 우리를 사랑한 적이 없다.
그들은 단지 말만 할 뿐, 그들이 말한 대로 우리에게 실천한 적이 없다.

참으로 정곡을 찌르는 말이다. 백인들의 이중성에 대한 여지없는 질타다. 자신들이 남의 땅을 강탈한 것은 정당시하면서도, 원래의 주인이 빼앗긴 땅을 도로 몰수하려는 것은 용납하려 하지 않는다면 그 또한 얼마나 가공할 이율배반인가? 그 이율배반 속에서 과연 영원이 건져질 수 있겠는가? 그러나 이 또한 우리 자신의 모습인 것을 어찌하랴. 자신과 타인에게 적용하는 기준이 전혀 다른 이율배반 속에서 살아가고 있는 우리 자신 말이다. 이런 삶으로야 사람과의 관계에서 어찌 우리의 1초 1초가 새어 버리지 않겠는가?

유럽에서 가장 진보적 국가인 네덜란드의 상하원은 동성연애자의 결혼을 합법화하는 법을 제일 앞장서 제정하였다. 그리고 그 법이 발효되는 2001년 4월 1일 0시 암스테르담 시청에서, 세 쌍의 남성과 한 쌍의 여성이 입추의 여지없이 모인 하객들 앞에서 암스테르담 시장의 주례로 사상 초유의 동성결혼식을 올렸다. 암스테르담 시장은 주례사에서, "오늘 우리는 네 명의 여자와 네 명의 남자를 결혼시키고 있다"며 기염을 토했다. 그의 앞에 서 있는 사람은 남자가 여섯 명, 여자가 두 명이었는데도 말이다.

이 법안 통과에 찬성표를 던진 사람들의 주장인즉, 인간의 자유와 인권은 어떤 경우에도 침해되어서는 안 되기 때문이란다. 한 인간이 자신과 같은 동성과 결혼하여 부부가 되고픈 자유와 권리는 반드시 보장되어야 한다는 것이다. 이제 네덜란드의 동성연애자들은 합법적으로 부부가 될 수 있을 뿐 아니라 역시 법에 따라 이혼할 수도 있다. 나아가 어린이를 자기 자식으로 입양하여 호적에 올릴 수도 있게 되었다. 호모 부부든 레즈비언 부부든 간에 입양한 아이의 부모가 될 수 있는 권리를 법적으로 보장받은 것이다.

그렇다면 동성부부에게 입양되는 어린이는 도대체 어떻게 되는 것인가? 동성부부는 그들의 자유와 인권을 위해 결혼하지만, 그들에게 입양되는 어린이는 정상적인 부모 슬하에서 자랄 자유와 인권을 자기 의지와는 전혀 무관하게 박탈당하는 것이 아닌가? 어떤 아이는 철이 들 때까지 남자를 엄마라 부르면서 살아야 한다. 또 다른 아이는 오래도록 여자를 아빠라 부르면서 자라야만 한다. 그런 가정 속에서 자라는 아이의 인격이나 정서, 사고나 심성이 정상적으로 성장치 못할 것임은 너무나도 명약관화하지 않은가? 그렇다면 이것이야말로, 인간이 인간의 자유와 권리의 이름으로 행하는 행위란 실은 또 다른 인간에 대한 폭력에 지나지 않음을 보여 주는 좋은 예가 아닐 수 없다. 그러나 이 또한 우리의 모습 아닌가? 고상하게 인간의 자유와 권리를 부르짖으면서도 실상은 자기 이기심의 모순에 빠져 있는 우리 자신 말이다. 이 모순을 극복하지 않는 한 우리의 삶이 영원을 담은 그릇이 될 수는 없다.

무릇 주님을 믿는 크리스천이라면 모두 참된 크리스천, 진리의 향기를 풍기는 크리스천이 되기를 소망한다. 그러나 크리스천으로서 져야 할 십자가를 지려 하지는 않는다.

모든 부부는 진정 행복하고 아름다운 가정을 꾸리기를 원한다. 그러나 언제나 상대가 먼저 양보해 주기만을 요구한다.

모든 부모는 자식이 진리의 사람이 되기를 바란다. 그러나 부모인 자신이 가장 결정적인 순간 자식 앞에서 진리의 본이 되지는 않는다.

모든 자식들은 효자효녀란 소리를 듣기 원한다. 그러나 나이 든 부모에게 자식의 도리를 다하는 자식은 흔치 않다.

한국 사회에서 교회가 비판의 대상이 된 것은 어제오늘의 일이 아니다. 모든 교회와 교인은 기회가 있을 때마다 정말 새로워지자고 역설한다. 그러나 각자가 자신의 일터 속에서 크리스천답게 신앙의 양심을 좇아 살려 하지는 않는다.

서로 사랑하자고 힘주어 외친다. 그러나 항상 상대가 사랑의 손길을 먼저 내밀어 주기만을 기다린다.

봉사의 사람이 되기를 기도한다. 그러나 자기 눈앞의 이익에 관한 한 단돈 1원도 손해 보려 하지는 않는다.

사람으로부터 상처받지 않기를 바란다. 그러나 자신의 언행이 수많은 사람들에게 상처를 주고 있다는 사실은 애써 외면한다.

누구나 자신의 삶 속에서 진리의 열매를 거두기 소망한다. 그러나 열매를 위한 필수과정인, 먼저 썩어지는 밀알이 되기는 거부한다.

부활을 노래하고 찬양한다. 그러나 부활의 초석인 진리 안에서의 자기부인―자기 십자가는 마다한다.

날마다 하나님의 도우심이 함께해 주시기를 간구한다. 그러나 하나님의 말씀대로 살려 하지는 않는다.

만약 이것이 여전히 이중성 속에 빠져 있는 우리의 실상이라면 영원을 건져 올리기는커녕, 우리의 삶이 속 빈 물거품과 무슨 차이가 있겠는가? 우리를 스쳐 간 그 숱한 순간들이 이미 형체도 없이 날아가 버렸을 테니 말이다.

주님께서는 율법사나 바리새인들을 가리켜 '외식하는 자', 쉽게 말해 위선자라 부르셨다. 겉 다르고 속 다른 그들의 이중성을 꿰뚫어 보신 까닭이었다. 이 단어가 그리스어로 '휘포크리테스'(hupokritees)로 기록되어 있는데, 이것은 본래 배우를 가리키는 용어였다. 당시엔 인쇄술이 보급되기 전이어서 일반인들은 고전 작품을 극장에서 배우의 대사를 통해서만 감상할 수 있었다. 따라서 당시 일반인들에게 배우란 모두 동경의 대상이었다. 말하자면 휘포크리테스란 호칭 자체는 전혀 욕이 아니었다. 그러나 주님께서는 똑같은 단어를 '위선자' 란 의미로 사용하셨다. 그 이유는 간단했다.

배우는 자신이 외운 대사에 대해 책임을 질 필요가 없다. 자신의 대사대로 살아야 할 의무는 더더욱 없다. 그의 대사는 무대의 막이 내리는 것으로 끝나 버린다. 그러나 크리스천은 배우가 아니다. 크리스천은 하나님의 말씀을 말하기만 하는 자가 아니라 하나님의 말씀대로 사는 자이다. 만약 하나님의 말씀을 읊기만 하고 삶으로 실행하려 하지는 않는다면, 그는 배우일 수는 있으나 하나님을 믿는 신자일 수는 없다. 하나님 앞에서의 배우란 결코 칭찬의 말이 아니다. 그것은 곧 위선자란 말이다. 그래서 주님께서는 똑같은 단어를 '위선자' 란 부정적인 의미로 사용하셨다.

주님께서 가장 싫어하신 사람이 '외식하는 자' 즉 위선자였다. 그들의 겉 다르고 속 다른 이중성 사이로 주님께서 주신 귀한 생명이 허망하게 소진되어 버리는 까닭이었다. 그래서 주님께서는 말씀대로 살 것을 요구하신다. 말씀 안에서만이 자기이중성과 모순은 통합될 수 있고, 말씀으로 자기통합을 이루어 가는 삶만이 영원을 건지고 담는 진리의 그릇이 될 수 있다. 말씀대로 사는 것은 결코 하나님을 위함이 아니다. 말씀 안에서 자기통합을 이루지 않으면 안 될, 우리 자신을 위함이다.

말씀의 사람이 되기 위한 전제

하나님의 말씀 안에서 자기통합을 이루어 영원을 담고 건지는 그릇이 된다는 것은 거저 되는 일이 아니다. 그것이 가능하기 위해서는 반드시 세 가지 전제가 충족되지 않으면 안 된다.

투자하라

첫째, 투자의 사람이 되어야만 한다.

지금 이 글을 읽고 있는 사랑하는 청년들에게 묻고 싶은 것이 있다. 이제껏 창세기부터 계시록까지 성경을 단 한 번이라도 통독해 본 적이 있다면, 하나님 앞에서 가만히 손을 들어 보라. 만약 지금 손을 들 수 없는 형편이라면, 나는 다시 묻고 싶다. 그대는 지금 도대체 무엇을 믿고 있는가? 누군가를 사랑한다면, 그의 말을 들어 보지도 않고 사랑한다는 것이 가능할 수 있겠는가? 어떤 경우에든 불가능하다. 그것은 있는 그대로의 그에 대한 사랑이 아니라 자신이 그려 낸 그의 허상에 대한 이기적 집착이기 때문이다. 사랑과 집착은 절대로 동의어가 아니다. 하나님의 말씀을 처음부터 끝까지 단 한 번도 읽어 보지 않고서 하나님을 바르게 믿겠다는 것은 이와 다를 바 없다. 이 경우의 신앙이란 하나님의 능력을 이용하여 자신의 목적을 성취하려는 자기집착에 불과할 따름이다.

그러므로 그대들은 말씀에 관한 한 투자의 사람들이 되어야 한다. 매일 단 얼마간이라도 시간과 정성을 투자하지 않으면 안 된다. 하나님의 말씀은 쉽지 않다. 때론 이해하기 힘든 대목도 있을 것이다. 그러나 중단 없이 계속 읽어가야 한다. 그리하면 요한계시록의 마지막 장을 덮는 순간, 아 성경 전체의 흐름은 이런 것이며 하나님의 말씀이 궁극적으로 내게 요구하시는 것이 이것이구나, 하는 자기 나름의 틀을 얻게 될 것이다. 성경은 살아 계신 하나님의 말씀이기에 반드시 그 틀을 얻게 된다. 바로 그 틀이 중요하다. 말씀을 읽는 것은 성경을 토씨 하나 틀림없이 달달 외우는 율법사가 되기 위함이 아니라, 하나님께서 각자에게 주시는 이 틀을 얻기 위함이다. 이 틀을 얻음으로 그 틀 속에서 그대는 비로소 영원을 건지는 말씀의 삶을 영위하게 되는 것이다.

어부가 아무런 투자 없이 물고기를 건져 올릴 수는 없다. 그물을 구입하기 위해 물질을 투자해야 하고, 그물을 관리하고 필요한 곳에 치기 위해 시간을 투자해야 하며, 때에 맞추어 그물을 건져 올리기 위해 온힘을 쏟아 부어야만 한다. 어부에 의해 물고기가 건져 올려졌다는 것은 그 모든 투자의 결과다. 말씀의 사람이 되는 것도 이와 마찬가지다.

그러므로 그대 생명의 한 부분을 말씀에 투자하라. 그대 심령 속에 말씀의 그물을 쳐라. 그리고 힘을 다해 그 그물을 지켜라. 그 그물 위에 그대를 스쳐 지나가는 1초 1초는 영원으로 건져 올려질 것이다. 말씀의 그물을 지니고 있는 그대는 자기통합을 이루어 가고 있을 것이기 때문이다.

약속을 지키라

둘째, 말씀의 사람이 되기 위해서는 반드시 약속의 사람이 되어야만 한다.

하나님의 말씀은 감상을 위한 문학작품이거나 논쟁을 위한 이론사설이 아니다. 하나님의 말씀은 처음부터 끝까지 유한한 인간을 위한 약속의 말씀이다. 하나님의 말씀을 언약(testament)이라 부르는 까닭이 이것이다. 약속의 특징은 언제나 상호적이라는 것이다. 일방적인 약속은 존재하지 않는다. 약속엔 언제나 약속의 대상이 있게 마련이기 때문이다.

하나님께서는 레위기 26장 12절을 통해 이렇게 말씀하고 계신다.

> 나는 너희 중에 행하여 너희 하나님이 되고 너희는 나의 백성이 될 것이니라

하나님께서는 아무 쓸모도 없는 우리를 위한 우리의 하나님이 되어 주실 것을 먼저 약속해 주셨다. 그러므로 신앙이란, 하나님의 그 약속의 은혜를 힘입어 우리 또한 하나님의 백성으로 살아갈 것을 약

속하는 것이다. 즉, 우리가 하나님의 말씀대로 살아간다는 것 자체가 하나님과의 약속을 이행해 가는 것을 뜻한다. 말씀의 사람과 약속의 사람은 동의어요, 그 양자가 구별될 수 없다는 말이다. 그러므로 우리는 이 세상의 삶 속에서 먼저 약속의 사람이 되지 않으면 안 된다. 눈에 보이는 사람과의 약속을 소홀히 하면서 보이지 않는 하나님과의 약속에 투철해질 수는 없는 까닭이다.

외국에 살고 있는 한인 크리스천들의 집에서 대한항공 기내용 담요를 보게 되는 경우가 허다하다. 어린아이를 키우거나 자동차 여행을 할 때 아주 편리하고 요긴하게 사용된단다. 해외 여행 경험이 있는 국내 크리스천 역시 대한항공 담요를 가지고 있는 사람들이 의외로 많다. 물론 불신자의 경우엔 더 말할 나위가 없다. 서로 어울려 카드놀이를 하거나 화투를 칠 때 깔판으로 안성맞춤이란다. 어떤 사람은 자기 집에 대한항공 담요가 세 장이나 있음을 자랑하기도 했다.

대한항공을 타면, 기내 담요에 붙어 있는 조그만 안내문이 눈길을 끈다.

　－사용 후 기내에 두고 가시기 바랍니다.
　－이 담요는 기내용입니다. 가져 가지 마십시오.

나는 여러 나라의 비행기를 타 보았다. 그때마다 비행기 속에 비치되어 있는 담요를 유심히 살펴보곤 한다. 그리고 대한항공을 제외한 그 어떤 나라의 비행기에서도 '가져 가지 말라' 거나 '두고 가라' 는 안내문이 부착된 기내 담요를 본 적이 없다. 우리나라보다 경제적으로 훨씬 뒤떨어진 남미의 브라질, 중동의 터키, 동남아의 태국, 심지어 아프리카의 모로코 비행기의 기내용 담요도 마찬가지였다. 적어도 나의 여행경험상, 그런 안내문이 부착되어 있는 기내 담요는 대한항공이 유일하다. 이로 미루어 한국 승객들이 대한항공 담요를 얼마나 많이 가져가고 있는지는 능히 짐작할 수 있다.

대한항공 담요를 기내에서 사용한 뒤 비행기에 그대로 두고 내려야 한다는 것은 사회적인 약속이다. 그것은 대한항공의 재산이기 때문이다. 그럼에도 유독 대한항공만이 안내문을 부착해야 할 정도로 많은 한국인들(상당수의 크리스천을 포함하여)이 대한항공의 재산인 담요를 가져가고 있다면, 우리 민족(상당수의 크리스천을 포함하여)이 그만큼 사회적 약속을 경홀히 여기고 있다는 반증이 아닐 수 없다.

여기에서 불신자의 경우는 논외로 하고, 크리스천인 우리끼리 한 번 곰곰이 생각해 보자. 상당수의 크리스천들이 대한항공 담요를 가져올 때 승무원이 보는 앞에서 태연히 자기 가방에 넣었겠는가? 혹은 알지도 못하는 주위 승객들 보란 듯 공개적으로 넣었겠는가? 절대로 그렇지 않았을 것이다. 누구도 보지 않는 기회를 포착하여 아무도 몰래 넣었을 것이다. 왜 그렇게 해야만 했을까? 그 이유는 너무나도 간단하다. 그 순간 말은 하지 않아도 자신의 행위가 '도적질' 임을 알기 때문이다. 문제는 그처럼 남몰래 도적질을 하고서도 그 순간이 지남과 동시에 자신이 도둑이라는 사실 자체를 전혀 자각지 못한다는 것이다. 이것은 식당에 밥을 먹으러 갔다가 그 집의 예쁜 방석을 슬쩍 집어 오고서도 아무 거리낌 없이 태연히 살아가는 것과 같다.

그렇다면 이것은 단순히 대한항공 기내 담요 한 장에만 국한된 문제가 아니다. 남몰래 대한항공 담요를 훔쳐 오는 자가 아무도 보지 않는 곳에서 과연 하나님의 말씀대로 살 수 있겠는가? 그가 무엇을 행하든 그 행위가 늘 진실할 수 있겠는가? 그가 정직한 세금을 납부할 수 있겠는가? 그가 자신의 배우자나 자식, 혹은 동료 앞에서 신실한 크리스천으로 살아갈 수 있겠는가? 사회적 약속을 그처럼 경시하는 자가 보이지 않는 하나님과의 약속에 충실할 수 있겠는가? 그 대답은 회의적일 수밖에 없다.

독일 슈투트가르트(Stuttgart)에서 청년들을 만났을 때의 일이다. 그 자리에서도 대한항공 담요에 대해 언급을 했었다. 집회 마지막 날 서로 깨달은 바를 나누는 시간, 한 청년이 마이크 앞으로 나와 다음과 같이 고백하였다.

저는 어젯밤에 한잠도 자지 못했습니다. 꼬박 밤을 세운 셈이지요. 왜냐하면 저희 집엔 대한항공 담요가 두 장이나 있기 때문입니다. 다른 청년들 집에 가면 으레 대한항공 담요가 있기에 저도 가져 온 것이지요. 문제는 저는 신학도라는 겁니다. 이곳에서 계획한 공부를 끝내면 저는 한국으로 돌아가 신학자나 목회자로 평생 살 사람입니다. 그런데도 단지 남이 한다고 해서 타인의 것을 도적질하고서도 자신이 도둑이라는 사실조차 깨닫지도 못하고 살아왔습니다. 이러고서도 하나님과의 약속에 충실한 양, 스스로 의로운 양 살아온 저 자신이 부끄럽고 한심스러워 한잠도 잘 수가 없었습니다.

대한항공 담요는 지극히 작은 한 예에 지나지 않는다. 그동안 얼마나 많은 수험생들이 남몰래 남의 자동차에서 'S' 자를 떼었는가? 그 글자를 지니면 좋은 대학에 진학할 수 있다는 말 같잖은 말 때문에 말이다. 그들 중에 또 크리스천은 얼마나 많았겠는가? 그들과 대한항공 담요를 훔쳐 가는 사람 사이에 무슨 차이가 있겠는가? 나는 무슨 거래에서든 담당자가 젊은이면 무조건 믿어 준다. 젊은이는 미래의 주역들이기에 그들을 믿어 주는 것은 기성세대의 의무라 여기는 탓이다. 그러나 그 많은 젊은이들 중 자신의 입으로 한 말에 대해 신실한 젊은이는 참으로 드물다. 크리스천 젊은이 역시 예외는 아니다.

인간의 모든 관계란 실은 약속의 관계로 이루어져 있다. 국민으로 지켜야 할 약속이 있고, 부부지간 부자지간에도 지켜야 할 약속이 있으며, 이웃지간에도 준수하지 않으면 안 될 약속이 있다. 그러므로 일상사 속에서 약속의 사람이 되지 않고서는 건실한 사회의 구성원이 될 수 없음은 물론이요, 주님께서 그토록 질타하셨던 율법사 이상이 될 수는 없다. 오직 매사에 약속의 사람이 될 때에만 영원하신 하나님의 말씀에 신실한 크리스천이 될 수 있다. 하나님의 말씀은 약속의 말씀이고, 그 약속의 말씀을 믿고 따르는 자의 삶만 영원을 건져 올릴 수 있다는 것이 하나님의 약속이기 때문이다.

반복하라

마지막으로, 말씀의 사람이 되기 위해서는 반복의 사람이 되어야 한다.

다시 그대 청년에게 묻겠다. 지난 주일 그대가 다니는 교회 예배

시간의 설교제목과 본문말씀은 무엇이었는가? 그대가 이 질문에 즉각 대답할 수 없다면, 지난 주일의 예배는 그저 형식적으로 때운 예배에 지나지 않는다. 그대가 대답하지 못한다는 사실 자체가 그 말씀을 삶 속에서 한 번도 적용하려 하지 않았음의 증거이다. 만약 교회 밖 삶 속에서 그 말씀을 반복적으로 적용시켜 왔다면 그 질문에 대답하지 못할 까닭이 없다.

시편 1편 1-2절의 말씀을 유의하여 보자.

> 복 있는 사람은 악인의 꾀를 좇지 아니하며 죄인의 길에 서지 아니하며 오만한 자의 자리에 앉지 아니하고 오직 여호와의 율법을 즐거워하여 그 율법을 주야로 묵상하는 자로다

복 있는 사람은 하나님의 말씀을 '주야로 묵상' 하는 자라고 정의하고 있다. 도대체 어떻게 밤낮 하나님의 말씀만 묵상할 수 있단 말인가? 그러기 위해서는 아무 일도 하지 말아야 된다는 말인가? 아니다. 그런 의미가 아니다. 본문의 '묵상' 이란 단어 '하가'(hagah)는 명상을 뛰어넘어 반복되는 적용을 의미한다. 즉 하나님의 말씀을 듣거나 읽고 이해하는 데서 그치는 것이 아니라, 바로 그 말씀을 삶 속에서 반복적으로 적용하라는 의미이다. 말씀을 읽고 듣고 이해하는 것만으로는 외식하는 율법사가 될 뿐이지만, 그 말씀의 적용을 반복함으로써 영원을 건져 올리는 참 생명의 크리스천이 될 수 있는 까닭이다.

군인 중에 특수임무를 수행하는 공수부대원들은 매일 같은 동작을 반복하여 훈련한다. 그것은 그들이 무식하거나 지능이 나빠서가 아

니다. 언제 어디서든 본능적으로 적에게 대응하기 위함이다. 이탈리아에서 활동중인 전문 성악인의 말에 따르면, 같은 곡을 적어도 1만 번 이상 반복해야 어떤 여건 하에서도 흔들림 없이 본능적으로 노래를 할 수 있다고 한다. 크리스천이 말씀을 반복적으로 적용하는 것 역시, 어떤 상황 속에서건 영원을 건져 올리는 본능적인 크리스천이 되기 위함이다. 따지고 보면 반복 없이 이루어지는 일이란 없다. 어린아이가 설 수 있는 것은 반복적으로 기어다닌 결과다. 자동차가 달리는 것은 피스톤이 반복을 거듭하기 때문이요, 내가 지금 살아 있는 것 역시 심장의 반복적인 운동 때문이다. 세상의 이치가 이러하거늘, 반복의 사람이 되지 않고서야 어찌 살아 있는 크리스천이 될 수 있겠는가? 그래서 하나님의 말씀을 반복적으로 적용하는 자가 복되다고 노래한 시편 1편은 3-4절에서 다음과 같이 계속되고 있다.

> ……그 율법을 주야로 묵상하는 자로다 저는 시냇가에 심은 나무가 시절을 좇아 과실을 맺으며 그 잎사귀가 마르지 아니함 같으니 그 행사가 다 형통하리로다 악인은 그렇지 않음이여 오직 바람에 나는 겨와 같도다

하나님의 말씀을 반복적으로 적용하는 자의 삶은 때를 따라 결실하며 잎사귀가 마르지 않는 시냇가의 나무와 같다. 그는 시냇가의 나무가 밤낮으로 시냇물을 건져 올리듯 말씀 안에서 영원을 건져 올리는 자다. 그러나 하나님의 말씀을 삶 속에서 적용하려 하지 않는 자의 삶은 겨와 다를 바가 없다. 히브리어 원문엔 '왕겨'라고 기록되어 있다. 겨란 알맹이 없는 빈 껍질만을 의미한다. 더욱이 왕겨라면

속이 더 비어 있을 것임은 말할 나위가 없다. 그래서 바람이 부는 대로 의미도 없이 흩어져 날아가 버릴 따름이다. 말씀의 적용을 반복하지 않는 자의 삶이란 아무것도 건져 올린 것이 없기에 바람에 흩날려 사라져 버리는, 영락없는 왕겨일 뿐이다.

맺음말

내가 스위스에 거주하던 3년 동안 유럽을 가장 오래도록 뒤흔든 사건은 광우병(狂牛病) 파동이었다. 광우병에 감염된 소를 먹으면 불치병인 인간광우병의 원인이 된다 하여 수십만 마리의 소가 도살되었고, 이로 인해 한때 쇠고기 소비가 전시(戰時)를 제외하곤 가장 크게 격감하는 등 그 파장은 실로 엄청났다. 광우병이라는 이름은, 그 병에 감염된 소가 마치 미친 듯이 계속 사지를 떨다가 죽는 데서 비롯되었다. 소가 이처럼 무서운 광우병에 걸리는 제1원인은 동물성 사료인 것으로 밝혀졌다. 그래서 작년부터 유럽은 법적으로 동물성 사료를 금지하였다. 당시 프랑스에서만 재고로 남아 있던 동물성 사료가 70만 톤이었고, 그것을 폐기처분하는 데 소요된 비용만 무려 50억 프랑(한화 약 1조원)이었으니, 유럽인들이 소에게 얼마나 많은 동물성 사료를 먹여 왔었는지 능히 짐작할 수 있다.

하나님께서는 소를 초식동물로 만드셨다. 풀만 먹고사는 동물로 만드신 것이다. 그런데 사람이 하나님의 명령을 어기고 동물성 사료를 먹이기 시작했다. 젖소와 같은 비식용(非食用) 가축이 죽을 때 그냥 버리기가 아까웠고, 그것을 재료로 만든 동물성 사료를 소에게 먹여 더 빨리 더 크게 자라게 하여 더 많은 돈을 벌기 위함이었다. 한마디로 초식동물인 소에게 먹여서는 안 될 동물성 사료를 먹게 한 것은 인간의 탐욕이었고, 그 결과가 광우병이었다. 그렇다면 과연 어느 쪽이 미쳤는가? 미친 쪽은 소가 아니다. 소는 추한 인간의 피해물일 뿐이다. 미친 것은 하나님의 말씀을 내팽개치고 소에게 동물성 사료를 먹인 인간이다. 광우(狂牛)가 아니라 광인(狂人)인 것이다. 그리고 인간이 멋대로 광인 놀음 한 그 피해는 고스란히 인간에게 되돌아왔다.

이 얼마나 크나큰 메시지인가? 인간이 하나님의 말씀을 등지고 살려 한다면, 하나님 보시기에 그보다 더 어리석은 광인이 어디에 있겠는가? 그것은 천하보다 더 귀한 자기 생명을 갉아먹는 짓이요, 그 광기의 최대 피해자는 바로 자기 자신일 테니 말이다.

사랑하는 청년들이여!

손으로 물을 건져 올려 보라. 이내 새어 나가 버리고 말 것이다. 그러나 그릇으로는 얼마든지 퍼 올릴 수 있다. 구슬이 서 말이라도 꿰지 않으면 보배가 아니다. 하나님의 말씀은 의미 없이 새어 나가 버릴 1초 1초를 영원으로 건져 올리고 담는 그릇이다. 허망하게 사라져 버릴 1초 1초를 영원이란 보배로 꿰어 주는 사슬이다.

부디 어떤 경우에도 잊어서는 안 된다. 인생은 절대로 거창한 데 있지 않다. 그대들을 지금 스쳐 지나가고 있는 1초 1초가 바로 인생이다. 그 1초 1초를 어떻게 맞느냐에 따라 그대들의 일생이 결정되는 것이다.

지금부터 하나님의 말씀을 그릇 삼아, 그 1초 1초를 영원으로 건져 올리라. 하나님의 말씀을 그대 삶의 씨줄로 삼으라. 그리고 그 씨줄에 그대를 스쳐 가는 1초 1초를 날줄로 엮어 가라. 그때부터 그대들의 삶은 절대적 의미를 지니게 될 것이다. 절대적 의미는 영원하신 절대자—하나님의 말씀 속에서만 움트기 때문이다.

하나님의 말씀대로 사는 것은 결코 하나님을 위함이 아니다. 그것은 한 줌의 흙에 지나지 않을, 바로 그대 자신을 위함이다. 그렇기에 청년의 때부터 하나님의 말씀대로 사는 것보다 더 큰 지혜는 없다.

하나님 아버지!
나는 지금까지 하나님을 위하여 말씀대로 살아 드린다고
생각해 왔습니다. 그래서 하나님의 말씀은 언제나 무거운
짐이었고, 말씀대로 사는 기쁨이 없었습니다. 그러나 그것이
커다란 착각이었음을 깨닫게 해 주셔서 감사합니다.
한 줌의 흙으로 끝나 버릴 나를 사랑하셔서 하나님의 영원하신
말씀을 내려 주심을 감사합니다. 말씀이신 주님께서 이 땅에
직접 오시어 나를 위해 죽으시고 부활하시므로, 오직 말씀만이
영원함을 친히 보여 주신 것을 진심으로 감사합니다.
이제부터 말씀을 위한 투자의 사람이 되기를 간구합니다.
약속의 사람이 되기를 원합니다. 반복의 사람이 되기를
소망합니다. 말씀의 사람으로 살아가기 위해 중단 없는
가치혁신을 이루어 갈 것을 결단합니다.

이 시간 이후로, 말씀 안에서 나를 스쳐 지나가는 1초 1초를
영원으로 건져 올리는 영원의 낚시꾼이 되게 하여 주십시오.
그리하여 주님의 말씀대로 산 나의 삶 자체가 하나님께 들고 갈
가장 향기로운 제물, 가장 보배로운 소유가 되게 해 주십시오.
아멘.

02

믿음 그 완전성

내가 참 포도나무요 내 아버지는 그 농부라 무릇 내게 있어 과실을 맺지 아니하는 가지는 아버지께서 이를 제해 버리시고 무릇 과실을 맺는 가지는 더 과실을 맺게 하려 하여 이를 깨끗케 하시느니라 너희는 내가 일러 준 말로 이미 깨끗하였으니 내 안에 거하라 나도 너희 안에 거하리라 가지가 포도나무에 붙어 있지 아니하면 절로 과실을 맺을 수 없음 같이 너희도 내 안에 있지 아니하면 그러하리라 나는 포도나무요 너희는 가지니 저가 내 안에, 내가 저 안에 있으면 이 사람은 과실을 많이 맺나니 나를 떠나서는 너희가 아무것도 할 수 없음이라

요한복음 15:1-5

믿음의 출발점

백문이 불여일견

중국 한나라 선제 원년, 서북쪽에 살던 티베트계 유목민 강(羌)이 반란을 일으켰다. 처음에는 대수롭지 않게 여겼으나 반란을 진압하기 위해 출동한 한나라 군대가 대패, 금성 일대가 반란군의 수중에 떨어지고 말았다. 황급해진 선제는 백전노장인 조충국을 불러 물었다.

"장군이 이번 반란군을 토벌한다고 하면 어떤 전략을 쓰겠는가? 또 병력은 얼마나 있어야 반란군을 토벌할 수 있겠는가?"

이에 노장군 조충국이 답하였다.

"백문불여일견(百聞不如一見)입니다. 백 번 듣는 것보다 한 번 실제로 보는 것이 훨씬 효과적이란 말입니다. 모름지기 군사나 전투에 관해서는 실제 현장을 보지 않고서는 계획이나 규모를 제대로 세울 수가 없습니다. 바라건대 현장에 직접 가서 두 눈으로 살펴본 뒤 도면을 펼쳐 놓고 방책을 세웠으면 좋겠습니다."

이에 선제의 윤허를 얻은 조충국은 반란의 현장인 금성으로 즉시 출동하여 현장의 정세를 자세히 살펴보았다. 그리고 둔전(屯田)이 가장 좋은 방책이라 판단, 기병이 아닌 보병 1만여 명을 풀어 금성 각 지방에 고루 침투하게 하였다. 둔전이란 전략은 글자의 뜻 그대로, 군사를 농사꾼으로 가장하여 사방으로 흩어 농사를 짓게 하는 계책이었다. 조충국 자신도 농사꾼이 되어 현장에서 무려 1년 동안이나 농사를 지었다. 그들이 얼마나 농사일에 열심이었던지 반란군은 그들을 추호도 의심하지 않았다.

마침내 1년이 지났을 때, 조충국의 명령과 동시에 반란군은 순식간에 진압되고 말았다. 큰 인명 피해 없이 말이다. 이것은 백문이 불여일견임을 알아 현장을 직접 보고 현장의 정세에 맞는 전략을 썼기 때문이다. 만약 조충국이 중앙에서 반란군에 대한 이야기를 듣기만 하고 대군을 일으켜 토벌을 감행했더라면, 설령 반란군 진압에 성공했을지라도 엄청난 인명 피해를 면치 못했을 것이다. 피아간에 수만 명의 군사들이 사생결단의 전투를 벌였을 테니 말이다. 이런 의미에서 백문이 불여일견임을 알았던 조충국은 참으로 지혜로운 사람이었고, 이후 이 말은 보는 것의 중요성을 언급할 때마다 강조되고 있다.

성경과 관련된 성화 중에 레오나르도 다빈치의 '최후의 만찬'은 가장 뛰어난 작품 가운데 하나로 평가되고 있다. 그러나 나는 책을 통해 그 그림을 여러 차례나 보면서도, 사람들이 왜 그토록 그 그림에 찬사를 보내는지 이해하기 힘들었다. 성경적으로만 따진다면 그 그림은 구도부터 틀려 있다. 유대인들은 식사 시간에 참석자들이 비스듬히 누운 채 원을 그리고 음식을 먹었다. 그러나 그림 속의 예수님과 제자들은 마치 TV 연속극 속의 식사 장면처럼 긴 테이블에 전원 정면을 향해 일자로 앉아 있다. 틀려도 여간 틀린 것이 아니다. 구도부터 이처럼 성경과는 어긋나 있으니, 빛마저 바래 보이는 그 그림에서 나는 아무런 감흥도 느낄 수가 없었다.

그러나 이탈리아 밀라노에 있는 산타마리아 델레 그라찌에(Santa Maria Delle Grazie) 성당을 직접 찾아가 나의 눈으로 그 그림을 직접 보고서야, 왜 그것이 명화 중의 명화인지 알게 되었다. '최후의 만찬'은 캔버스에 그려진 유화가 아니라, 세로로 긴 성당 식당 한쪽 벽 위에 그려진 벽화였다. 그 그림의 색깔이 다른 유화에 비해 희미해 보이는 까닭이 거기 있었다. 나는 벽화의 맞은편 벽 앞에서 그림을 쳐다보았다. 그리고 숨소리마저 크게 내지 못하는 자신을 발견하였다. 완벽한 입체감과 함께 한 사람 한 사람이 모두 살아 있는 그림에 압도당했던 것이다. 그리고 나는 그 이후로 '최후의 만찬'이 가장 뛰어난 성화란 평가에 100퍼센트 동의한다. 백문이 불여일견이었기 때문이다.

믿음 – '백문'과 '일견'의 너머

백문이 불여일견, 즉 백 번 듣는 것보다 실제로 한 번 보는 것이 더 낫다는 말은 확실히 맞는 말이다. 인간의 청력에 비해 시력의 효율성이 월등히 앞선 까닭이다. 그러나 여기에서 우리가 결코 간과해서는 안 될 사실이 있다. 백 번 듣는 것보다 실제로 한 번 보는 것이 더 중요하긴 하지만, 그렇다고 해서 인간이 모든 것을 다 볼 수 있는 것은 아니다. 다시 말해 아무리 백문이 불여일견이라 할지라도 인간이 보는 데에는 한계가 있게 마련이다.

인간의 눈은 멀리 있는 것을 보지 못하며, 아주 가까이 그러니까 바로 눈앞에 있는 것도 보지 못한다. 우주처럼 큰 것을 볼 수 없는가 하면 세균처럼 미세한 것도 볼 수 없다. 태양처럼 밝은 것은 물론이요 암흑같이 어두운 것 또한 보지 못한다. 시야를 차단하는 장애물이 있으면 그 너머에서 무슨 일이 나고 있는지 볼 도리가 없다. 분명히 내 신체의 일부임에도 불구하고 내 속 어느 곳에 무슨 병이 들어 있는지조차 보지 못한다. 아무리 가까운 사이라 할지라도 사람의 마음을 볼 도리는 없다. 만약 인간의 눈이 사람의 마음을 볼 수 있다면, '속았다'거나 '배신당했다'는 말은 아예 존재하지 않았을 것이다. 무엇보다도 인간의 눈은 자기 앞일을 한 치 앞도 내다보지 못한다. 단 1초 후에 무슨 일이 벌어질지 전혀 보지 못하는 것이다. 9·11 테러로 인해 어이없이 목숨을 잃은 수천 명의 사람들이 자신의 앞일을 내다볼 수 있었던들, 그날 그 시각 그 참사의 현장에 있지는 않았을 것이다.

백문이 불여일견이란 말이 사실이긴 하지만, 인간의 보는 능력이란 이처럼 불완전하다. 모든 것을 볼 수 있는 것 같으나 실제로 중요한 것은 아무것도 보지 못한다. 인간 시력의 진상이 이러하다면 청력은 두말할 나위도 없다. 백 번 듣는 것보다 한 번 보는 것이 더 낫다는 말은, 청력의 효율성이 시력의 100분의 1에 지나지 않는다는 말이다. 그렇다면 불완전하기 짝이 없는 인간 시력의 100분의 1에 불과한 청력이야 말해 무엇하겠는가? 시력과 청력을 포함하여 인간의 인식능력이란 이렇듯 보잘것없고, 또 지극히 제한적이다.

바로 여기에서부터 믿음이 시작된다. 지금 내가 이 글을 쓰고 있는 동안 나의 가족이 어디에서 무엇을 하고 있는지 나는 보지 못하고 듣지 못한다. 만약 지금 내가 그들을 볼 수 있다면 그들의 모습과 상태를 인식하는 것으로 족할 것이다. 그러나 그들이 지금 현재 내 인식의 범위 너머에 있기에 나는 지금 이 시간 그들이 무사하리라 믿으면서 계속 글을 쓰고 있다.

나는 지금 내 서재 책상 위에 놓여 있는 컴퓨터로 이 책을 쓰고 있다. 컴퓨터는 분명히 내 눈으로 볼 수 있기에 기종이 무엇이며 어디에 설치되어 있는지를 정확하게 알고 있다. 그러나 이 컴퓨터와 연결된 전선은, 플러그가 벽 위의 소켓에 연결되어 있는 것을 끝으로 더 이상 보이지 않는다. 소켓 너머, 다시 말해 벽 너머는 볼 수 없기 때문이다. 벽 바깥쪽을 볼 수도 없고 보이지도 않기에, 어딘지는 알 수 없지만 서울 근교 어느 발전소와 우리 집 사이에 전선이 연결되어 있다는 것은 믿게 되는 것이다. 서로 사랑하여 내일 결혼키로 작정한 젊은 남녀가 있다고 하자. 내일 결혼 후에 그들의 결혼생활이 과연 행복할 것인지 그들은 알지 못한다. 그것은 인식 너머의 일이다. 그래서 그들은 누구보다 자신들이 행복해질 것을 믿고 결혼하게 된다. 이처럼 보고 확인할 수 있는 것은 단지 인식의 대상일 뿐이지만, 인식의 범위 너머에 있는 것은 믿음의 대상이 된다.

하나님과의 관계가 이와 똑같다. 유한한 인간이 무한하신 하나님을 온전히 인식한다는 것은 애초부터 불가능하다. 만약 그것이 가능하다면 하나님은 인식의 대상으로 족할 것이다. 그러나 하나님에 대한 인간의 온전한 인식이란 불가능하기에, 즉 인간의 제한된 시력과 청력으로는 온전히 하나님을 볼 수도 들을 수도 없기에, 하나님께서는 언제나 믿음의 대상으로서만 존재하시는 것이다. 바꾸어 말하면, 믿음을 떠나서는 하나님과의 관계가 성립될 수조차 없다. 그래서 '믿음장'으로 불리고 있는 히브리서 11장 1절은 이렇게 시작되고 있다.

> 믿음은 바라는 것들의 실상이요 보지 못하는 것들의 증거니

보이지 않고, 보지 못하기 때문에 믿음이 요구된다는 말이다.
도마는 주님의 부활을 의심하였다. 그는 자기 눈으로 주님의 못 자국을 직접 보고, 자기 손가락을 그 못 구멍에 넣어 보지 않고는 믿을 수 없다고 버텼다. 이에 그를 찾으신 주님께서는 그가 원했던 대로 당신의 상처 자국을 보여 주시며 그의 손을 넣어 보게 하셨다. 그제야 주님의 부활을 믿노라 고백한 도마를 향해 주님께서는 이렇게 말씀하셨다.

> 너는 나를 본 고로 믿느냐 보지 못하고 믿는 자들은 복되도다
> (요 20:29)

참으로 타당한 말씀이시다. 사람들은 도마처럼 본 것만을 믿으려 한다. 인간의 시력이란 막상 중요한 것은 전혀 볼 수 없는데도 말이다. 결국 그런 자는 아무것도 믿을 수 없다. 2천 년 전 주님께서 십자가에 못박혀 돌아가시는 것을 본 적이 없는데 어찌 그분을 구세주로 믿을 수 있겠는가? 3500년 전 홍해에 있지를 않았는데 홍해가 갈라

졌다는 성경의 증언을 어찌 믿음으로 받아들일 수 있겠는가? 보고서야 믿겠다는 자에게 성경이란 믿음과는 전혀 무관한 단순한 인쇄물에 지나지 않을 것이다.

그러나 보지 못했고 또 보려 해도 볼 수 없기에 성경을 믿음으로 받아들이면, 믿음 속에서 모든 것은 확연하게 보인다. 4천 년 전 아브라함이 아들 이삭을 모리아 산에서 하나님께 바치던 것도, 하나님께서 불기둥과 구름기둥으로 이스라엘 백성들을 광야에서 인도하시던 것도, 다윗이 단신으로 골리앗을 쓰러뜨리던 것도, 세 번씩이나 주님의 면전에서 주님을 배신했던 베드로가 닭 우는 소리를 듣고 땅을 치며 통곡하던 것도, 주님께서 죽음의 무덤을 깨트리시고 부활하신 것도, 부활하신 주님께서 갈릴리 호수로 제자들을 찾아가시어 "네가 나를 사랑하느냐?"고 물으시던 것도, 믿음 속에서는 마치 거울을 보는 것처럼 뚜렷하게 보이는 것이다. 이것이 주님께서 도마에게 "보지 못하고 믿는 자들이 복되다"고 말씀하신 이유이다. 믿음은 보지 못하는 데서부터 시작되기 때문이다.

성경 – '맹신'과 '믿음' 사이

그렇다면 볼 수 없고 들을 수 없는 것이면 무조건 믿음의 대상이 되는가? 믿음에 무조건이란 없다. 무조건 믿는 것은 맹신(盲信)이다. 맹신보다 더 위험한 것은 없다. 맹신은 믿으면 믿을수록 인간을 더 깊은 미몽(迷夢) 속으로 침몰케 하는 데 반해, 참된 믿음은 깊이를 더할수록 모든 것이 점점 더 명료해진다. 따라서 믿음과 맹신은 어떤 경우에도 동일시 될 수 없고, 믿음에 무조건이란 있을 수 없다. 보지 못하고 볼 수 없기에 믿음이 시작되지만, 그 믿음을 가능케 하는 인식의 근거가 있음으로 비로소 믿음이 가능해지는 것이다.

이 글을 쓰고 있는 동안 내 눈에 보이지 않는 가족들이 무사할 것을 믿는 것은 내게 사랑하는 가족들이 있고, 또 여태까지 무사해 왔음을 인식하고 있기 때문이다. 만약 가족 한 명 없이 혈혈단신인 사람이, "지금 내 가족이 무사할 것을 나는 믿고 있다"고 한다면 그는 온전한 정신을 가진 사람일 수 없다. 내 눈에 보이지는 않지만 우리 집과 서울 근교 어느 발전소 사이에 전깃줄이 연결되어 있음을 믿는 것은, 지금 내 앞에 놓여 있는 컴퓨터가 전기의 힘으로 작동하고 있음을 인식하고 있는 까닭이다. 만약 누군가가 사하라 사막 위에 컴퓨터 한 대를 덩그러니 던져 놓고, "나는 이 컴퓨터가 발전소와 전선으로 연결되어 있음을 믿는다"고 주장한다면 그 역시 온전한 정신일 수는 없다. 내일 결혼하는 젊은 남녀가 그들의 결혼생활이 행복해질 것을 믿는 것은, 그들은 서로 약혼한 사이이고 또 내일 결혼할 것을 인식하고 있기 때문이다. 그런데 약혼자도 없는 사람이, "나는 내일 결혼할 것이고 그로 인해 나는 행복해질 것이다"고 노래한다면 그 또한 정신나간 사람임에 틀림없다. 이처럼 참된 믿음이란, 비록 우리의 인식 능력이 불완전하다 할지라도 그 믿음을 가능하게 해 주는 인식의 근거 위에서만 바르게 구축되는 법이다.

보이지 않고 볼 수도 없는 하나님과는, 오직 믿음 속에서만 관계를 맺고 심화시켜 갈 수 있다. 그러나 하나님께서 우리에게 무조건 믿을 것을 요구하시는 것은 아니다. 만약 그러셨다면 하나님께서는 인격적이신 하나님이실 수가 없다. 무조건이란 것 자체가 이미 인격의 상실을 뜻하고 있다. 하나님께서는 유한한 우리가 무한하신 당신을 바르게 믿을 수 있도록, 참 믿음을 위한 인식의 근거를 먼저 주셨다. 그것이 바로 성경이다.

　하나님께서는 하나님의 말씀이신 성경을 하나님의 언어로 주시지 않았다. 그랬더라면 인간 중 그 누구도 하나님의 언어를 온전히 이해치 못했을 것이다. 짐승이 인간의 언어를 제대로 이해할 수 없듯이 말이다. 하나님께서는 당신의 말씀을 인간이 이해하고 인식할 수 있는 인간의 언어로 주셨다. 그래서 우리는 인식 가능한 성경 말씀의 근거 위에서 보이지 않는 하나님을 뵈면서, 무한하신 그분에 대한 믿음의 세계를 바르게 펼칠 수 있는 것이다. 우리가 왜 성경공부를 하는가? 말씀에 대한 바른 인식의 근거 위에서 하나님을 향한 더욱 깊고, 더욱 넓고, 더욱 높고, 더욱 참되고, 더욱 건강한 믿음을 구축해 가기 위함이다.

하나님을 믿는다는 것

첫장에서 언급한 것처럼, 제자들과 함께 '최후의 만찬'을 마치신 주님께서 고난을 당하시기 직전 제자들에게 남기신 마지막 유훈의 말씀이 요한복음 14장부터 16장까지 기록되어 있다. 그 가운데 특히 15장 1절에 이르러 주님께서는, 하나님과 예수 그리스도 그리고 우리의 관계를 어떻게 인식해야 할 것인지를 명쾌하게 밝혀 주셨다.

> 내가 참 포도나무요 내 아버지는 그 농부라(15:1)
> 나는 포도나무요 너희는 가지니 저가 내 안에, 내가 저 안에 있으면 이 사람은 과실을 많이 맺나니 나를 떠나서는 너희가 아무 것도 할 수 없음이라(15:5)

하나님께서는 농부시며 예수 그리스도께서는 포도나무이시다. 그리고 우리는 포도나무이신 예수 그리스도께 붙어 있는 가지들이다.

즉 죄인인 우리는 하나님과 직접적인 관계를 맺을 수 없기에 포도나무이신 예수 그리스도를 통하여, 예수 그리스도 안에서, 비로소 하나님과 관계를 맺게 되는 것이다. 따라서 크리스천이 된다는 것은 포도나무이신 예수 그리스도의 가지가 되는 것을 의미한다. 바로 이것이 오늘 본문 말씀을 통해 인식 가능한 내용이다. 그렇다면 이 명료한 인식의 근거 위에서, 우리가 하나님을 믿는다는 것은 과연 무엇을 의미하는지 살펴보자.

인생의 농부를 얻는 것

나무에서 떨어져 나간 가지는 나무꾼의 차지가 된다. 나무꾼은 가지를 도우려는 사람이 아니다. 그는 단지 땔감을 구하는 사람이다. 특히 포도나무 가지는 휘어져 자라기에 일단 떨어져 나가면 땔감 이외의 다른 용도로는 쓰일 수가 없다.

그러나 가지가 나무에 붙어 있으면, 단지 나무를 얻는 데서 그치지 않는다. 나무에 붙어 있는 가지는 곧 농부를 얻게 된다. 농부는 땔감을 구하는 나무꾼이 아니다. 농부는 나무와 가지를 자기 자식처럼 사랑하는 사람이다. 그저 사랑하는 것으로 그치는 것이 아니라 나무와 가지를 온전히 지키고 보살필 수 있는 능력을 지니고 있고, 그 능력을 아낌없이 베푸는 사람이다. 결국 포도나무 가지가 나무에 붙어 있다는 것은 농부의 커다란 사랑과 엄청난 능력을 자기 것으로 삼는 것을 의미한다. 그래서 가지가 나무에 붙어 있어야 하는 당위성은 아무리 강조해도 지나침이 없다. 그것은 유약하기 짝이 없는 가지로서는, 자신의 연약함을 뛰어넘어 자신과는 전혀 차원이 다른 농부의 능력과 사랑 속에 자신을 접붙이는 엄청난 사건을 뜻하기 때문이다.

우리가 크리스천이 된다는 것—포도나무이신 예수 그리스도의 가지가 된다는 것은 이처럼 하나님을 우리 인생의 농부로 모셔 들이는 것을 의미한다. 예수 그리스도에게서 떨어져 나간 가지는 첫장에서 살펴본 것처럼, 단지 한 줌의 재 이상일 수가 없다. 그러나 예수 그리스도의 가지로 붙어 있기만 하면 하나님께서 내 인생의 농부가 되어 주신다. 내가 귀해서가 아니라, 나는 여전히 형편없는 죄인임에도 불구하고 내가 붙어 있는, 아니 나를 당신의 가지로 붙들어 주고 계시는 예수 그리스도로 인함이다. 하나님께서는 나와는 차원이 다른 분이시다. 나는 유한한 피조물인 반면 하나님께서는 전능하신 창조주시다. 그분의 능력엔 제한이 있을 수 없다. 그러므로 내가 그리스도의 가지로 살아간다는 것은, 바로 그분의 그 전능하신 능력에 나 자신을 접붙이는 엄청난 사건이 아닐 수 없다.

인간의 지팡이가 하나님의 지팡이로

터키 이스탄불에 있는 토프카피(Topkapi) 박물관에는 모세의 지팡이, 다윗의 칼, 세례 요한의 뼈로 알려진 유물들이 전시되어 있다. 회교국가인 터키의 박물관에 성경 인물들의 유물이 전시되어 있다는 사실이 다소 의아스럽게 여겨질 수 있다. 그러나 이스탄불이 1453년 오스만 투르크에 의해 함락되기까지 근 1천 년 이상 동로마 제국의 수도였을 뿐만 아니라 오래도록 동방교회의 중심지였던 콘스탄티노플이었음을 감안한다면, 이미 그곳에 수집되어 있던 성경 관련 유물들이 정복자의 수중에 넘어가게 된 것임을 알 수 있다.

작년 겨울방학, 스위스로 나를 찾아온 가족들과 함께 터키를 여행하던 중 토프카피 박물관을 관람할 때의 일이다. '모세의 지팡이'란 팻말이 붙어 있는 전시물 앞에 섰을 때 아이들이 대뜸 의문을 표했다.

"이게 정말 그 옛날 모세가 직접 사용하던 지팡이에요?"

그래서 내가 이렇게 대답해 주었다.

"이것이 정말 모세가 사용했던 지팡이라고 한다면 많은 것들이 해명되어야겠지. 그러므로 우리 이렇게 생각하기로 하자. 이 지팡이가 반드시 모세 할아버지의 지팡이라기보다는, 모세 할아버지 시대의 양치기들은 이런 모양의 지팡이를 사용했을 것이라고 말이야. 그러면 여러 면에서 도움이 되지 않겠니?"

아이들이 그렇게 질문했던 이유 중의 하나는 그 지팡이의 볼품없는 모양에 실망했기 때문이다. 우리는 흔히 모세의 지팡이라면 영화 '십계'에서 모세로 분한 찰튼 헤스턴이 손에 쥐고 있던, 크고 멋지면서도 신비스럽기 짝이 없어 보이던 그 지팡이를 연상하기 십상이다. 그러나 토프카피 박물관에 전시되어 있는 소위 모세의 지팡이는 얼마나 왜소한지 길이 1미터 남짓에 굵기는 중간치의 대나무만 해서, 그것은 지팡이라기보다는 차라리 조금 굵은 막대기라 부르는 편이 훨씬 더 어울릴 정도였다. 그러니 집에서 영화 '십계' 비디오를 몇 번이나 보았던 아이들이, '이게 정말 모세의 지팡이냐?'고 실망에 찬 질문을 던진 것은 당연한 일이었다.

그러나 모세가 시내 산에서 하나님을 만나기 전까지 기거하였던 미디안 광야를 직접 가 보면, 그곳은 찰튼 헤스턴이 손에 쥐고 있던 것과 같이 크고 굵은 가지의 나무는 전혀 존재하지 않는, 그저 황량한 광야일 뿐임을 알게 된다. 따라서 찰튼 헤스턴이 들고 있던 지팡이는 그야말로 영화 속의 지팡이일 따름이요, 도리어 이스탄불 토프카피 박물관에 전시되어 있는 그 볼품없어 보이는 막대기가 사실에 더 근접한 것임을 알게 된다. 미디안 광야에서 날 수 있는 나뭇가지 중 그보다 더 굵은 가지란 있을 수 없는 까닭이다. 오늘날에도 중동지방에서 직접 목동을 만나보면 찰튼 헤스턴과 같은 지팡이를 가진 목동은 그 어디에도 없다. 모두 막대기 정도 크기의 지팡이를 들고 있을 뿐이다. 양이 서식할 수 있는 중동지방에서 그보다 더 큰 나뭇가지를 구하는 것은 불가능하기 때문일 것이다.

그렇다면 이제, 막대기 정도의 볼품없는 지팡이를 들고 서 있는 모세의 모습을 상상해 보자. 만약 그의 손에 찰튼 헤스턴의 지팡이와 같이 신비스런 모양의 지팡이가 쥐어져 있다면, 그 지팡이 자체가 기이한 능력을 지니고 있는 것으로 여겨질 수도 있다. 그러나 그의 손엔 볼품이라고는 전혀 없는 막대기 정도의 지팡이가 들려 있다. 그리고 모세가 그 민망스러워 보이는 막대기를 앞으로 내밀자 폭 32킬로미터에 이르는 홍해가 갈라지고 말았다. 그 막대기로 반석을 쳤을 때에는 반석으로부터 생수가 강물처럼 터져 나왔다. 모세의 손에 쥐어져 있던 지팡이는 이 세상의 지팡이 중에 가장 빈약한 막대기에 지나지 않았지만, 하나님의 능력이, 천지를 창조하신 하나님의 전능하신 권능이, 그 볼품없는 모세의 지팡이를 붙들고 계셨기 때문이다.

그렇다고 해서 처음부터 하나님의 능력이 모세의 지팡이와 함께 하셨던 것은 아니다. 출애굽기 4장 20절이 다음과 같은 사실을 전해 주고 있다.

모세가 그 아내와 아들들을 나귀에 태우고 애굽으로 돌아가는
데 하나님의 지팡이를 손에 잡았더라.

성경은 모세가 하나님의 명령에 순종하여 이집트를 향해 출발하는 순간부터 모세의 지팡이를 '하나님의 지팡이' 라 부르고 있다. 그 이전까지 그것은, 볼품없는 인간 모세의 지팡이에 지나지 않았다. 모세는 40세까지 이집트의 왕궁에서 왕자의 신분으로 살았기에, 당시 세계 최고최대의 제국이었던 이집트제국 군대의 위력을 누구보다도 잘 알고 있었다. 그런데 하나님께서는 노인이 된 모세더러 이집트에 가서 맨손으로 이스라엘 백성을 구해 오라 명령하셨다. 단 한 명의 군인도 붙여 주시지 않고서 말이다. 적어도 모세의 경험으로 볼 때, 그것은 전혀 불가능한 일이었다. 그가 두려움으로 주저하고 있는 동안 그의 지팡이는 그저 볼품없는 자신의 마른 막대기였을 뿐이다. 그러나 마침내 모세가 하나님을 믿는 믿음의 일념으로 이집트를 향해 첫발을 내딛는 순간, 다시 말해 하나님을 향한 믿음을 자신의 삶으로 실행에 옮기는 순간부터, 그 형편없는 막대기는 하나님의 능력이 함께하시는 하나님의 지팡이가 되는 일대사건이 벌어진 것이다.

그 볼품없던 막대기야말로 바로 모세 자신이었다. 미디안 광야에 묻혀 제2의 양치기인생을 다시 시작한 지 어언 40년—그때 모세의 나이는 어느덧 팔십 노인이었다. 말하자면 마른 막대기처럼 아무 쓸모없는 존재에 지나지 않았다. 그러나 하나님을 온전히 믿고 그 믿음 속으로 자신의 삶을 던졌을 때에 전능하신 하나님의 능력이 그와 함께하셨고, 하나님의 능력에 의해 그는 출애굽의 대업을 이루는 위

대한 지도자가 될 수 있었다. 그는 볼품없는 노인이었을 뿐이지만, 그 연약한 노인을 붙들고 계시는 하나님의 전능하신 능력으로 인함이었다.

하나님을 믿는다는 것은 이처럼 하나님을 자기 인생의 농부로 모시고, 마른 막대기 같은 자신의 삶 속에 하나님의 그 다함없는 능력을 주입시키는 일대사건을 의미한다. 그러나 하나님의 능력이 아무리 끝이 없다 할지라도 하나님에게 사랑이 없다면, 그분의 전능하신 능력이란 인간에겐 공포의 대상이 될 뿐이다. 사랑을 결여한 하나님은 당신의 그 무한정한 능력으로 당신의 법에 어긋난 인간들을 무자비하게 저주하고 벌하기만 할 것이기 때문이다. 생각만 해도 끔찍한 일이 아닐 수 없다. 그러나 우리가 하나님을 우리 인생의 농부로 모시고 그분의 능력에 우리 자신을 접붙일 수 있는 것은, 그분은 곧 사랑이심을 우리가 아는 까닭이다. 그분이 사랑이시기에 그분은 당신의 능력으로 우리를 벌하시는 것이 아니라, 바로 그 능력으로 우리를 구원하시고 살리시는 것이다. 사랑이신 그분은 영원하신 분이시기에, 그분의 사랑 또한 다함없는 영원한 사랑이다. 그래서 그분은 우리를 살리시려 당신 자신을 제물로 내어놓으셨다. 우리가 크리스천이 된다는 것은 바로 그분을 우리 인생의 농부로 모시는 것이다. 다함없는 사랑과 능력을 지니신 그분을 말이다. 참으로 엄청난 사건이 아닐 수 없다.

졸지도 주무시지도 아니하시는 농부

하나님의 능력과 사랑에 대해서는 밝히 알고 있는 사람 중에서도 한 가지 중요한 사실을 간과하고 있는 이가 허다하다. 그것은 바로 하나님의 성실하심이다. 아무리 하나님께서 전능하신 능력과 다함 없는 사랑의 하나님이시라 할지라도 만약 성실하시지 않다면, 그분의 능력과 사랑은 실은 나 자신과는 무관할 수밖에 없다. 내가 그분의 능력과 사랑을 절실하게 필요로 하는 바로 그 순간, 그분의 불성실이 얼마든지 나를 외면할 수 있기 때문이다.

농작물은 농부의 발소리를 듣고 자란다는 말이 있다. 농작물이 바르게 자라기 위해서는 농부의 성실이 절대적으로 필요하다는 뜻이다. 이른 새벽부터 해가 지기까지 계속되는 농부의 성실성이야말로 농작물을 위한 가장 확실한 밑거름이다. 이런 의미에서 성실하지 않는 자는 농부가 될려야 될 수도 없다. 그러나 이 세상에서 아무리 성실한 농부라 할지라도 그의 성실성은 제한된 성실성일 수밖에 없다. 그 역시 유한한 인간인지라 밤엔 잠을 자야 한다. 낮 동안일지라도 하루 종일 온 정신을 집중하여 그의 모든 농작물을 동시에 완벽하게 보살필 수 없다. 더욱이 그가 농장 밖에 있는 동안 농장 안에서 벌어지는 일에 대해서는 속수무책일 따름이다. 그래서 농부가 불성실하지 않음에도 농작물들은 도둑맞기도 하고, 밤사이에 갑자기 내린 비에 씻겨 내려가기도 한다.

그러나 시편 121편 4절은 하나님을 이렇게 찬양하고 있다.

> 이스라엘을 지키시는 자는 졸지도 아니하고 주무시지도 아니하시리로다

두말할 것도 없이 하나님의 성실하심에 대한 찬양이다. 우리 인생의 농부 되시는 하나님께서는 인간이 아니시다. 그분은 영원하신 하

나님이시다. 영원이란 다함도 없고 중단도 없음을 뜻한다. 중간에 잠시라도 멈추어서는 영원일 수가 없다. 그래서 하나님께서는 졸지도 주무시지도 않는 분이시요, 그분의 성실하심엔 다함도, 중단도 있을 수 없다. 그분은 성실 바로 그 자체인 것이다.

다윗은 시편에서 하나님의 성실하심을 다음과 같이 노래하고 있다.

하나님이여 주의 생각이 내게 어찌 그리 보배로운지요 그 수가 어찌 그리 많은지요 내가 세려고 할지라도 그 수가 모래보다 많도소이다 내가 깰 때에도 오히려 주와 함께 있나이다
(139:17-18)

나를 향한 주님의 보배로운 생각들이 모래보다 많다는 것은 능히 이해하고도 남는다. 그러나 이 시의 후반부, 즉 '내가 깰 때에도 오히려 주와 함께 있다'는 구절은 선뜻 이해하기가 쉽지 않다. 이 구절을 표준새번역은 이렇게 번역하고 있다.

깨어나 보면, 나는 여전히 주님과 함께 있습니다.

따라서 이 구절의 의미를 좀더 쉽게 옮기면 이런 말이다. 즉 세상 모르게 곤히 잠을 자던 내가 불현듯 눈을 떠 보니 하나님께서는 주무시지도 않고, 여전히 내 얼굴을 들여다보시며 나를 위한 보배로운 생각에 골몰하고 계시더라는 말이다. 마치 아이의 생일 전날 밤 깊이 잠든 아이의 얼굴을 들여다보며, 내일 어떻게 하면 이 아이를 더

없이 기쁘게 해 줄 수 있을까 골똘히 생각하는 부모처럼 말이다.

 1998년 내가 스위스로 갔던 그해 말, 겨울방학을 맞은 가족들이 처음으로 나를 찾아 스위스로 왔을 때의 일이다. 당시 초등학교 1학년이던 막내 승주가 자기를 덴마크에 좀 데려다 달라고 했다. 아니 느닷없이 웬 덴마크?―까닭을 물었더니 덴마크에 있는 레고랜드(Lego Land)를 꼭 가 보고 싶어서라고 했다. 레고랜드란 세계적인 어린이 장난감 제작사인 덴마크의 레고사가 만든 놀이공원이다. 덴마크에 레고랜드가 있다는 것은 잡지를 통해서 알았다고 했다. 스위스에 간 첫해인 그때로서는 덴마크에 간다는 것은 꿈도 꿀 수 없었으므로 나는 승주와 이렇게 약속했다.

 "승주야, 미안하다. 지금은 어렵지만 아빠가 스위스에 체류하는 3년 동안 한 번은 반드시 덴마크 레고랜드에 데리고 갈게."

 그리고 마침내 2000년에 접어들었다. 나는 그해 여름방학에 가족들이 오면 승주와의 약속을 지키기 위해 덴마크 여행을 하기로 작정하였다. 그리고 3월경에 레고랜드에 있는 레고호텔에 예약을 신청했다. 그때는 여름방학이 시작되기 넉 달 전이었으므로 느긋한 마음으로 예약을 넣었던 나는 깜짝 놀라고 말았다. 호텔 예약이 이미 완료되어 단 하루도 방을 줄 수 없다는 통보를 받았기 때문이다. 제네바에서 머나먼 덴마크까지 찾아가 숙소도 없이 레고랜드를 아이와 함께 헤매다 온다는 것은 생각만 해도 끔찍한 일이었다. 며칠이나 망설이던 끝에 나는 호텔 지배인에게 장문의 편지를 써 보냈다.

 ……이제 여름방학이 되면 아홉 살에 불과한 제 막내아들은, 레고랜드에 데려간다는 아빠의 약속을 믿고 서울에서부터 1만

킬로미터의 거리를 비행기로 날아올 것입니다. 만약 귀하께서
도 자식을 키우는 부모라면, 자식을 사랑하는 부모의 심정으로
제 아이를 위해 방 하나를 하루만 허락해 주십시오. 어떤 형태
의 방이라도 상관없습니다. 창고에서 자도 좋습니다. 제 아이가
레고랜드에서 하루를 지내고 싶은 소원을 이룰 수만 있다면 복
도라도 마다하지 않겠습니다……

나의 간절한 편지가 지배인의 마음을 움직였는지 편지를 보낸 지 며칠만에 방을 주겠다는 확약의 답신이 왔다. 그 소식을 듣고 나보다도 더 기뻐한 사람은 물론 서울에 있던 승주였다.

드디어 2000년 8월, 서울에서 온 가족들과 함께 레고랜드를 향해 출발하였다. 제네바에서부터 레고랜드가 있는 덴마크의 빌룬드(Billund)까지는 독일을 남북으로 관통하여야 하고 고속도로의 길이만 무려 1500킬로미터에 달한다.

아내와 함께 지도를 확인해 가며 스무 시간을 달려서야 겨우 레고랜드 근처에 도착할 수 있었다. 그것도 새벽 2시경에 말이다. 승주가 레고랜드 개장 시간부터 온종일 놀 수 있게 해 주기 위해 미리 도착한 것이다. 본래는 덴마크 진입과 동시에 고속도로변 여인숙에서 잠을 자고 입장하려 했지만, 그 시각 어디에서도 방을 구할 수는 없었다. 할 수 없이 우리 가족은 레고랜드 근처 휴게소 주차장에 차를 세워두고 모두 차 안에서 잠을 잤다. 그래도 날이 밝으면 승주가 그토록 그리던 레고랜드를 직접 보고 레고랜드 호텔에서 잠을 잘 것이라는 꿈에 부풀어 누구도 피곤한 줄 몰랐다. 날이 새기가 무섭게 휴게소 화장실에서 세수를 하곤 그곳에서 요기까지 마친 뒤, 우리 식구

는 드디어 대망의 레고랜드로 입장하였다. 전날 내리던 비마저 멈추어, 엷게 구름 낀 날씨는 한 여름 야외공원에서 하루 종일 지내기에는 더없이 안성맞춤이었다. 그날 입장시간부터 저녁 폐장시간까지 승주가 가장 행복해 하였음은 재론의 여지도 없다. 이윽고 밤이 되자 레고랜드 호텔에서 특별히 배정해 준 방에서 잠을 잤다. 피곤한 듯 곤히 잠든 승주의 얼굴을 쳐다보는 순간, 나의 심령 속에는 시편 139편 17-18절의 말씀이 은은히 울려 퍼졌다.

> 하나님, 주의 생각이 어찌 그리도 심오한지요(보배로운지요)? 그 수가 어찌 그렇게도 많은지요? 내가 세려고 하면 모래보다 더 많습니다. 깨어나 보면, 나는 여전히 주님과 함께 있습니다.
> (표준새번역)

밤이면 자야 하고 피곤하면 졸지 않을 수 없는 유한한 인간에 지나지 않는 나도 자식을 위해 아비의 역할을 성실히 이행하려 최선을 다하거늘, 어찌 졸지도 주무시지도 않는 영원하신 하나님께서 당신을 아버지로 믿는 당신의 자녀를 위해 당신의 다함없는 성실을 다하시지 않겠는가? 내가 하나님을 믿는다는 것은 하나님의 이 성실하심 속에 내 인생을 내맡기는 것을 의미하는 것이니, 그 어찌 일대사건이 아닐 수 있겠는가?

나는 성철 스님이나 법정 스님을 존경한다. 그리고 나와 깊은 친분을 맺고 있는 스님도 있다. 자신들이 옳다고 믿는 바를 위해 세상의 모든 것을 초개같이 버리고 꿋꿋하게 살아가는 그 구도의 정신과 자세를 나는 배우고자 한다. 그러나 그분들 중 누군가가 반론의 여지가 전혀 없는 완벽한 논리로 내게 불교신자가 되기를 권한다 해도, 나는 불교신자가 될 의사가 추호도 없다.

전문용어를 빌려 표현하면 불교는 자력 종교인데 반해 기독교는 타력 종교이다. 불교는 스스로의 힘으로 스스로 깨달아 스스로 부처가 된다는 의미에서 자력(自力) 종교이다. 그러나 기독교는 그 반대이다. 자기 속에는 자기 자신을 구원할 만한 능력이 없음을 깨달아 자기 밖에 있는 메시아, 즉 구원자의 능력을 힘입어 구원 얻는 기독교는 그래서 타력(他力) 종교인 것이다. 내가 불교신자가 될 의사가 없는 까닭이 바로 이것이다.

나는 누구보다도 나 자신을 잘 알고 있다. 얼마나 더러운 본성의 인간이며, 얼마나 나약한 의지의 인간이며, 얼마나 무능력한 인간인지를 말이다. 나는 나 자신을 스스로 구원할 만한 능력이나 의지가 내 속에 전무함을 너무나도 잘 알고 있다. 그래서 나는 타력 종교인 기독교인이 될 수밖에 없다. 나는 내 인생의 농부가 필요하기 때문이다. 당신의 전능하신 능력, 당신의 다함없는 사랑, 당신의 중단 없는 성실하심으로 내 인생을 영원토록 책임져 주실 내 인생의 농부, 곧 천지를 창조하신 여호와 하나님 말이다.

천지를 얻는 것

다시 나무에 붙어 있는 가지를 잘 생각해 보자. 그것은 단순히 가지가 나무에 연결되어 있는 것만을 의미하지 않는다. 나무에 붙어 있는 가지는 나무줄기를 타고 내려가 뿌리와 연결된다. 그리고 더 나아가 뿌리가 박혀 있는 온 대지와 연결되게 된다. 그 결과 가지는 대지의 모든 것, 이를테면 수분과 영양분을 다 얻게 되는 것이다. 그뿐이 아니다. 가지가 나무에 붙어 있으면 그 가지는 곧 하늘과 연결된다. 하늘 속의 공기와 태양의 빛과 열이 모두 가지의 것이 된다.

이번에는 나무에서 떨어져 나온 가지의 경우를 생각해 보자. 떨어진 가지가 땅 위에 놓여 있다. 언뜻 가지와 땅이 붙어 있는 것처럼 보인다. 그러나 가지와 땅은 실은 아무 관련이 없다. 떨어져 나간 가지가 땅 위에 있긴 하지만 그러나 땅의 수분과 영양분을 자기의 것으로 삼을 도리가 없다. 똑같은 이유로 떨어져 나간 가지가 하늘 아래에 있다 할지라도 하늘의 공기와 태양의 빛 그리고 열은 더 이상 가지의 것이 될 수 없다. 그 결과 가지는 하늘 아래 땅 위에 있으면서도 그것과는 아무 관계도 맺지 못한 채 그냥 썩어 없어질 뿐이다.

내가 포도나무이신 예수 그리스도의 가지가 된다는 것은 이처럼 하늘과 땅을 얻는 것을 의미한다. 다시 말하면 내가 이 세상 어느 곳에 있건 내가 두 발 딛고 서 있는 그곳이 바로 나를 위한 하나님의 역사의 마당이 된다는 말이다. 하늘과 땅을 창조하신 분이 하나님이시기에, 내가 어디에 있든 그곳 역시 하나님의 손안에 들어 있기 때문이다.

야곱은 자신이 속였던 형 에서가 자기에게 보복을 가하려 한다는 사실을 알자 곧 피신의 길에 올랐다. 목적지에 당도하기도 전에 해가 저물어, 그는 어쩔 수 없이 광야 벌판 위에서 잠을 잘 수밖에 없었다. 야곱이 그동안 부잣집 막내아들로 자라왔음을 생각하면, 허허벌판 한가운데서 돌을 베개 삼아 잠을 청해야만 하는 그의 신세는 참으로 처참해 보인다. 그러나 바로 그날 밤, 그 황량한 벌판 위에서 야곱은 잠을 자다가 하나님을 만났다. 그때 하나님은 야곱에게 분명하게 말씀하셨다.

> 내가 너와 함께 있어 네가 어디로 가든지 너를 지키며 너를 이
> 끌어 이 땅으로 돌아오게 할지라 내가 네게 허락한 것을 다 이
> 루기까지 너를 떠나지 아니하리라(창 28:15)

야곱이 어디를 가든지 하나님께서 함께 동행하면서 지켜 주시겠다는 약속의 말씀이었다. 이에 야곱은 다음과 같이 고백하였다.

> 여호와께서 과연 여기 계시거늘 내가 알지 못하였도다
> (창 28:16)

야곱은 그제야 비로소 깨달았다. 자신이 어느 곳에 있든 바로 거기서 하나님께서 자신과 함께하고 계신다는 그 놀라운 사실을 말이다. 다시 말해, 자신이 어디에 있건 곧 그곳이 자신을 향한 하나님의 역사의 마당이 된다는 그 중요한 사실을 말이다. 이 귀중한 사실을 깨달은 야곱의 행보가 그 전과 달라졌음은 물론이다.
다윗 역시 이렇게 고백하고 있다.

> 내가 주의 신을 떠나 어디로 가며 주의 앞에서 어디로 피하리이
> 까 내가 하늘에 올라갈지라도 거기 계시며 음부에 내 자리를 펼
> 지라도 거기 계시니이다 내가 새벽 날개를 치며 바다 끝에 가서
> 거할지라도 곧 거기서도 주의 손이 나를 인도하시며 주의 오른
> 손이 나를 붙드시리이다(시 139:7-10)

위대한 다윗은 우연히 된 것이 아니다. 그는 하늘 아래 땅 위 어디에 있든, 그가 두 발 딛고 서 있는 그곳이 바로 자신을 향한 하나님의 역사의 마당임을 확신하며 살았던 사람이다. 그래서 그는 사망의 음침한 골짜기도 두려워하지 않았고, 골리앗을 향해 나아가기도 주저하지 않았다. 그가 어디에 있건 바로 그곳은, 천지를 창조하신 하나님의 손안에 들어 있음을 알고 있었던 것이다.

프랑크푸르트와 김포, 하나님의 섭리

2000년 3월 26일 월요일, 나는 내가 졸업한 장신대 신대원 수련회를 인도하기 위해 제네바에서 독일항공 비행기를 탔다. 예정대로라면, 내가 탑승한 독일항공은 오후 6시 15분 제네바를 출발하여 오후 7시 35분 독일 프랑크푸르트에 도착하기로 되어 있었다. 스케줄을 그렇게 잡았던 것은, 밤 10시 서울을 향해 프랑크푸르트를 출발하는 대한항공을 여유 있게 갈아타기 위함이었다. 그런데 제네바에서 탑승한 독일항공이 요지부동, 움직일 줄을 몰랐다. 웬일인지 제네바 공항 관제탑으로부터 이륙허가가 내려지지 않는 것이었다.

무려 2시간을 기다린 끝에 겨우 제네바를 출발한 비행기가 프랑크푸르트 공항에 착륙한 시간은 밤 9시 30분이 지나서였고, 비행기에서 내려 셔틀버스를 타고 제1터미널 청사에 도착한 것은 밤 9시 50분이었다. 그 시각은 대한항공 출발 10분 전, 정상적으로라면 대한항공이 이륙준비를 위해 비행기 문을 이미 닫았을 시간이었다. 프랑크푸르트 공항에서는 독일 자국기인 독일항공은 제1터미널을 사용하는 반면, 대한항공과 같은 외국항공은 제2터미널에서 이착륙을 한다. 제1터미널에서 제2터미널로 가기 위해서는 무인궤도열차를 타야 하는데, 이에 소요되는 시간이 최소한 10분이었다. 정신없이 뛰어 대한항공 출발 게이트에 도착한 시각이 밤 10시 정각, 천만다행으로 막 비행기 문을 닫으려 하고 있었다. 그리고 나의 탑승과 동시에 비행기 문이 닫혔다. 정말 아슬아슬한 순간이었다. 몇 초만 늦었더라도 뻔히 비행기를 보고서도 놓칠 뻔하였으니 말이다.

비행기가 이륙한 직후 기내 화면에 비행정보가 나타났다. 그런데 서울 도착시간이 내가 알고 있던 시간과 달랐다. 출발 몇 주 전 비행기 표를 전달받을 때 대한항공 직원은, 월요일 밤 10시에 프랑크푸르트를 출발한 비행기는 그 다음날인 화요일 오후 4시 30분에 김포에 도착한다고 알려 주었다. 그러나 화면에 나타난 도착시간은 그보다 1시간 30분이나 빠른 화요일 오후 3시였다. 승무원에게 까닭을 물어보니 바로 그 전날부터 유럽에서 실시된 서머타임으로 1시간이 당겨졌고, 또 당일 비행기 뒤에서 부는 바람으로 인해 비행시간이 30분 단축되기 때문이라고 했다. 아마도 내게 비행기 표를 전달해 준 직원이 서머타임을 감안하지 않았음이 분명했다. 서울에 있는 아내 역시 나의 도착시간을 화요일 오후 4시 30분으로 알고 있었으므로, 나는 변경된 시간을 아내에게 알리기 위해 기내에 설치되어 있는 위성전화를 찾았다. 하지만 하필이면 그 비행기는 제작된 지 20년이 넘은 구형이어서 기내전화가 없다고 했다. 김포공항에 도착할 때까지 그저 기다리는 수밖에 없었다.

비행기는 화요일인 3월 28일, 도착예정 시간보다 10분이나 더 이른 오후 2시 50분에 김포공항에 도착하였다. 그런데 수하물 찾는 곳에서 아무리 기다려도 어찌 된 영문인지 내 트렁크가 나오지 않았다. 짐을 찾은 승객들이 다 떠나고 대한항공 직원과 나만 남게 되었을 때 그 직원이 먼저 내게, 혹시 이재철 씨냐고 물었다. 그렇다고 대답하자 그의 말인즉, 내 트렁크는 아직 프랑크푸르트 공항에 있다는 것이었다. 전날 밤 프랑크푸르트 공항에서 허겁지겁 달린 덕분에 몸은 간신히 대한항공을 탔지만, 나의 트렁크를 독일항공에서 대한항공으로 옮겨 싣기에는 주어진 시간이 턱없이 짧았던 것이다. 그런데도 나는 그 사실도 알지 못한 채 몸만 날아온 것이었다. 대한항공 직원은 그날 오후 프랑크푸르트에서 서울을 향해 출발하는 독일항공편으로 나의 트렁크를 실어와, 늦어도 그 다음날인 수요일 오후까지는 집으로 배달해 주겠다며 수화물 분실확인서를 발급해 주었다.

그 쪽지를 받아 들고 세관 문을 나선 것이 오후 3시 30분, 아내가 알고 있는 도착시간 4시 30분보다 1시간이나 이른 시간이었다. 그 시간이면 아내가 아직 집에 있을 시간이었다. 아내에게 공항에 나올 필요가 없음을 알리기 위해 전화를 하려고 보니, 제네바에서 막 도착한 내 주머니 속엔 한국 동전이 없었다. 그렇다고 한국 전화카드를 지니고 있는 것도 아니었다. 마침 그때 10여 미터쯤 앞에 한 손에 핸드폰을 들고 있는 젊은이가 보였다. 나는 그 젊은이에게 다가가 사정을 이야기하고 그의 핸드폰을 빌려 아내에게 전화를 했다. 아내는 공항으로 막 출발하려다가 나의 전화를 받았다. 나는 아내에게 자초지종을 설명해 준 뒤 택시를 타고 갈 것인즉 집에 그냥 있으라고 말했다. 그리고 젊은이에게 감사의 인사와 함께 핸드폰을 돌려주자, 옆에서 통화내용을 다 듣고 있던 그가 느닷없이 하는 말이, 자기가 지금 서초동 사무실로 돌아가는 길인즉 자기 차로 나를 데려다 주겠다는 것이었다. 우리 집이 어딘지도 모르면서 말이다. 호의는 고마웠지만 나는 사양하였다. 알지도 못하는 사람의 신세를 진다는 것도 달갑지 않았지만, 더욱이 김포공항에서 강남 서초동으로 가야 할 사람이 일부러 강북 합정동을 둘러 가려면 불필요하게 한강을 건너야 하는데, 그로 인해 소요되는 시간이 만만찮을 것이었기 때문이다. 그런데도 그 젊은이는 굳이 자기가 데려다 주겠다며 내 소매를 끌다시피 하여 자기 차에 태웠다.

공항 앞 첫번째 신호등에서 차가 멈추자, 젊은이는 내게 어디에서 무엇하는 사람인지 물었다. 제네바 한인교회에서 봉사하는 목사라는 나의 대답을 듣는 순간, 나를 쳐다보는 그의 눈이 반짝하고 빛났다. 그러고는 마치 기다렸다는 듯이 말문을 열기 시작했다.

그는 어릴 때 부모를 따라 미국으로 이민을 가 그곳에서 최고학부를 마친 엘리트였다. 졸업 후엔 어느 재벌기업에 특채되어 일본지사에서 8년 간 근무하였다. 2년 전 퇴사하여 자기 사업을 시작했으나 여의치 않아 지금은 선배가 경영하는 의류회사에서 함께 일한다고 했다. 그런데 얼마 전부터 그 젊은이에게 남모르는 고민이 생겼다. 그의 부모님은 독실한 기독교인으로, 그가 태어난 이후부터 아들이 목회자가 되기를 기도해 오는 분들이었다. 그러나 그는 이미 중학교 때부터 교회와는 담을 쌓은 터였다. 아무것도 모르던 어린 시절에는 부모님의 손에 이끌려 열심히 교회에 다녔지만, 중학생이 되고 나자 왠지 교회가 싫어졌다. 툭하면 싸우고 갈라지기 일쑤인 어른들이 모여 있는 교회는 자기와는 상관없이 여겨졌다. 그는 주저 없이 교회에 발길을 끊어 버리고 말았다. 그리고 그 이후, 모든 면에 걸쳐 능력이 있던 그는 자신이 하고 싶은 대로 살았다. 부모님이 교회와 담을 쌓은 그에게 교회 출석을 강요한 적도 없었지만, 그렇다고 아들이 목회자가 되기를 원하는 기도를 중단하는 적도 없었다. 그러나 그 기도는 자신과는 전혀 상관 없는, 단지 부모님의 기도일 뿐이었다.

그런데 얼마 전부터 갑자기 이상한 생각이 들기 시작했다. 자신이 아무 의미도 없는 삶을 살고 있다는 회한과 더불어, 부모님이 평생 기도해 온 것처럼 정말 목사가 되어야 하는 게 아닌가 하는 의구심이 문득 문득 들기 시작한 것이었다. 하지만 중학교 이후에 교회 문턱을 넘어서 본 적이 없는 자신이고 보면 그런 생각 자체가 스스로 황당하게 여겨졌고, 그런 만큼 그 누구와 의논할 처지도 아니었다. 착실한 크리스천이었다면 모르되 교회와 담을 쌓고 살던 자신이 누군가에게 "나 목사 될까?"라고 물으면, "너 미쳤니?"라는 반응 외엔 돌아올 것이 없음이 뻔했기 때문이다. 그러다 보니 자연히 자기 인생을 놓고 홀로 남모르는 깊은 번민에 빠질 수밖에 없었다. 그런데 내가 그의 핸드폰을 빌리는 순간 불현듯, 아! 이 사람과 내 인생의 문제를 상의해야겠구나! 하는 생각이 그를 사로잡았다. 그래서 마다하는 나의 소매를 끌어 기어코 자기 차에 태웠다는 것이다.

나는 그에게 목사가 되기 이전에 왜 크리스천이 먼저 되어야 하는지를 이야기해 주었다. 그리고 무엇보다도 시급한 일은 당장 인근 교회를 찾아, 길이요 진리요 생명이신 예수 그리스도를 배우기 시작하는 것임도 일깨워 주었다. 그러는 사이 그가 운전하는 자동차가 우리 집 앞에 당도하였다. 나는 그 젊은이에게 꼭 필요하다고 생각되는 책 두 권을 선물하였다. 헤어지기 전 나는 그와 악수를 나누었다. 그가 나의 손을 꽉 잡으면서 말했다.

"목사님! 저 이번 주일부터 꼭 교회에 다닐 겁니다."

나는 지금쯤 그 젊은이가 서울 어느 교회의 교인으로 신실하게 살아가고 있을 것임을 믿고 있다. 자, 그렇다면 이제 다시 생각해 보자. 제네바공항에서 비행기를 탔으나 도대체 출발하지 않고, 두 시간이나 연착한 프랑크푸르트 공항에서는 허겁지겁 정신없이 내달리고, 간신히 대한항공을 타고 보니 아내에게 알려 주었던 도착 시간과는 전혀 맞지 않고, 김포공항에 도착해서는 아예 트렁크가 보이지 않고, 공항에서 상봉키로 한 가족과의 약속은 완전히 뒤틀리고 말았다. 일이 꼬여도 어찌 이처럼 연속적으로 완벽하게 꼬일 수 있겠는가? 더욱이 트렁크가 도착하지 않았으니 다음 날 집회에 입고 갈 양복과 와이셔츠 등을 당장 구해야 했던 것까지 생각하면 참으로 짜증스럽기 짝이 없는 일처럼 여겨진다. 그러나 일이 이처럼 완벽하게 꼬이지 않았더라면, 제네바를 출발하여 김포에 도착할 때까지의 모든 과정이 단 한 치라도 다르게 전개되었더라면, 김포공항에서 그 젊은이와 나의 해후는 이루어지지 않았을 것이다. 결국 꼬일 대로 꼬인 것처럼 보이는 그 모든 과정은, 인생의 기로에서 번민에 빠진 그 젊은이와 나를 만나게 하시려는, 한 치의 오차도 없는 주님의 섭리였음을 알 수 있다.

스위스의 제네바와 한국의 서울은 서로 지구 정 반대편에 위치하고 있으며, 그 거리만도 무려 1만 킬로미터에 이른다. 그런데 하나님께서는, 그리스도 안에 바로 서고자 번민하는 서울의 청년을 위해 지구 반대편에 있는 나를 부르시고 그를 만나게 하셨다. 그것도 한 치의 오차도 없이 말이다. 내가 하나님을 믿을 때에 하나님께서 창조하신 하늘과 땅을 얻게 된다는 것, 내가 어디에 있든 바로 그곳이 나를 위한 하나님의 역사의 마당이 된다는 것은 이런 의미이다.

그러므로 그대의 눈앞에 그 어떤 도움의 손길이 보이지 않아도 두려워하지 말라. 그대의 두 손에 가진 것이 아무 것도 없을지라도 낙망치 말라. 하나님께서 지금 그대를 위해 지구 반대편의 사람까지도 들어 쓰시고 계심을 믿으라. 그것도 한 치의 오차도 없이 역사하고 계심을 의심치 말라. 그대가 하나님을 믿는 한, 그대가 하늘 아래 땅 위 어디에 있든 그대는 그 하늘과 땅을 만드신 하나님의 손 안에 있으며, 그대가 지금 두 발 딛고 있는 바로 그곳이 그대를 위한 하나님의 역사의 마당이기 때문이다.

내일을 얻는 것

농부가 자기 소유의 나무에 온갖 사랑과 정성을 다 쏟아 붓는 것은 오늘을 위함이 아니다. 보다 튼튼하고 성숙한 나무의 내일을 위함이다. 우리 인생의 농부 되신 하나님께서 당신의 능력, 사랑, 성실을 다해 우리와 함께하시는 것 역시 우리에게 더욱 아름다운 내일을 주시기 위함이다.

다음은 출애굽기 2장 1-10절의 증언이다.

레위 가문의 어떤 남자가 레위 가문의 여자를 아내로 맞이하였다. 그 여자가 임신을 하여 아들을 낳았는데, 그 아이가 하도 잘생겨서, 남이 모르게 석 달 동안이나 길렀다. 그러나 더 이상 숨길 수가 없어서, 갈대 상자를 구하여다가 역청과 송진을 바르고, 아이를 거기에 담아 강가의 갈대 사이에 놓아 두었다. 그 아이의 누이가 멀찍이 서서, 아이가 어떻게 되는지를 지켜 보고 있었다.

마침, 바로의 딸이 목욕을 하려고 강으로 내려왔다. 시녀들이 강가를 거닐고 있을 때에, 공주가 갈대 숲 속에 있는 상자를 보고, 시녀 한 명을 보내서 그것을 가져 오게 하였다. 열어 보니, 거기에 남자 아이가 울고 있었다. 공주가 그 아이를 불쌍히 여기면서 말하였다. "이 아이는 틀림없이 히브리 사람의 아이로구나." 그때에 그 아이의 누이가 나서서 바로의 딸에게 말하였다. "제가 가서, 히브리 여인 가운데서 아기에게 젖을 먹일 유모를 데려다 드릴까요?" 바로의 딸이 대답하였다. "그래, 어서 데려 오너라." 그 소녀가 가서, 그 아이의 어머니를 불러 왔다. 바로의 딸이 그에게 말하였다. "이 아이를 데리고 가서, 나를 대신하여 젖을 먹여 다오. 그렇게 하면, 내가 너에게 삯을 주겠다." 그래서 그 여인은 그 아이를 데리고 가서, 젖을 먹였다. 그 아이가 다 자란 다음에, 그 여인이 그 아이를 바로의 딸에게 데려다 주니, 공주는 이 아이를 양자로 삼았다. 공주는 "내가 그를 물에서 건졌다" 하면서, 그의 이름을 모세라고 지었다.(표준새번역)

나일 강에 던져졌던 갓난아이 모세가 어떻게 구원받았는지를 전해 주는 내용이다. 그 아이를 건져 낸 사람은 역설적이게도, 갓 태어난 유대 사내아이는 모두 강에 던져 죽일 것을 명령한 이집트 왕 파라오의 딸이었다. 그리고 이 모든 내용은 곱씹어 볼수록 신비스럽기 그지없다.

아이가 든 갈대 상자가 나일 강에 띄워지던 바로 그 순간 갑자기 이집트의 공주는 목욕이 하고 싶어졌다. 만약 그가 황금으로 치장된 왕궁 목욕탕에서 목욕을 했더라면 역사는 일어나지 않았을 것이다.

그날 그녀는 굳이 나일 강에서 목욕하기를 원했다. 아이가 든 상자가 있는 나일 강에서 말이다. 공주가 목욕하는 동안 몇 명의 시녀들이 강변을 따라 걷기 시작했다. 만약 그들이 반대방향으로 걸어갔더라면 역사는 불가능했다. 시녀들은 하필이면 아이의 상자가 걸려 있는 갈대밭 쪽으로 걸어갔고, 덕분에 그 상자가 공주의 눈에 띄게 되었다. 하찮은 갈대 상자를 보고서도 공주의 호기심이 발동하지 않았더라면? 그러나 공주는 시녀로 하여금 그 상자를 가져오게 해서 열게 하였다. 상자 속에서는 히브리 아이가 들어 있었다. 자기 아버지가 죽이라고 한 노예의 자식이었다. 그 순간 아이가 울지 않았더라면? 그러나 아이는 자지러지게 울었고, 그로 인해 공주의 마음속엔 모성본능이 꿈틀거리기 시작했다. 그 순간 숨어 있던 아이의 누이가 공주를 향해 다가갔다. 만약 그때 공주의 경호원들이 아이의 누이를 제지했더라면? 그러나 그날엔 경호원이 없었다. 그래서 히브리 노예 소녀가 그 누구의 제지도 없이 대이집트제국 공주에게 나아가 아이의 생모를 유모로 천거할 수 있었다. 공주가 비천한 노예소녀의 제안을 거절하고 이집트 여인을 아이의 유모로 삼았다면? 그러나 공주는 생면부지인 노예소녀의 말을 믿고 받아들였다. 그래서 아이는 공주의 양자로 구원받았으면서도 생모의 품속에서 이스라엘인으로 자랄 수 있었다.

이상 열거한 과정 중에서 단 한 과정만 어긋났어도 모세는 존재할 수 없었을 것이다. 그렇다면 하나님께서는 왜 이처럼 한 치의 오차도 없이 모세를 구해 내시고, 더욱이 이집트 왕궁에서 왕자의 신분으로 살게 하셨는가? 모세의 오늘을 위해서? 아니다. 모세의 내일을 위함이었다. 이집트 왕궁에서 제왕 교육을 받음으로 민족의 지도자로서 지녀야 할 지식과 식견을 갖춘 내일의 모세를 위해서였다.

모세가 40세가 되었을 때, 자기 민족을 위하여 이집트 병사를 살해한 사건으로 인해 모세는 피신의 길에 오르지 않을 수 없게 되었다. 왕궁에서 왕자의 신분으로 살아온 모세에게 정처 없는 도피의 길이란 견디기 어려운 고통일 수밖에 없었다. 그 직후의 일을 출애굽기 2장 16-22절이 이렇게 전한다.

> 미디안 제사장에게 일곱 딸이 있었는데, 그 딸들이 그리로 와서 물을 길어 구유에 부으며, 아버지의 양 떼에게 물을 먹이려고 하였다. 그런데 목동들이 나타나서, 그들을 쫓아 버렸다. 그래서 모세가 일어나서, 그 딸들을 도와 양 떼에게 물을 먹였다. 그들이 아버지 르우엘에게 돌아갔을 때에, 아버지가 그들에게 물었다. "너희가 오늘은 어떻게 이렇게 일찍 돌아왔느냐?" 그들이 대답하였다. "어떤 이집트 사람이 목동들의 손에서 우리를 구하여 주고, 우리를 도와서 물까지 길어, 양 떼에게 먹였습니다." 아버지가 딸들에게 말하였다. "그 사람이 어디에 있느냐? 그런 사람을 그대로 두고 오다니, 어찌 그럴 수가 있느냐? 그를 불러다가 음식을 대접해라." 르우엘은, 모세가 기꺼이 자기와 함께 살겠다고 하므로, 자기 딸 십보라를 모세와 결혼하게 하였다. 십보라가 아들을 낳으니, 모세는 "내가 낯선 땅에서 나그네가 되었구나!" 하면서, 아들의 이름을 게르솜이라고 지었다.
>
> (표준새번역)

정처 없이 걷던 모세의 발걸음이 이집트에서 멀리 떨어진 미디안 광야 우물가에 이르렀을 때였다. 만약 모세가 다른 동네 다른 우물가에 앉았더라면 역사는 일어날 수 없었다. 모세가 앉아 있는 바로 그 우물로 미디안 제사장의 일곱 딸들이 물을 길으러 왔다. 그리고 그 순간 동네 불량배들이 나타나 처녀들을 방해하는 것이었다. 먼길에 지쳤음에도 불구하고 의협심이 발동한 모세가 그 불량배들을 쫓아 주었다. 모세는 내친 김에 물을 길어 처녀들의 양무리에게 물 주는 일까지 도와주었다. 그러나 처녀들은 수줍음 탓이었는지 일이 끝나기가 무섭게 종종걸음으로 돌아가 버리고 말았다. 만약 그것으로 끝났더라도 역사는 일어나지 않았을 것이다.

처녀들의 아비인 제사장이 이상하게 여겼다. 딸들이 평소보다 훨씬 빨리 일을 마치고 돌아왔음을 알았기 때문이다. 아비의 물음에 딸들은, 불량배를 쫓아주었을 뿐 아니라 그들을 도와주기까지 했던 모세 덕분이었다고 대답하였다. 어, 그래? 하고 아비가 그냥 지나쳐 버렸더라도 역사는 불가능했다. 그 말을 들은 아비는, 그토록 고마운 분을 두고 오다니 그런 결례가 어디 있느냐고, 즉시 가서 그분을 모셔다가 감사의 식탁으로 대접할 것을 명하였다. 이에 뜻하지 않게 모세는 그 집에 초청받았다. 먼 길을 걸어오느라 지칠 대로 지친, 그리고 딱히 가야 할 정처도 없는 모세는 한끼 식사대접을 잘 받고 난 다음, 왕자의 자존심을 버리고 그 집의 식객으로 받아 줄 것을 집 주인에게 간청하였다. 그러자 주인은 마치 기다렸다는 듯이 모세를 자기의 사위로 삼아 자기 가족의 일원이 되게 하였다. 그곳에 새로운 삶의 둥지를 튼 모세는 아들을 얻고 이름을 게르솜이라 지었다. 객지에서 나그네가 되었다는 뜻이었다.

치밀하게 연속된 이 모든 사건은 무엇을 위함이었던가? 모세의 새로운 내일을 위함이었다. 세상의 식견과 학식을 갖춘 모세에게, 인생이란 실은 객지의 정처 없는 나그네에 지나지 않음을 깨닫게 하시어 하나님 중심으로 살아가는 새로운 내일을 주시기 위함이었다. 한마디로 말해, 신앙과 학식을 동시에 갖추고 출애굽의 대역사를 이루는 민족의 대지도자로서 모세의 내일을 가꾸어 주시기 위함이었다. 한 걸음 더 나아가, 모세를 통해 이스라엘 백성들에게 이집트의 노예생활로부터 해방되는 새로운 내일을 안겨 주시기 위함이었다. 그리고 80년에 걸친 이집트 왕궁과 미디안 광야에서의 훈련이 끝났을 때, 모세 개인은 물론이요 모세를 통하여 이스라엘 백성들까지도 하나님께서 한 치의 오차도 없이 친히 빚어 주신 눈부신 내일을 만끽할 수 있었다. 이처럼 하나님께서는 모세와 이스라엘 백성들을 위해 찬란한 내일을 빚으시고 계시건만, 만약 그들이 오늘 그들의 신세를 한탄하며 하나님을 원망만 하고 있다면 그들을 가리켜 어찌 하나님을 믿는 하나님의 백성이라 할 수 있겠는가?

구약성경 에스더 역시 이 사실을 일깨워 주고 있다. 에스더서 1장은 페르시아제국 아하수에로 왕의 이야기로부터 시작된다. 그는 도성의 크고 작은 사람들을 다 불러 모아 7일간에 걸친 큰 잔치를 배설하였다. 잔치 마지막 날 주흥이 오른 아하수에로 왕은 사람을 보내어 왕비 와스디를 잔치 석상에 나오게 하였다. 그러나 웬일인지 왕비는 왕의 청을 거절하였다. 이에 왕이 분노하여 대책을 대신들에게 묻자 므무간이 왕비 와스디를 폐비할 것을 왕에게 진언하였고, 왕은 즉석에서 그대로 행하고 말았다.

아무리 왕비라지만 절대군주인 왕의 명령을 거부한다는 것은 당시로선 생각하기 어려운 일이었다. 비록 왕비가 왕의 명령을 거역했다 할지라도 신하가 왕에게 감히 폐비를 진언한다는 것 또한 가당찮은 일이었다. 왕이 그 진언을 수용치 않을 경우 폐비를 제안한 신하는 목숨을 지탱할 수 없을 것이기 때문이다. 설령 신하의 진언이 백번 옳았다 할지라도 단 한 번의 거역으로 왕비를 폐비해 버리는 것 역시 대제국의 왕으로서는 경솔하기 짝이 없는 짓이었다. 그런데도 그 어처구니없는 일이 실제로 왕궁에서 일어나고 말았다. 그리고 그 뒤를 이어 에스더 2장부터 무슨 일이 전개되고 있는지를 우리는 잘 알고 있다.

폐비당한 와스디의 뒤를 이어 유대여인 에스더가 왕비로 간택되었다. 만약 와스디가 폐비당하지 않았더라면 에스더가 왕비에 오를 길은 결코 없었을 것이다. 그렇다면 와스디 폐비사건이야말로 유대여인 에스더의 내일을 왕비로 가꾸시려는 하나님의 역사였음을 알 수 있다. 아니 그것이야말로 왕비가 된 에스더를 통하여, 온 유대인을 학살하려는 하만의 흉계로부터 유대민족의 내일을 보장해 주시려는 하나님의 섭리였다. 이처럼 하나님께서는 에스더와 온 유대민족에게 새로운 내일을 주시기 위해 치밀하게 역사하고 계시건만 바로 그 순간에, 왜 나는 이국에서 포로신세로 살아야 하느냐며 에스더와 유대민족이 하나님을 원망하고만 있었다면 그 또한 믿음과는 거리가 멀어도 한참 먼 행동일 수밖에 없다.

내가 포도나무이신 주님의 가지가 된다는 것, 하나님을 믿는다는 것은, 오늘 나의 상황이 어떠하든 상관없이, 천지를 창조하신 하나님께서 나를 위해 한 치의 오차도 없이 빚으시는 아름다운 내일이 내게 다가오고 있음을 믿는 것이다. 오늘의 주인이신 하나님께서는 동시에 내일의 창조자시기 때문이다.

'내일'은 없다?

우리말에 존재하지 않는 단어 중에 '내일'이 있다. 어제와 오늘을 가리키는 우리말은 분명히 있건만 내일이란 우리말이 없어 오늘까지도 우리는 한자어 내일(來日)을 빌려서 쓰고 있다. 점심을 뜻하는 우리말이 없기도 마찬가지다. 아침에 먹는 밥을 우리말로 아침이라 부른다. 저녁에 먹는 밥 역시 저녁이다. 그러나 아침과 저녁 중간에 정기적으로 먹는 밥을 이르는 우리말이 없다. 그래서 이것도 한자어 점심(點心)을 그대로 사용하고 있다. 우리에게 내일과 점심이란 고유의 말이 없다는 것은 참으로 기막힌 사연이 아닐 수 없다.

우리 조상들은 전통적으로 하루에 두 끼 먹는 것으로 만족해야만 할 정도로 가난하였다. 찢어질 정도로 가난하기만 하였으니 내일을 생각할 겨를이 없었다. 오직 있다면 눈물겹게 헤쳐 나온 어제와, 또다시 뚫고 나아가지 않을 수 없는 가난한 오늘만이 있을 뿐이었다. 오랫동안 그렇게 살다 보니, 형편이 나아져 하루 세 끼에 그 사이 참까지 먹으면서 점심과 내일이란 남의 말을 쓰게 된 지 많은 세월이 흘렀음에도 불구하고 우리 민족은 여전히 과거지향적이다. 내일을 향한 시선이 결여되어 있다는 말이다. 그래서 사람 사이에 한번 사이가 뒤틀어지면 아무리 시간이 흘러도 구원(舊怨)으로부터 벗어나지를 못한다. 이 땅의 정치 지도자들이 미래지향적이지 못한 것 또한 같은 이유일 것이다.

크리스천이라고 해서 예외는 아니다. 한국 크리스천의 신앙생활에는 간증이 큰 자리를 차지하고 있다. 타인의 간증을 듣는 것이나 자신이 직접 간증하는 것을 모두 은혜롭게 여기고 있다. 그런데 간증이란 내일에 대한 신앙고백이 아니다. 간증은 지나간 과거에 자신의 삶으로 체험한 하나님의 은혜에 대한 고백이다. 내일이 없었던 우리 민족이 아직까지 과거지향적인 것을 감안하면, 한국 크리스천이 간증을 특별히 좋아하는 것은 당연한 일일지도 모른다. 문제는 그 간증이 내일과 연결되지 않는다는 데 있다. 방금 은혜로운 간증을 마친 사람이 그 직후 뜻하지 않은 사건을 만났을 때 쉽게 절망에 빠지는 경우를 우리는 주위에서 흔히 접하게 된다. 그 이유는 너무나도 간단하다. 어제의 믿음이 오늘, 더 나아가 내일로 연결되지 못하기 때문이다. 다시 말해 어제 나와 함께하신 하나님께서 지금, 나를 위해 친히 빚고 계시는 내일이 나를 향해 다가오고 있음을 믿지 못한다는 말이다.

미국에서 만난 한 여성도님으로부터 참으로 은혜로운 간증을 들었다. 남편이 일터에서 갑작스런 심장쇼크로 쓰러졌지만 그 직후에 뒤따른, 헬리콥터까지 동원된 완벽한 후속조처로 목숨을 구하게 된 간증 내용은 참으로 감동적이었다. 만약 1초만 늦었더라도 회복불능이었을 것임을 간증하는 그분의 얼굴 표정은 은혜롭기 그지없었다. 그런데 안타깝게도 그토록 은혜롭던 그분의 간증은 한숨으로 끝나고 말았다. 남편은 그 사건으로 인해 직장에서 명예퇴직을 하게 되었다. 평생 사업과는 무관하게 살았던 남편은 퇴직금으로 몽땅 주식을 구입하였다. 그러나 그 이후부터 미국의 주식시장은 얼어붙기 시작하였다. 하루가 멀다 하고 주가가 떨어지는 것이었다. 그래서 그분은, 이처럼 주가가 계속 떨어지면 남편과 자신은 앞으로 어떻게 해야 하느냐며 긴 한숨짓는 것으로 자신의 간증을 끝내었다.

지나간 과거에 하나님께서 심장쇼크로 쓰러진 남편을 단 1초의 오차도 없이 구해 주셨음을 믿고 간증했다면, 왜 그 하나님께서 남편과 자신의 내일 역시 책임져 주실 것을 믿지는 못할까? 과거에 자신과 함께해 주신 하나님을 믿는다면 비록 자신이 소유한 주식의 가격이 지금 떨어질망정, 그 과정을 통해 결코 돈으로는 살 수 없는, 오늘보다 더 보배로운 내일을 빚어 주고 계심을 왜 믿지는 못하는 것일까?

과거의 하나님만 믿으려는 믿음은 참된 믿음일 수 없다. 어제의 하나님께서는 오늘 나의 하나님으로 존재하고 계시며, 내일 또한 나의 하나님이실 것이다. 그분은 시간과 공간을 초월하시는 분이시다. 그래서 하나님을 믿는 자는 언제나 미래지향적이어야 한다. 참된 크리스천은, 하나님께서 지금 자신을 위해 빚으시는 내일이 자신을 향해 다가오고 있음을 보면서 살아가는 사람이다.

다윗의 미래지향적 믿음

블레셋의 골리앗이 온 이스라엘을 유린했지만, 그의 위세에 눌린 이스라엘 장수 중 누구도 감히 맞서 싸울 엄두를 내지 못했다. 우연히 그 사실을 목격한 소년 다윗은 견딜 수가 없었다. 그는 자신이 골리앗과 맞서겠노라고 자원하였다. 자원자가 있다는 소식을 들은 사울 왕은 기뻐하며 자원자를 불러들였다. 그러나 만나 보니 아직 성인이 아닌 청소년에 지나지 않았다. 아무리 나라의 사정이 급박하지만 앳되기만 한 어린 청소년을 죽음의 전장에 내보낼 수는 없었다. 사울 왕이 거절하자, 다윗은 지체 없이 왕에게 이렇게 말하였다.

주의 종이 아비의 양을 지킬 때에 사자나 곰이 와서 양 떼에서 새끼를 움키면 내가 따라가서 그것을 치고 그 입에서 새끼를 건져 내었고 그것이 일어나 나를 해하고자 하면 내가 그 수염을 잡고 그것을 쳐 죽였었나이다 주의 종이 사자와 곰도 쳤은즉 사시는 하나님의 군대를 모욕한 이 할례 없는 블레셋 사람이리이까 그가 그 짐승의 하나와 같이 되리이다 또 가로되 여호와께서 나를 사자의 발톱과 곰의 발톱에서 **건져 내셨은즉**……

(삼상 17:34-37상)

다윗은 벌판에서 아버지의 양 떼를 지키던 중 사자나 곰과 같은 맹수의 위협을 물리친 적이 한두 번이 아니었다. 그러나 그것은 어린 다윗의 힘이 아니었다. 다윗은 '여호와께서 나를 사자의 발톱과 곰의 발톱에서 건져 내셨다'고 고백하고 있다. '건져 내셨다'는 것은 과거형이다. 즉 과거에 자신과 함께해 주셨던 하나님에 대한 간증인 것이다. 하지만 다윗의 간증은 거기에서 끝나지 않았다. 그의 간증은 이렇게 계속되었다.

나를 이 블레셋 사람의 손에서도 **건져 내시리이다** (삼상 17:37하)

다윗의 간증은 "건져 내시리이다"로 끝나고 있다. "건져 내시리이다"(will deliver-NIV)는 미래형이다. 다윗의 간증이 위대한 것은 그것이 과거에만 국한된 것이 아니라, 이처럼 미래와 연결되고 있기 때문이다. 즉 다윗은 어제 자신과 함께하신 하나님을 믿었으므로, 그 하나님을 믿고 그 하나님을 위해 나아가는 한, 그 하나님께로부터 반드시 내일이 주어질 것 또한 믿었던 것이다. 그가 만약 과거지향적이기만 했던들, 그 어린 나이에 거인 골리앗을 향해 나아가지는 못했을 것이다.

마침내 다윗은 골리앗을 쓰러뜨렸다. 그러나 그에게 돌아온 것은 사울 왕의 터무니없는 질투였다. 다윗을 자신의 라이벌로 간주한 사울 왕은 다윗을 죽이기 위해 수단과 방법을 가리지 않았다. 이스라엘 영내에서 피신할 곳을 찾을 수 없었던 다윗은 어쩔 수 없이 적국의 왕을 찾아가 침을 질질 흘리며 미친 시늉을 하고서야 겨우 목숨을 부지할 수 있었다. 죄가 있다면 단 한 가지, 하나님을 믿고 하나님을 위해 자신의 삶을 던졌다는 죄 아닌 죄였다. 그렇다면 다윗이 당한 처지야말로 절망적이요, 하나님을 원망할 수밖에 없는 처지였다. 바로 그 상황에서 다윗이 쓴 시가 그 유명한 시편 34편인데, 다윗은 절망하거나 하나님을 원망하기는커녕 도리어 다음과 같이 하나님을 찬양하고 있다.

> 내가 여호와께 구하매 내게 응답하시고 내 모든 두려움에서 나를 **건지셨도다** (4절)

다윗은 먼저 "내 모든 두려움에서 나를 건지셨도다"라고 과거형으로 고백하고 있다. 어제 나와 함께하신 하나님에 대한 신앙고백이다.

> 여호와의 사자가 주를 경외하는 자를 둘러 진 치고 저희를 **건지시는도다** (7절)

다윗은 '주를 경외하는 자를 건지시는도다' 라며 현재형으로 고백하고 있다. 다윗은 자신을 둘러싸고 있는 절망적인 상황 속에서, 도리어 하나님께서 지금 자신을 건지고 계심을 확신하고 있다. 어제 자신과 함께하셨던 주님께서 오늘도 자신을 지키고 계심을 믿어 의심할 이유가 없었기 때문이다. 그리고 다윗의 고백은 다음과 같이 계속된다.

> 젊은 사자는 궁핍하여 주릴지라도 여호와를 찾는 자는 모든 좋은 것에 부족함이 **없으리로다** (10절)

다윗은 나아가 '여호와를 찾는 자는 부족함이 없으리이다(shall not lack any good things-KJV)'라고 미래형으로 고백하고 있다. 이것은 다윗이 왕좌에서 편안하게 읊은 시가 아니다. 방금 적국의 왕 앞에서 침을 흘리며 미친 시늉을 하고 난 직후의 고백이다. 현실적으로는 모든 것이 여전히 암담할 뿐이다. 희망이라고는 티끌만큼도 보이지 않는다. 그렇지만 다윗은 하나님께서 주실 부족함이 없는 내일에 대해 추호의 의심도 없다. 어제의 하나님께서 오늘의 하나님이시요, 오늘의 하나님께서 내일의 하나님 되어 주실 것임을 믿었기에 그는 암담한 오늘의 현실을 딛고 일어설 수 있었다. 오늘 주어진 고난은 하나님께서 자신을 해치시려는 것이 아니라, 하나님께로부터 주어질 내일을 얻기에 합당한 사람이 되게끔 그 고난을 도구 삼아 자신을 새로이 빚으시는 것임을 굳게 믿었던 것이다. 그리고 그가 믿었던 대로 하나님께서 그에게 주신 내일—이스라엘 불멸의 성군이 되는 영광스런 내일을 그는 날마다 누렸다. 다윗이 내일을 주시는 하나님을 믿지 못했던들, 단지 과거의 신앙고백에만 연연하는 자였던들, 성경이 우리에게 전해 주는 바대로의 다윗은 결코 존재하지 않았을 것이다.

사랑하는 청년들이여!

그대가 정녕 하나님을 믿는다면, 지금 그대의 처지가 어떠하든 상관없이 하나님께서 그대를 위해 치밀하게 빚으시는 내일이 다가오고 있음을 잊지 말라. 아니 오늘의 모든 상황이야말로 그 내일을 위한 징검다리임을 알아 오늘의 삶에 충실하라. 하나님께서 하나님을 믿는 자에게 주시는 내일은 이 세상에만 국한되지 않는다.

우리가 사랑하는 사람들과 더불어 이 세상을 함께 살다가 그 사랑하는 사람들을 어찌 먼저 떠나보낼 수가 있는가? 그 사랑하는 사람들을 뒤에 남겨 두고 어찌 내가 먼저 이 세상을 떠날 수가 있는가? 우리의 코끝에서 호흡이 끝나는 순간, 주님께서 주시는 영원한 내일이 시작됨을 알기에 우리는 그리스도 안에서 사랑하는 사람들을 먼저 떠나보내고, 또 먼저 떠나갈 수 있는 것이다. 우리에게 내일을 주시는 하나님께서는 어제와 오늘, 그리고 내일을 초월하시는 영원하신 하나님이시기 때문이다.

참된 믿음의 증거

주님께서 말씀하셨다. 나는 포도나무요, 내 아버지는 농부시며, 너희는 나의 가지라고 말이다. 그러므로 우리가 포도나무이신 예수 그리스도의 가지가 된다는 것, 즉 삼위일체 하나님을 믿는다는 것은 전능하신 하나님을 내 인생의 농부로 모시는 것이요, 하나님께서 창조하신 천지를 얻는 사건이요, 하나님께서 나를 위해 한 치의 오차도 없이 빚으시는 아름다운 내일을 얻는 일이다. 믿음은 이처럼 위대하다. 이 사실을 믿으며 사는 자와 믿지 못하는 자의 삶이 결코 동일할 수 없다. 오직 믿음만이 우리의 삶을 완전하게 해 주는 이유가 바로 여기에 있다.

그렇다면 우리가 이와 같은 온전한 믿음을 지니며 살아가는 증거는 우리 삶 속에서 어떤 모양으로 나타나게 될까?

까치마저 고마운 삶

농부는 나무와 가지를 위하여 많은 것들을 준다. 때를 맞추어 물을 공급해 준다. 물론 비료를 주기도 하지만 역겨운 퇴비를 줄 때도 있다. 병충해를 막기 위해 소독약을 뿌려 주기도 한다. 그것은 숨 막히는 고통일 수 있다. 때론 아예 삶의 자리를 옮겨 심기도 한다. 그것 역시 용이한 일은 아니다. 그러나 농부가 주는 것은 그 어느 것 하나 가지에게 해로운 것이 없다. 열이면 열 모두 유익한 것이다. 가지의 입장에서 본다면 그 모두가 예외 없이 다 감사의 조건일 뿐이다.

인생의 농부이신 하나님과 우리의 관계도 이와 마찬가지다. 하나님께서 주시는 것은 무엇이든, 그 결과는 항상 우리의 유익을 위함 아닌 것이 하나도 없다. 그러므로 하나님을 자기 인생의 농부로 모시고 살아가는 자라면 무릇 모든 것이 감사의 조건일 수밖에 없는 것이다.

정현종 시인의 '까치야 고맙다'라는 시에서 시인은 까치에 대한 고마움을 이렇게 노래하고 있다.

우리네 집 근처에 한결같이
오 한결같이 살아 주어서
정말 고맙다.

무엇보다도 말이다
창 밖으로 네가

이 나무에서 저 나무로 날아다니는 걸
보지 못한다면 우리가 어떻게
가벼워질 수 있겠느냐
집 근처에 네가
날아다니지 않으면
우리들은 언제 꽃피어 나겠느냐

  세상에 흔한 것이 까치인데 대체 까치에게 고마울 것이 무엇이란 말인가? 이 질문에 대하여 문학평론가 장경렬 교수는, 조금 먹고사는 까치가 많은 것을 탐하는 우리 곁에 있다는 것 자체가 감사 조건 아니겠느냐고 평하고 있다. 확실히 인간은 배가 터지도록 먹고서도 더 많은 것을 탐한다. 그래서 날이면 날마다 더 추한 욕망 속으로 침몰해 갈 따름이다. 그러나 까치는 인간에 비해 턱없이 작은 것을 먹고서도 살 뿐 아니라, 그렇기에 마음껏 하늘을 날아다닐 수 있다. 따라서 그 같은 까치가 인간의 곁에 있다는 것 자체가, 욕망에 짓눌린 인간으로 하여금 욕망을 털고 일어나 진리를 향한 비상을 꿈꾸게 해 준다는 의미에서 까치는 정녕 감사의 대상이 아닐 수 없다.
  그러나 중요한 것은 시인이 까치를 고마워하기 이전에, 시인의 마음속에 이미 감사가 넘치고 있다는 사실이다. 어린아이를 바라보는 어머니의 마음에는 사랑이 넘쳐흐른다. 그러므로 아이의 모든 것이 사랑스러워 보이는 것이다. 심지어 아이의 배변까지도 말이다. 이처럼 시인의 마음에 감사가 충만하기에, 그의 눈엔 남이 대수롭게 여기지도 않는 까치마저도 감사할 수밖에 없는 것이다.
  유한하고 볼품없는 인간을 사랑하시어 친히 인간의 농부가 되어 주신 하나님께 대한 감사가 충만하다면, 자신의 삶 속에 일어나는 모든 일들은 감사의 조건이 아닐 수 없다. 마치 시인이 자기 동네에 사는 까치마저 고마운 것처럼 말이다.

어느 젊은 외교관 가족이 제네바에 부임하던 날의 일이다. 도착하고 보니 트렁크 여섯 개 중 하나가 사라지고 없었다. 분실된 것이었다. 필요한 신고를 끝내고 나오자 기다리던 동료가 위로한다고 말했다.
"세상에, 트렁크가 없어지다니…… 얼마나 속상하세요…….”
그랬더니 트렁크를 분실한 당사자의 말이 뜻밖이었다.
"아니 속상하다니요? 트렁크 다섯 개가 무사히 도착한 것만으로도 감사해야지요."
그는 물론 크리스천이었다. 그 일이 있은 후 그를 위로하려 했던 외교관이 그를 가리키면서 내게 이런 말을 하였다.
"목사님, 저 부부는 저와는 믿음의 격이 틀립니다."
얼마나 적절한 표현인가? 믿음의 격은 감사로 드러나는 법이다. 세상 사람 보기에 도저히 감사할 수 없는 것처럼 보이는 상황 속에서도 감사하는 이가 있다면 그는 참으로 믿음의 격이 높은 자이다. 그야말로 하나님께서 자신의 농부이심을 믿기에, 농부이신 하나님께서 주시는 것은 무엇이든 자신의 유익을 위함이요 결국엔 감사의 조건으로 귀결됨을 아는 자인 까닭이다.

내가 중학교 3학년이 되던 해 봄 나의 아버지는 내 곁을 떠나셨다. 소천하신 것이었다. 어린 나에게 아버지의 갑작스런 죽음은 크나큰 충격이었다. 그때까지만 해도 나는 아버지가 돌아가신다는 것을 상상치도 못했기 때문이다. 나는 그해 내내 틈만 나면 아버지의 서재에서 아버지가 남겨 놓으신 책들을 읽었다. 위로 누님 다섯 분에 외아들이었던 나는 그때, 그것만이 아버지의 혈육으로서 아버지를 위해 행할 수 있는 유일한 도리라 생각했다. 삼국지에서부터 시작하여 세계문학전집, 그리고 의미도 모를 철학서적과 법학서적에 이르기까지 아버지의 손때가 묻은 책은 모두 섭렵하였다. 그 모든 것이 나의 인격 형성에 좋은 자양분이 되었음은 물론이다.

그해 연말, 부산에서 살던 우리 가족은 아버지의 사업체가 있는 서울로 삶의 거처를 옮겨야 했다. 그로 인해 나는 부산에서 다니던 경남중학교와 같은 계열의 경남고등학교가 아닌, 서울의 신생 경희고등학교로 진학하게 되었다. 당시 설립된 지 5년 밖에 되지 않던 경희고등학교는 내가 다니던 중학교와는 사뭇 분위기가 달랐다. 착실한 친구들도 적지 않았으나 소위 '어깨'나 '건달'로 불리던 친구들도 있었다. 나는 3년 동안 자연스럽게 그들과 친하게 지냈는데, 그들과 사귀는 동안 내가 결여하고 있었던 부분—즉 다섯 누님들 속에서 자라느라 내가 지닐 수 없었던 남성다움을 회복할 수 있었다. 더욱이 경희고등학교는 당시 전국에서 처음으로 프랑스어를 제2외국어로 가르치고 있었다. 그것이 계기가 되어 나는 대학 시절, 외국어대학에서 프랑스어를 전공하게 되었다. 외국어를 전공하였음으로 인해 대학 졸업과 동시에 외국기업에서 근무할 수 있었다. 외국기업에서 근무하였기 때문에 해외여행이 쉽지 않았던 70년대부터 해외여행을 다니며, 일찍부터 나 나름의 세계관을 키워갈 수 있었다. 또 외국기업에서의 근무경험은, 스물다섯 살이란 젊은 나이에 스스로 사업가의 길을 시작할 수 있는 밑거름이 되어 주었다. 사업을 시작하여 큰돈을 벌었기에 평소에 꿈꾸던 출판업에 진출할 수 있었고, 출판사업을 하였기에 출중한 작가들과 깊은 교분을 가질 수 있었다. 그리고 그 경험이 오늘날 성경을 읽으면서 행간 사이의 의미를 포착할 수 있는 모판이 되었다.

사회생활을 하는 동안, 이럴 때 아버지가 살아 계신다면 얼마나 좋을까 하고 생각했던 적이 한두 번이 아니다. 그러나 만약 내가 성인이 되기까지 아버지께서 내 곁에 계셨더라면, 유약한 외아들이었던 나는 여전히 아버지에게 의존하는 의타심으로 살아가고 있을 것이다. 사랑하는 아버지와 어린 나이에 작별한다는 것은 커다란 아픔이었지만, 그러나 그로 인해 나는 스스로 독립적인 인간으로 성장할 수가 있었다.

이처럼 나의 인생을 되돌아보건대, 그 어느 것 하나 감사의 조건 아닌 것이 없다. 그 모든 과정은 내 인생의 농부이신 하나님께서 나의 오늘과 내일을 위해 베풀어 주셨던 사랑의 은총이요, 손길이었기 때문이다.

지금 병들어 있는가? 하나님께 감사하라. 지금이야말로 그대 심장이 뛰는 것도 하나님의 은혜임을 깨닫고 그대 생명으로 주님을 위해 살 때이다. 건강한가? 하나님께 감사하라. 건강을 우상 삼음 없이 그대 건강을 하나님의 도구로 기꺼이 사용할 때이다.

지금 가난에 처해 있는가? 하나님께 감사하라. 물질의 노예 됨이 없이 오직 진리를 위해 그대 자신을 던질 수 있음이다. 부유한가? 하나님께 감사하라. 하나님의 선한 청지기가 되는 기쁨을 그대가 누릴 기회이다.

지금 실패하였는가? 하나님께 감사하라. 이제야말로 그대의 뜻이 아닌 하나님의 뜻이 이루어짐을 겸손히 기다릴 때이다. 성공했는가? 감사하라. 교만에 빠짐이 없이 오히려 하나님의 영광을 나타낼 때이다.

지금 젊었는가? 하나님께 감사하라. 그대는 무엇에든 도전할 수 있고 그대의 실수가 인정됨이다. 상대적으로 늙었는가? 하나님께 감사하라. 그동안 쌓은 경륜으로 이제부터 남을 위해 삶의 그늘을 제공할 수 있는 거목이 되어 감이다.

결코 잊지 말아라.

하나님을 농부로 모신 자는 무엇에든 진정으로 감사하는 자요, 믿음의 격은 오직 감사로 판가름 나는 법이다.

때를 맡기는 삶

비료를 언제 줄 것인가? 소독약은 언제 칠 것인가? 그 모든 시기는 가지가 스스로 결정하는 것이 아니다. 이에 관한 한 가지는 아무것도 알지 못한다. 그것은 전적으로 농부의 소관이다. 만약 그 모든 때를 가지가 스스로 결정하려 한다면 그 얼마나 어처구니없는 일이겠는가? 오직 가지는 그 모든 때를 농부에게 맡기고 매일매일 가지의 역할에 충실하기만 하면 된다.

하나님께서는 전도서 3장 1절을 통해 "천하 범사에 기한이 있고 모든 목적이 이룰 때가 있다"고 말씀하셨다. 물론 그때를 결정하시는 분은 하나님이시다. 우리 인생의 농부이신 하나님만 나의 일이 언제 성사되는 것이 나에게 가장 유익한지, 그 시기를 정확하게 알고 계신다. 그런데도 우리는 그때를 우리 자신이 확정하는 우를 범하고 있다. 그래서 그때에 일이 이루어지지 않으면 우리는 곧 좌절과 절망에 빠져 하나님을 원망하기 일쑤다. 하나님께서는 당신의 전능하신 능력으로 단 한 치의 오차도 없이 우리 각자에게 최선이 될 내일을 빚고 계신데도 말이다.

이스라엘 백성은 무려 400년 동안이나 이집트에서 노예생활을 해야만 했다. 노예생활이란 결코 달가운 삶일 수가 없다. 하루라도 빨리 벗어나고 싶은 고통의 연속이다. 그래서 노예생활을 시작한 지 100년쯤 되었을 때, 온 이스라엘 백성이 한데 힘을 합쳐 해방투쟁을 시작했다고 치자. 그것이 성공할 수 있었겠는가? 혹은 온 백성이 한 마음으로 노예생활에서 벗어나게 해 달라고 하나님께 기도했다고 치자. 조를 짜서 24시간 릴레이기도를 하고 매일 밤 철야기도를 하며 울부짖었다고 하자. 그 기도가 응답되었겠는가? 결코 아니다.

다음은 하나님께서 이스라엘 백성의 조상인 아브라함에게 하신 말씀이다.

> 너는 정녕히 알라 네 자손이 이방에서 객이 되어 그들을 섬기겠고 그들은 사백 년 동안 네 자손을 괴롭게 하리니 그 섬기는 나라를 내가 징치할지며 그 후에 네 자손이 큰 재물을 이끌고 나오리라 (창 15:13-14)

하나님께서는 아브라함이 자식을 낳기도 전에 그의 후손, 즉 이스라엘 백성이 이집트에서 400년 간 노예생활할 것을 예고하셨다. 가장 밑바닥 삶인 노예생활을 통해 이스라엘 백성을 누구보다도 강인한 민족으로 세우시기 위함이었다. 바꾸어 말하면, 하나님께서 당신의 선민인 이스라엘에게 주실 내일을 누리기에 합당한 민족으로 이스라엘을 훈련시키시기 위함이었다. 그것이 바로 이스라엘에 대한 하나님의 사랑이었다. 그러므로 400년이란 노예생활 기간은 그 400년이 다하기까지는 결코 중단될 수가 없다. 무력으로 투쟁한다고 해서, 밤을 새워 통성으로 기도한다고 해서 단축되는 것도 아니다. 그 기간은 이스라엘 백성을 위하여 하나님께서 친히 정하신 기간이기 때문이다. 이 사실을 깨닫지 못한 채 이스라엘 백성이 스스로 해방의 때를 정해 두었더라면, 그때가 무산됨과 동시에 그들은 세상에서 가장 비참한 존재가 되고 말았을 것이다.

천지를 창조하신 하나님께서 내 인생의 농부이심을 믿는다면, 모든 일이 성사되는 때를 스스로 정하려는 잘못을 범하지 말아야 한다. 그때에만 천지를 창조하신 하나님을 믿으면서도 쉽게 좌절의 노예가 되는 어리석음을 탈피할 수가 있다. 그리고 그때에만 일의 성사를 떠나 매일의 삶 속에서 절대적인 의미와 가치를 발굴해 낼 수 있다. 크리스천의 참된 가치는 일의 성사 그 자체에 있는 것이 아니라, 인생의 농부이신 하나님의 때가 이르기까지 하나님을 믿는 믿음으로 인내하는 데 있다.

바른 기도의 삶

만사의 때를 하나님께 맡기고 인내한다는 것은 현실적으로 아무것도 하지 않는다거나, 전혀 기도하지 않아도 된다는 의미가 결코 아니다. 하나님의 때를 믿기에 오늘 주어진 삶에 더욱 충실하고, 하나님께 때를 맡겼기에 오늘의 바른 삶을 위해 누구보다도 바르고 진실된 기도를 드리게 된다.

주님께서는 요한복음 15장을 통해 이렇게 말씀하고 계신다.

너희가 내 안에 거하고 내 말이 너희 안에 거하면 무엇이든지 원하는 대로 구하라 그리하면 이루리라 (7절)

모든 크리스천들이 즐겨 암송하는 구절이다. 무엇이든지 원하는 것을 구하는 대로 이루어 주실 것을 주님께서 약속하고 계시기 때문이다. 그래서 특별히 기도회 시간에 단골로 애송(愛誦)되기도 한다. 그러나 주님께서는 무엇이든 기도하기만 하면 모두 다 이루어 주시겠다고 약속하신 것이 아니다. 거기엔 조건이 붙어 있다. 그 조건이란 곧, "너희가 내 안에 거하고 내 말이 너희 안에 거하면"이다. 이 조건이 충족될 때에만 응답하신다는 의미이다. 바꾸어 말하면 이 조건이 무시될 경우, 아무리 소리쳐 기도한다 한들 그것은 허공에 사라지는 메아리처럼 무의미할 뿐이란 말이다.

여기에서 이 말씀이 속해 있는 전체 틀을 간과해서는 안 된다. 주님께서는 하나님을 농부로, 당신 자신을 포도나무 그리고 우리를 당신의 가지로 비유하시면서 이 말씀을 하셨다. 따라서 "너희가 내 안에 거하고 내 말이 너희 안에 거하면"이란 말씀은, '너희가 포도나무인 내 속에 붙여진 가지이고 나의 진액이 너희 속에 흐르고 있다면'의 의미가 된다. 그렇다면 생각해 보라. 포도나무에 붙어 포도나무의 진액이 흐르고 있는 포도나무의 가지가 장미꽃을 피우게 해 달라고 기도하겠는가? 혹은 사과나무가 되게 해 달라고 기도하겠는가? 그럴 수 없다. 정말 포도나무 가지라면 할 수 있는 기도는 하나밖에 없다. 포도나무 가지다운 가지로 포도나무에 계속 붙어 있기를 기도하는 것이다. 그때 그의 기도는 모두 이루어질 수밖에 없다. 그가 포도나무에 붙어 있는 한 포도나무가 온갖 필요한 것을 다 공급해 줄 것이요, 포도원의 농부가 온 정성과 사랑과 능력을 다해 지키고 또 가꾸어 줄 것이기 때문이다.

우리가 해야 할 기도란 바로 이것이다. 매일매일의 삶 속에서 그리스도에게 접붙여진 크리스천답게 살아가기 위해 기도하는 것이다. 우리가 그리스도에게 붙어 있는 한, 그 이외의 것은 포도나무이신 그리스도께서, 내 인생의 농부이신 하나님께서 모두 책임져 주신다.

주님께서는 또 이렇게 말씀하고 계신다.

> 너희가 나를 택한 것이 아니요 내가 너희를 택하여 세웠나니 이는 너희로 가서 과실을 맺게 하고 또 너희 과실이 항상 있게 하여 **내 이름으로** 아버지께 무엇을 구하든지 다 받게 하려 함이니라 (16절)

주님께서는 당신의 이름으로 하나님께 구하기만 하면 무엇이든 다 받게 될 것이라 약속하고 계신다. 이것이 얼마나 중요한 약속인지 주님께서는 요한복음 14장 13-14절을 통해서도 똑같은 약속을 거듭 되풀이하고 계신다.

너희가 **내 이름으로** 무엇을 구하든지 내가 시행하리니 이는 아
버지로 하여금 아들을 인하여 영광을 얻으시게 하려 함이라 **내
이름으로** 무엇이든지 내게 구하면 내가 시행하리라.

죄인인 우리는 거룩하신 하나님과 직접 관련을 맺을 수 없기에 포
도나무이신 예수 그리스도를 통하여 하나님을 우리 인생의 농부로
모시게 된다. 기도 역시 마찬가지다. 죄의 노예인 우리는 하나님께
직접 기도드릴 수 없다. 다만 우리의 중보자이신 예수 그리스도를
통해서만 기도드릴 수 있다. 이것이 우리가 '예수님의 이름으로 기
도합니다' 란 결어로 우리의 기도를 끝맺는 까닭이다. 그렇다면 위의
약속은, 무엇을 구하든 "예수님의 이름으로 기도합니다"라고 끝맺
기만 하면 그 기도를 다 응답해 주시겠다는 의미인가? 그것이 아님
은 이미 우리의 경험을 통해 잘 알고 있다.

나의 아이들이 내가 없는 동안 동네 가게에 가서 내 이름으로 물
건을 외상으로 구입한다고 치자. 아이들이 목사인 나의 이름을 걸고
소주나 담배를 구할 수 있겠는가? 목사 아빠의 이름을 걸고 약국에
서 마약을 구할 수 있겠는가? 불가능한 일이다. 그들 자신의 이름으
로는 가능할지 모르나, 목사인 아빠의 이름을 걸고서는 어떤 경우에
도 불가능하다. 가게에서든 약국에서든, 나의 아이들은 목사인 아빠
의 이름에 걸맞는 것을 구할 수 있을 뿐이다.

주님의 이름으로 구한다는 것 역시 이처럼, 욕심을 따라 마음 내
키는 대로 구한 뒤에 주님의 이름으로 기도를 끝맺는 것을 의미하지
않는다. 주님의 이름으로 기도한다는 것은 주님의 이름에 합당한 것
을 구하는 것이다. 그렇다면 주님의 이름에 합당한 것을 구하기 위

해서는 주님의 이름이 지니고 있는 참된 의미를 먼저 알아야 한다. 사도 요한은 주님의 이름에 대하여 다음과 같이 증언하고 있다.

> 나는 또 하늘이 열려 있는 것을 보았습니다. 거기에 흰말이 있었는데 **'신실하신 분' '참되신 분'** 이라는 이름을 가지신 분이 그 위에 타고 계셨습니다. (계 19:11 표준새번역)

요한은 주님이 가지신 이름의 의미가 '신실'과 '참됨'임을 밝혀 주고 있다. 정말 진리이신 주님의 이름에 합당한 의미가 아닐 수 없다. 그렇다면 주님께서 주님의 이름으로 기도하라고 하신 그 의미가 분명해졌다. 신실하고 참된 삶을 위해 기도하라는 뜻이다. 정녕 포도나무이신 주님의 가지라면, 진정 신실하고 참되신 주님께 접붙여진 크리스천이라면, 신실하시고 참되신 주님을 본받아 매일매일 신실하고 참되게 살아가기 위해 기도하는 사람일 수밖에 없다. 주님의 가지 된 자에게 그보다 더 큰 일은 있을 수 없기 때문이다.

많은 크리스천들이 오해하고 있는 성경 구절 중에 마태복음 21장 22절이 있다.

> 너희가 기도할 때에 무엇이든지 믿고 구하는 것은 다 받으리라

이 말씀 역시 아무 기도에나 다 응답해 주시겠다는 의미가 아니다. 믿음을 가리키는 그리스어 단어 '피스티스'(pistis)는 '신실'과 동의어이다. 즉 그리스어엔 믿음과 신실이 따로 구별되지 않는다. 믿음이 신실이고 신실이 곧 믿음이다. 그렇다면 이제 이 구절의 의

미를 명확하게 알 수 있다. 주님께서는 바로 이렇게 말씀하신 것이다.

> 너희가 기도할 때에 무엇이든지 신실하고 구하는 것은 다 받으리라

신실한 자는 결코 허망한 욕망의 것을 구하지 않는다. 거짓된 것이나 불의한 것을 구하지도 않는다. 자신의 이득을 위해 남에게 해로운 것은 더더욱 구하지 않는다. 신실한 자는 오직 참되고 신실한 삶을 위하여 기도한다. 그러니 그의 기도는 다 응답되지 않을 도리가 없다. 그 기도를 들으시는 주님의 이름이 '신실하신 분' '참되신 분' 이신 까닭이다.

태평양전쟁을 일으킨 일본이 패망할 즈음, 수많은 일본군들이 포로가 되기보다는 할복자살을 택했음은 잘 알려진 사실이다. 포로로 잡히면 목숨을 건질 수는 있지만, 할복자살이란 스스로 목숨을 버리는 짓이다. 그런데도 그들이 살기보다 죽음을 택한 이유는 간단했다. 천황에게 소속된 군인으로서, 그들이 신으로 떠받들고 있는 천황의 이름을 더럽히지 않기 위함이었다. 그래서 그들은 모두 할복하는 순간, 그들의 신인 '천황 폐하 만세'를 부르며 죽어갔다. 바로 그것이 그들의 신—천황의 이름을 지키는 길이라 굳게 믿었던 것이다. 그러나 그들이 자기 목숨을 버리면서까지 그 이름을 지키기를 원했던 그들의 신—히로히토 역시 한 줌의 흙으로 돌아가 버린 것은 이미 오래 전의 일이다.

삼위일체 하나님께서는 일본천황처럼 언젠가는 자기 무덤을 찾아갈 인간이 아니시다. 하나님께서는 창조자시요, 전능자시며, 영원자시다. 그렇다면 일본군이 인간 천황의 이름을 위하던 것보다 그대가 하나님의 이름을 더욱 위함이 마땅하지 않겠는가? 그대는 그대의 이름으로 살아가는 자가 아니다. 그대의 이름으로 살아가는 자라면 오직 그대 자신의 욕망을 위해 산다 한들 무방하리라. 그러나 그대는 그리스도의 이름으로 살아가는 크리스천이다. 그래서 그대는 크리스천의 이름에 걸맞게 살지 않을 수 없고, 그 이름에 합당한 삶을 살 수 있기 위해 기도할 수밖에 없다. 적어도 그대가 포도나무이신 예수 그리스도의 가지 된 자요, 하나님을 자기 인생의 농부로 모신 자라면 말이다.

밑가지가 되는 삶

> 내가 참 포도나무요 내 아버지는 그 농부라 무릇 내게 있어 과실을 맺지 아니하는 가지는 아버지께서 이를 제해 버리시고 무릇 과실을 맺는 가지는 더 과실을 맺게 하려 하여 이를 깨끗케 하시느니라 (요 15:1-2)

무릇 포도나무 가지의 존재 이유가 있다면 포도를 맺는 것이다. 포도를 결실하지 못하는 가지는 더 이상 포도나무 가지일 수 없다. 포도나무이신 예수 그리스도의 가지인 크리스천의 존재 이유 또한 결실에 있다. 그렇다면 크리스천이 반드시 맺어야 할 열매란 무엇인가? 다시 요한복음 15장을 통하여 그 해답을 얻어보자.

내 계명은 곧 내가 너희를 사랑한 것같이 너희도 서로 사랑하라 하는 이것이니라 (12절)
내가 이것을 너희에게 명함은 너희로 서로 사랑하게 함이로라 (17절)

크리스천이 결실하지 않으면 안 될 열매란 곧 '서로 사랑하는 것'이다. 그대는 이미 '서로 사랑'의 의미에 대해 익히 들어왔을 것이다. 그러나 본문 말씀의 틀을 잊어서는 안 된다. 주님께서 말씀하셨다. '나는 포도나무요, 내 아버지는 농부요, 너희는 가지'라고 말이다. 그리고 가지 된 우리를 향해 서로 사랑할 것을 요구하고 계신다. 그렇기에 나무의 가지를 봄으로써만, '서로 사랑하라'는 말씀의 구체적인 의미를 깨달을 수 있다.

나뭇가지는 곁에 있는 가지를 피하지 않는다. 못마땅한 가지가 곁에 있을 수도 있다. 못난 가지 곁에 자신이 위치할 수도 있다. 그러나 어떤 경우에도 가지는 다른 가지를 찾아가지 않는다. 이웃한 가지의 곁에 있는 것이 자신의 사명임을 알아 언제나 그 자리를 꿋꿋하게 지킨다. 같은 나무의 가지들에겐 바로 그것이 서로 사랑하는 것이기 때문이다. 이것은 포도나무를 비롯하여 모든 나무에게 공통적으로 적용되는 하나님의 법칙이다.

포도나무이신 주님의 가지 된 크리스천들이 서로 사랑한다는 것은 무엇보다도 먼저, 곁에 있어야 할 사람 곁에 있는 것임을 알게 된다. 사랑은 곁에 있어 주는 것이다. 그래서 사랑은 곧 시간이다. 시간을 내기 아까워해서는 곁에 있어야 할 사람 곁에 있어 줄 도리가 없다.

> 즐거워하는 자들로 함께 즐거워하고 우는 자들로 함께 울라
> (롬 12:15)

이 말씀은 단순히 울고 웃는 사람의 행위 그 자체에 동참하라는 의미가 아니다. 그것은 참된 사랑이 아니다. 이 말씀의 참된 의미는, 즐거워하거나 슬퍼할 수밖에 없는 그의 삶의 자리에 함께 있어 주라는 뜻이다. 그것이 진정한 사랑이다.

젊은 나이에 남편을 암으로 먼저 떠나보낸 여성도님에게 들은 이야기다. 남편이 투병중일 때 찾아와 보지도 않던 사람들이 남편이 죽자 장례식에 찾아와 저마다 위로한다며 말을 건넸다. 그러나 그 어떤 말도 그녀에게 위로가 되지는 않았다. 그 모든 말들은 단순히 의례적인 립 서비스(lip service)에 지나지 않았기 때문이다.

남편의 장례식을 마치고 집으로 돌아온 다음 날이었다. 남편의 투병기간이 짧지 않았으므로 집안은 엉망이었다. 그렇다고 집안을 정리할 엄두가 나지도 않았다. 망연자실 앉아 있는데 초인종 소리가 났다. 문을 열어보니 그녀의 이모였다. 이모는 아무 말 없이 부엌과 온 집안을 하루 종일 정리해 주었다. 그러는 동안 이모는 한 마디의 말도 하지 않았다. 그러나 그녀는 말 없는 이모의 행동으로부터 말로 다할 수 없는 위로를 받았다. 남편이 떠나 텅 빈 자리에 자기 홀로 있는 것이 아님을, 관심을 다해 자기 곁에 있어 주는 이가 있음을 확인한 것이었다. 바로 그것이 사랑이다.

내가 3년 전 제네바를 향해 떠날 때 스위스는 내게 오지였다. 아프리카 밀림 속일지라도 가족이 함께 거하면 오지가 아닐 수도 있다. 그러나 아무리 스위스가 세계 제일의 선진부국이라 해도 가족과

의 이별을 감수해야만 했던 내겐 오지 중의 오지였다. 그때 큰 아이가 중학교 2학년, 그 밑으로 세 아이들은 모두 초등학생에 불과했으니 더욱 그러하였다. 그래서 나를 아끼던 많은 분들이 만류하였다. 왜 하필이면 자립하지도 못한, 그 작고 어려운 교회를 자청해서 찾아가느냐고 말이다. 나는 그때 이렇게 말씀드렸다.

"그분들이 나를 필요로 한다기에 그분들 곁에 있어 드리기 위해 갑니다."

제네바 거주 2년 째 되던 해 서울에 있는 아내가 몹시 아팠다. 아내에게 가사에 대한 모든 책임을 떠맡기고 나 홀로 떨어져 있다는 것이 더없이 미안하기만 했다. 그리고 그땐 제네바 한인교회가 이미 교회로서 든든하게 자립한 후였다. 굳이 내가 없어도 될 것 같았다. 그래서 1년을 앞당겨 귀국하기로 결심하고 아내에게 이 사실을 알렸다. 그러자 아내가 말했다.

"당신이 1년을 먼저 오시면 그곳에 계신 분들이 얼마나 서운해하시겠어요? 약속하신 대로 1년 더 그분들 곁에 있어 드리세요."

그래서 그분들 곁에서 약속된 3년의 임기를 채울 수 있었다.

누구든 주님의 가지 된 진정한 크리스천이기를 원한다면, 있어야 할 사람 곁에, 있어야 할 때에 있어야 한다. 그때를 놓치면 안 된다. 우는 친구 곁에 있어야 할 때가 있고, 배우자 곁에 있어야 할 때가 있으며, 자식 곁에 있어야 할 때가 있다. 그때를 놓치지 않고 나를 그의 곁에 두는 것이 사랑이다.

특별히 부모와 떨어져 살고 있는 청년들에게 당부하고 싶다. 어느 목사님의 설교 중에 이런 대목이 있었다.

어느 날 불현듯 걸려온 전화 한 통에 가슴을 치며 통곡할 줄 뻔히 알면서 왜 지금 해야 할 일을 하지 않는가?

이것이 무슨 말인지 아는가? 바로 이 순간 전화가 왔다고 치자.
"형! 방금 아버지가 돌아가셨어!"
"언니! 어머니가 교통사고로 돌아가셨어!"
이 짧은 전화 한 통화에 그대는 가슴을 치며 통곡하지 않겠는가? 부모님의 임종도 지키지 못한 자신의 불효를, 부모님께 제대로 효도 한 번 해본 적이 없는 자신의 불효를 탓하면서 말이다. 그 사실을 절감한다면 그대는 지금부터 그대 부모 곁을 지켜야만 한다. 현실적으로 부모를 떠나 살 수밖에 없는 형편일 경우 어떻게 부모 곁을 지킬 수 있단 말인가? 시간을 내어 정기적으로 부모님께 나의 근황을 알리는 편지를 드리는 것이다. 전화를 걸어 부모님의 음성을 듣는 것이다. 바쁘다는 핑계로 부모님으로부터 걸려온 전화마저 건성으로 받는 것이 아니라, 부모님께서 하시고픈 말씀을 다 들어드리는 것이다. 사랑은 곧 시간이라고 했다. 이처럼 나의 시간 중 일부를 부모님을 위해 드리는 것—그것이 곧 내 곁에 부모님을 모시는 것이요 내가 부모님 곁에 있는 것이다.

우리가 진정 그리스도의 가지라면, 이렇게 살아야만 한다. 주님께서는 단지 우리의 곁에 있어 주시기 위해 하늘 보좌까지 버리셨기 때문이다.

이제 나무의 가지들을 좀더 유심히 살펴보라. 그 속에서 '서로 사랑하라'신 말씀의 더 깊은 의미를 캐내게 될 것이다.

연한 순이 땅 속에서 솟아오른다. 줄기가 커가면서 첫번째 가지가 돋아난다. 그리고 두번째 가지 세번째 가지가 연이어 돋는다. 그런데 그 가지들의 위치가 중요하다. 첫번째 가지가 제일 먼저 나왔다면 응당 가장 윗자리를 차지함이 마땅할 것이다. 그러나 실제로는 정반대다. 첫번째 가지는 언제나 맨 밑자리에 있다. 두번째 가지가 그 위에, 세번째 가지는 두번째 가지 위에 자리를 잡는다. 언제나 제일 위쪽 가장 돋보이는 자리엔 최후에 돋은 가장 약한 가지의 차지가 된다. 만약 제일 첫번째 가지가 자신이 가장 오래되고 굵다고 하여 맨 윗자리를 차지한다면, 나무는 그 큰 가지의 무게로 인해 꺾어질 수밖에 없다. 나무가 세월이 흐를수록 강풍에도 견디는 거목이 될 수 있는 것은 크고 강한 가지들이 밑자리에서 버텨 주기 때문이다.

겨울이 지나고 해가 바뀌어 봄이 왔다고 치자. 지난해에 가장 윗자리에 있던 가지가 새해 새봄이 되었음에도 여전히 맨 윗자리를 고수하고 있다면, 그 나무는 죽은 나무임에 틀림없다. 죽지 않고 산 나무라면, 지난해 맨 윗가지였던 가지는 어느덧 새로 돋아난 가지 아래에서 그 가지를 버텨 주는 밑가지가 되어 있을 것이다. 그렇다. 살아 있는 나무의 가지는 윗가지로만 남는 법이 없다. 모든 가지는 예외 없이 다른 가지를 위해 기꺼이 밑가지가 되어 준다. 바로 이것이 한 나무의 가지들이 서로 사랑하는 법이다. 그리스도의 가지인 크리스천이 서로 사랑한다는 것 역시, 서로가 서로를 위한 밑가지가 되어 주는 것이다. 스스로 크고 강하다고 생각하는 자일수록 더 큰 밑가지가 되는 것이다.

어떤 교회가 좋은 교회인 줄 아는가? 교회 문턱을 갓 넘어온 사람들이 마음껏 신앙생활할 수 있도록 가장 오래된 교인들이 밑가지가 되어 주는 교회이다. 이것을 뒤집어 이야기하면, 교회의 모든 분란은 서로 윗가지가 되려 하는 데서 파생한다는 말이다. 그것은 어떤 경우에도 포도나무이신 주님의 법칙이 아니다. 어떤 가정이 좋은 가정인가? 가족이 서로서로 밑가지가 되어 주는 가정이다. 자식이 어릴 때는 부모가 자식의 밑가지가 되어 주고, 자식이 장성한 뒤엔 자식이 연로한 부모를 위한 밑가지가 되어 주는 가정, 남편과 아내가 서로 밑가지가 되어 주는 가정—바로 그곳이 사랑의 보금자리다. 어떤 직장이 좋은 직장이며 어떤 사회가 좋은 사회인가? 두말할 것도 없이 더 많이 배우고 더 높고 더 큰 자들이 타인을 위해 기꺼이 밑가지가 되어 주는 곳이다. 타인을 위한 밑가지가 될 줄 아는 자라면 그가 청와대의 주인이 된다 한들 타락하지 않을 것이다. 스스로 밑가지 된 자가 있는 곳이라면, 그곳의 주인은 사람이 아니라 포도나무이신 주님이실 것이기 때문이다.

우리가 왜 슈바이처 박사의 생애 앞에서 옷깃을 여미며 테레사 수녀의 삶을 보고 숙연해지는가? 그들이 일평생 밑가지가 되는 삶으로 일관하였기 때문이다. 아니, 타인을 위해 밑가지로 한평생 산 그들의 삶을 통해 포도나무이신 예수 그리스도의 모습을 생생하게 볼 수 있기 때문이다.

> 너희가 아는 대로, 민족들을 통치하는 사람들은 그들을 마구 내리누르고, 고관들은 세도를 부린다. 그러나 너희끼리는 그렇게 해서는 안 된다. 너희 사이에서 위대하게 되고자 하는 사람은 누구든지 너희를 섬기는 사람이 되어야 하고, 너희 가운데서 으

뜸이 되고자 하는 사람은 너희의 종이 되어야 한다. 인자는 섬김을 받으러 온 것이 아니라 섬기러 왔으며, 많은 사람을 위하여 자기 목숨을 대속물로 내 주러 왔다.(마 20:25-28 표준새번역)

주님께서는 결코 인간 세상의 윗가지가 되기 위해 이 땅에 오신 것이 아니었다. 포도나무이신 그분은 동시에 인간을 위한 생명의 밑가지가 되기 위해 오셨다. 그분은 더러운 인간을 살리시기 위하여 기꺼이 십자가를 지셨고, 우리는 그 십자가 위에서 새 생명을 얻게 되었다. 그러므로 우리의 밑가지 되신 그분이, 당신을 본받아 스스로 밑가지 되려는 자의 삶을 통해 역사하심은 너무나도 당연한 일이 아닐 수 없다.

맺음말

　네덜란드 자유대학의 한스 로크마커 교수가 쓴 〈예술은 변명을 요하지 않는다〉는 책 속에는, 1800년대 일본의 대표적 화가였던 후쿠사이에 대한 일화가 소개되어 있다.
　어느 날 친한 친구가 후쿠사이를 찾아와 수탉 그림을 그려 달라고 부탁했다. 수탉을 그려본 적이 없는 후쿠사이는 친구에게 일주일 후에 오라고 했다. 일주일 후에 친구가 찾아오자 후쿠사이는 이번에는, 이주일 후에 보자고 했다. 이주일 후엔 두 달, 두 달 후에는 6개월—이런 식으로 약속을 미루다가 어느덧 3년이란 세월이 흘러가 버리고 말았다.
　3년째가 되는 날에도 후쿠사이는 또 약속을 미루려 했다. 친구는 더 이상 참지 못하고 후쿠사이에게 버럭 화를 내고 말았다. 그 모습을 본 후쿠사이는 말없이 종이와 물감을 가지고 오더니, 그 즉석에서 순식간에 수탉을 그려 주는 것이었다. 완성된 그림이 얼마나 완벽한지 마치 살아 있는 수탉을 보는 것 같았다. 그 그림은 친구를 기쁘게 만들기보다는 도리어 그의 화를 더욱 돋우고 말았다. 친구는 후쿠사이에게, 이처럼 순식간에 그릴 수 있는 그림을 왜 3년씩이나 기다리게 했느냐며 따지고 들었다. 그러자 후쿠사이는 말없이 친구를 자신의 화실로 데리고 들어갔다. 크나큰 화실의 사방 벽 앞에는, 3년 동안 후쿠사이가 밤낮으로 습작한 수탉의 그림이 산더미처럼 쌓여 있었다.

후쿠사이가 마치 살아 있는 것 같은 수탉을 그릴 수 있었던 것은 저절로 된 일이 아니었다. 그것은 3년 간 밤낮에 걸친 훈련의 결과였다. 그래서 로크마커 교수는, 예술은 변명을 요하지 않는다고 말하는 것이다. 무릇 예술가로 살아갈 것을 결심한 자라면 타고난 재능이 있기 때문이다. 그러나 타고난 재능만으로 예술가가 되는 것은 아니다. 타고난 재능은 기본이요, 그 기본 위에 후천적인 훈련이 중단 없이 수반될 때에만 한평생 예술가로 살아갈 수 있다. 그렇기에 예술가의 작품은 변명을 필요로 하지 않는다. 훈련에 정진했다면 명품일 것이요, 그렇지 않다면 명품일 까닭이 없다.

믿음도 이와 같아서 믿음 역시 변명을 필요로 하지 않는다. 우리가 길이요 진리요 생명이신 주님을 믿을 때에 주님 안에서 구원받은 크리스천이 된다는 것은 기본이다. 그러나 크리스천이라고 해서 다 같은 크리스천인 것은 절대로 아니다. 크리스천다운 크리스천이 있는가 하면 도리어 보기에 민망한 크리스천 또한 부지기수다. 믿음으로 구원받는 것이 기본이라면, 매사에 구원받은 자답게 살아가는 신실하고 참다운 크리스천이 되는 것은 철저하게 훈련의 문제이다.

사랑하는 청년들이여!

그대가 정녕 포도나무이신 그리스도의 가지 된 크리스천이라면, 천지를 창조하신 하나님께서 그대 인생의 농부이심을 믿으라. 하나님께서 창조하신 천지가 그대를 위한 하나님의 역사의 마당임을 믿으라. 하나님께서 한 치의 오차도 없이 빚으시는 내일이 그대를 향해 다가오고 있음을 믿으라. 그 믿음으로 까치마저 고마워할 수 있는 삶을 훈련하라. 만사의 때를 하나님께 맡기는 삶을 훈련하라. 신실하고 참되신 주님의 이름에 합당한 바른 기도의 삶을 훈련하라. 이 세상 사람들을 위해 기꺼이 밑가지가 되는 삶을 훈련하라. 그리할 때 의심의 여지없이, 변명을 필요로 하지 않는 진정한 믿음의 사람이 될 것이다.

왠지 아는가? 그 같은 믿음으로 살아가는 그대를, 그대의 농부이신 하나님께서 친히 가꾸어 주실 것이기 때문이다. 천지를 창조하신 당신의 전능하신 능력으로 말이다.

사랑의 하나님 아버지!
전혀 보잘것없는 나를 사랑하시어
포도나무이신 예수 그리스도의 가지로 접붙여 주시고,
친히 내 인생의 농부가 되어 주심을 진심으로 감사드립니다.
하나님께서 창조하신 천지를 주시고, 한 치의 오차도 없이
오묘하게 내일을 빚어 주고 계시니 더욱 감사합니다.
이제부터 인생의 농부이신 하나님께, 나의 인생을
온전히 맡기는 믿음의 용기를 허락하여 주십시오.
하나님의 손길 속에서 변명을 필요로 하지 않는,

참으로 신실한 크리스천으로 날로 빚어지게 해 주십시오.
그 신실함으로 이 불의한 세상을
새롭게 하는 밑가지, 밑거름이 되는 기쁨을
주님 안에서 누리게 해 주십시오.
아멘.

03

구원 그 영원성

이스라엘 자손이 라암셋에서 발행하여 숙곳에 진 쳤고 숙곳에서 발행하여 광야 끝 에담에 진 쳤고 에담에서 발행하여 바알스본 앞 비하히롯으로 돌아가서 믹돌 앞에 진 쳤고 하히롯 앞에서 발행하여 바다 가운데로 지나 광야에 이르고 에담 광야로 삼 일 길쯤 들어가서 마라에 진 쳤고 마라에서 발행하여 엘림에 이르니 엘림에는 샘물 열 둘과 종려 칠십 주가 있으므로 거기 진 쳤고 엘림에서 발행하여 홍해 가에 진 쳤고 홍해 가에서 발행하여 신 광야에 진 쳤고 신 광야에서 발행하여 돕가에 진 쳤고 돕가에서 발행하여 알루스에 진 쳤고 알루스에서 발행하여 르비딤에 진 쳤는데 거기는 백성의 마실 물이 없었더라

민수기 33:5-14

기적 중의 기적

사랑은 전적 수용

2년 전 남아프리카 공화국의 흑인 빈민촌 마자까넹(Majakaneng)에서 사흘을 지낸 적이 있다. 흑인 빈민 6천여 명이 집단 거주지를 이루고 있는 전형적인 빈민촌인 그곳에, 당시 한인 선교사로서는 고명수 선교사님이 유일하게 흑인 빈민을 위한 교회를 세우고 그들을 위해 자신의 삶을 바쳐 헌신하고 있었다.

마침 내가 갔을 때엔 고 선교사님의 사모님이 한국을 방문중이어서, 그 넓은 동네에서 흑인 아닌 사람은 고 선교사님과 나, 이렇게 단 두 사람뿐이었다. 낮에 교회로 가면 온통 흑인 천지였다. 밤에 고 선교사님의 숙소에 가도 그곳 역시도 흑인들이 있었다. 고 선교사님이 흑인 중학생 세 명과 가족처럼 함께 사는 까닭이었다. 말하자면 나는 그 사흘 밤낮을 온통 흑인들 틈에서 산 셈이었다.

사흘째 되는 날은 주일이었다. 무려 300명이나 되는 흑인들이 교회로 몰려왔다. 예배당이 좁았기에 흑인들과 몸을 완전 밀착하고 앉지 않으면 안 되었다. 그곳이 무더운 아프리카임을 감안한다면 예배당 속의 공기가 어떠했을지는 능히 짐작할 수 있으리라.

오후 찬양예배에 이르기까지 모든 순서를 다 마치고 고 선교사님의 숙소로 향할 때, 나는 다소 어지럼증을 느꼈다. 흑인 틈에서 사흘 밤낮을 지내다 보니, 우리와는 전혀 다른 그들의 체취로 인한 역겨움이 내 인내의 한계를 넘어선 까닭이었다. 그래서 나는 고 선교사님께 물었다. 혹 흑인들의 체취로 인한 어려움이 없느냐고 말이다. 고 선교사님은, 처음엔 어려움이 없었던 것은 아니나 지금은 흑인들에게서 그 어떤 냄새도 나지 않는다고 대답했다. 그 대답을 듣는 순간 잊고 있었던 생각이 불현듯 떠올랐다.

아이들이 어렸을 때 아이들의 요구에 따라 집에서 개를 키운 적이 있었다. 마당에서 사는 개 한 마리와 집 안에서 사는 애완용 개, 이렇게 두 마리였다. 그런데 나는 이상하게도 개 냄새가 싫었다. 어쩌다 개가 나의 품에 안기기라도 하면 하루 종일 내 몸에서 개의 역겨운 냄새가 나는 것 같았다. 자연히 나는 개를 피해 다니며 살 수밖에 없었다. 그러던 어느 날, 나는 매우 놀라운 사실을 발견하였다. 언제부턴가 개의 냄새가 나지 않는다는 것이었다. 개가 내 품에 안기는 정도가 아니라 아예 뒹굴어도 전혀 역겨운 냄새가 나지 않았다. 나는 그제야 내가 정말 개를 사랑하고 있음을 깨달았다.

사랑한다는 것은 사랑하는 대상의 전적 수용을 의미한다. 누구를 사랑한다면서도, 그 사람의 어떤 부분은 제외한 채 나머지 부분만을 사랑하겠다는 것은 이기심일 뿐 참된 사랑이 아니다. 사랑은 상대의 전(全) 존재를, 상대의 모든 것을 빠짐없이 수용하는 것이다. 그러므로 개를 사랑하는 이에게는 개 냄새가 역겨울 수가 없다. 개를 사랑한다는 것은 개 냄새까지 수용하는 것이기 때문이다. 이런 의미에서 흑인 빈민들에게서 아무 냄새도 맡을 수 없다는 고 선교사님의 말에, 흑인 사랑에 관한 한 나는 멀어도 아직 한참 멀었음을 통감하지 않을 수 없었다. 흑인 속에서 겨우 사흘을 지내고서 어지럼증으로 괴로워한다는 것 자체가, 아직까지 내가 흑인을 온전히 받아들이지 못하고 있다는 반증이었다.

'거부'가 판치는 세상

오스트리아, 벨기에, 독일, 프랑스 등 유럽 각국에서는 외국인을 혐오하면서 외국인 이민자를 추방해야 한다는 정당이나 단체들이 날로 기승을 부리고 있다. 북 아일랜드에서는 같은 크리스천이면서도 신교도와 구교도 사이의 해묵은 분쟁이 더욱 심화되고 있다. 스페인에서는 바스크 분리주의자들의 폭탄 테러가 거의 두 주일마다 한 건씩 터지고 있다. 중동에서는 이스라엘과 팔레스타인 간의 유혈충돌이 해결될 기미가 보이지 않는다. 아프가니스탄에서는 9·11 테러에 대한 미국의 보복 전쟁이 이 글을 쓰고 있는 현재까지도 진행 중이다. 스리랑카와 인도네시아에서도 피비린내 나는 인종분규가 계속되고 있다. 이 모든 분쟁과 분규의 원인은 결국 나와 다른 사람을 받아들이지 않으려는 데 있다.

굳이 다른 나라의 예를 들 것도 없이 우리의 경우는 어떠한가? 우리는 단일민족임을 자랑하고 있다. 단일민족이란 모두가 한 핏줄이란 말이다. 그런데도 우리는 서로를 수용하지 못해 동족상잔의 비극을 겪었던 민족이다. 3년에 걸친 한국전쟁 동안 남한측 사상자는 230만 명, 북한측은 292만 명이었다. 남북한 합하여 무려 522만 명의 사상자가 난 것이다. 당시 남북한 인구가 통틀어 3천만 명에 불과하였으니 노인과 여자 그리고 어린이를 제외하고 나면, 성인 남자 두세 명당 한 명은 죽거나 다친 셈이다. 그러나 그게 다가 아니다. 중공군 사상자 90만 명, 유엔군 사상자 15만 명을 합치면 한국전쟁의 총 사상자는 물경 627만 명에 달한다. 참으로 끔찍한 일이 아닐 수 없다. 한국전쟁이 세계전사에서, 동족끼리의 전쟁치고 가장 참혹한 전쟁으로 기록된 것은 이 가공스런 사상자의 숫자에 연유하고 있다. 서로 수용하는 데 너그러웠던들 치르지 않아도 될 가혹한 대가였다.

우리가 우리끼리만 서로 수용하기를 꺼려했던 것은 아니다. 세계에서 가장 현실적응력이 강한 민족으론 단연 중국인이 꼽힌다. 세계 어느 나라를 가도 중국인이 없는 곳은 없다. 그러나 그 적응력 강한 중국인이 뿌리내리기를 실패한 유일한 나라가 있으니, 그곳이 바로 한국이다. 한때 소공동 일대와 명동 입구, 그리고 인천에 자리잡고 있던 화교(華僑) 사회는 그들에 대한 한국 정부의 차별정책과 한국인의 배타성을 이기지 못해 무너져, 대부분의 화교들은 다른 나라로 이주해 버리고 말았다. 오늘날 한국에서 일하고 있는 제3세계 근로자들 중에서 얼마나 많은 사람들이 인권의 사각지대에 버려져 있는지, 악덕 기업주에 의해 얼마나 비인간적인 대우를 받고 있는지는 이미 널리 알려진 사실이다. 이것은 우리가, 우리 아닌 타인을 수용하는 데 더욱 인색함을 보여 주는 증거들이다.

우리가 얼마나 우리와 다른 타인을 수용하기를 꺼려하는지를 보여 주는 좋은 예가 또 있다. 우리에겐 다른 나라에서는 찾아볼 수 없는 용어가 있다. '국제' 결혼이라는 말이다. 한국인이 외국인과 결혼하면 이를 두고 우리는 국제결혼이라 한다. 소위 지식인임을 자처하는 이들까지도 이 용어를 쓰는 데 아무 거리낌이 없다. 외국인과의 결혼이 국제결혼이라면 내국인끼리의 결혼은 국내결혼이란 말인가? 결혼은 인간과 인간의 결합을 의미한다. 국적이 다르다고 해서 결혼의 내용이나 질이 달라지는 것이 아니다. 그러므로 국제결혼이란 말 자체가 어불성설이다. 그럼에도 유독 세계화를 부르짖는 오늘까지도 우리가 그 용어를 당연한 듯 사용하고 있다는 것은, 그만큼 우리가 우리와 다른 타인에 대해 배타적임을 일깨워 주고 있다.

'데코마이', 하나님의 전적 수용

모든 인간은 두 눈과 두 귀, 한 코와 한 입을 지니고 있다. 머리는 하나요, 팔과 다리는 둘씩이며 손가락과 발가락은 각각 열이다. 어느 나라 어느 민족 어떤 인종이라 할지라도 다 동일하다. 차이가 있다면 단지 언어와 문화, 역사와 피부색깔, 사상과 체취 등이다. 그렇더라도 공통점에 비한다면 그 차이란 대수로운 것이 아니다. 그러나 인간은 그 작은 차이로 인해 같은 인간을 받아들이는 데 인색하기 짝이 없다. 아니 인색한 정도가 아니라 폭행에 살인마저 서슴지 않는다. 인간이 같은 인간을 수용하는 것이 이렇듯 어려운 일이라면, 하나님께서 인간을 수용하신다는 것은 아예 불가능하지 않겠는가? 하나님께서는 인간과는 전혀 다른 분이시기 때문이다.

하나님께서는 창조주이신데 반해 인간은 피조물에 지나지 않는다. 하나님은 영원하시나 인간은 유한한 존재에 불과하다. 하나님께서는 거룩하시나 인간은 죄의 악취를 풍기는 추악한 죄인일 따름이다. 이처럼 하나님과 인간은 본질적으로 다르다. 그러므로 하나님께서 당신과는 본질적으로 다른 인간을 수용해 주신다는 것은 상상하기조차 어렵다. 그럼에도 하나님께서 하찮기 짝이 없는 인간을 받아 주셨다는 데 우리의 놀라움이 있다. 인간에게 그만한 가치가 있었기 때문인가? 신명기 7장 7절은 전혀 그렇지 않음을 밝혀 주고 있다.

> 여호와께서 너희를 기뻐하시고 너희를 택하심은 너희가 다른 민족보다 수효가 많은 연고가 아니라 너희는 모든 민족 중에 가장 적으니라

당시 이스라엘은 모든 민족 중에 가장 수효가 적은 민족이었다. 그때는 모든 것이 숫자에 의해 평가될 때였다. 자식의 수도 많아야 하고 가축의 수도 많아야 하고 민족의 수도 많아야만 했다. 수(數)란 부와 존귀의 상징인 동시에 그 자체가 곧 인격이었다. 이러한 시대에 하나님께서는 수적으로 가장 적고 열등하던 이스라엘을 당신의 선민으로 택해 주셨다. 이유는 오직 하나—당신의 사랑이었다. 중요한 것은 이 이스라엘이 바로 우리 자신이라는 사실이다. 하나님께서 우리를 받아 주신 것은 결코 우리의 위대함 때문이 아니다. 우리는 누구보다도 더 적고 형편없고 빈약한 인간이었음에도 불구하고 우리를 택해 주셨다. 당신의 일방적인 사랑으로 말이다.

그렇다면 하나님께서 우리를 사랑하실 수밖에 없도록, 비록 적을

망정 우리에게 사랑스런 면이라도 있었던가? 그것도 아니었다.

> 내가 네 곁으로 지나갈 때에 네가 피투성이가 되어 발짓하는 것을 보고 네게 이르기를 너는 피투성이라도 살라 다시 이르기를 너는 피투성이라도 살라 하고(겔 16:6)

사랑스럽기는커녕 우리는 역겨운 죄의 피비린내를 풍기며 버려진 더러운 존재에 지나지 않았다. 그럼에도 하나님께서는 우리를 받아 주셨다. 그것도 건성으로 혹은 형식적으로가 아니었다.

성령님의 인도하심으로 가이사랴의 고넬료를 만난 베드로는 그의 깨달음을 이렇게 피력하였다.

> 내가 참으로 하나님은 사람의 외모를 취하지 아니하시고 각 나라 중 하나님을 경외하며 의를 행하는 사람은 하나님이 받으시는 줄 깨달았도다(행 10:34-35)

하나님께서 이방인마저도 받아 주시는 것을 깨달은 데 대한 감탄의 고백이다. 그도 그럴 것이 유대인이었던 베드로는 유대인만 하나님의 선민이라 믿고 있었기에 하나님께서 이방인마저 받아 주시리라고는 생각조차 못했던 것이다. 더욱이 본문에 사용된 '받으신다'는 그리스어 동사 '데코마이'(dekomai)는, '온 지성을 다해 영접하신다'는 뜻이다. 베드로가 하찮게 여기던 이방인을 하나님께서 온 지성을 다해 영접하시니 베드로가 놀라고 감탄치 않을 수 없었던 것이다. 베드로가 그렇듯 놀라워해 마지않았던 그 이방인이란 바로 우리 자신이다. 하나님께서는 우리를 받아 주시되 건성으로가 아니라, 당신의 지성을 다해 우리를 영접해 주신 것이다. 그렇지 않고서야 우리가 오늘 이렇듯 하나님의 사람으로 존재하고 있을 수는 없을 것이다.

인간은 같은 인간을 받아들이지 못해 싸우고 죽이기까지 하는 판에, 인간과는 본질적으로 다르신 하나님께서 당신의 온 지성을 다해 인간을 영접해 주시고 계신다면, 이것이야말로 기적 중의 기적이다. 신이 인간을 영접해 주신다는 것보다 더 큰 기적이 어디에 또 있겠는가? 진실로 하나님은 사랑이시다. 그렇지 않고서야 인간에게 어찌 이 엄청난 기적을 베풀어 주실 수 있겠는가?

이처럼 더러운 죄의 역겨운 악취나 풍기던 피투성이의 나를 사랑해 주시고 온 지성을 다해 영접해 주신 하나님의 기적을 믿는다면, 눈앞에 전개되는 상황에 따라 일희일비하던 미숙함에서 탈피하여 하나님의 본심을 신뢰하는 성숙자가 되어야 한다. 자식이 부모의 본심을 알기 전까지는 성숙한 자식일 수가 없다. 하나님과 우리의 관계도 마찬가지다.

> 저가 비록 근심케 하시나 그 풍부한 자비대로 긍휼히 여기실 것임이라 주께서 인생으로 고생하며 근심하게 하심이 본심이 아니시로다 (애 3:32-33)

그렇지 않은가? 하나님께서 당신의 지성을 다해 우리를 영접하시는 기적을 베풀어 주셨거늘, 어찌 우리를 근심케 하시는 것이 그분의 본심일 수 있겠는가? 설령 근심스런 상황이 닥치더라도 그 상황을 통하여 나에게 더 귀한 것을 주시고자 함이 그분의 본심 아니겠는가? 그러니 우리는 모두 그분의 본심을 읽어 가는 성숙하고도 사려 깊은 크리스천이 되어야 한다.

하나님의 본심 I

　구약성경 민수기 33장에는 이스라엘 백성의 출애굽 경로가 기록되어 있다. 그 이전까지 이스라엘 백성은 이집트에서 노예생활을 하였다. 노예의 특성은 가진 것이 없고 더러우며 비굴하다는 데 있다. 빵 한 조각을 위해 얼마든지 거짓된 행동과 말을 할 수 있다. 그리고 그들의 관심은 오직 육신의 일뿐이다. 그런데도 하나님께서는 그 노예들을 영접해 주시고 출애굽의 영광을 안겨 주셨다.
　이 노예들은 곧 우리 자신이다. 진리에 대해서는 무지하던 우리, 더러운 욕망과 죄의 노예가 되어 목전의 이득을 위해 양심 저버리기를 꺼려하지 않던 비굴한 우리, 오직 썩어 없어질 육체만을 위해 고귀한 생명을 갉아먹던 우리 자신 말이다. 그러나 하나님께서는 우리를 영접해 주시고, 죄와 사망과 죽음의 노예 상태로부터 출애굽시켜 주셨다. 따라서 본문에 나타난 출애굽 여정은 곧 우리 자신의 인생 여정이다. 이 여정이 보배롭기 그지 없는 것은, 바로 이 여정이 우리를 향한 하나님의 본심을 여실히 보여 주고 있기 때문이다.

출애굽은 실패한 여정?

민수기 33장은 이렇게 시작되고 있다.

> 이스라엘 자손이 모세와 아론의 관할 하에 그 항오대로 애굽 땅에서 나오던 때의 노정이 이러하니라(1절)

출애굽을 관할한 지도자는 모세와 아론 형제였다. 그러나 그들이 지도자였다고 해서 출애굽의 여정마저 그들이 직접 결정한 것은 아니었다.

> 모세가 여호와의 명대로 그 노정을 따라 그 진행한 것을 기록하였으니 그 진행한 대로 그 노정은 이러하니라(2절)

출애굽의 모든 여정은 하나님께서 친히 결정하시고 명령하신 것이었다. 모세는 단지 하나님의 명령에 따라 나아갔을 뿐이다. 하나님께서 당신이 사랑하시는 이스라엘 백성을 위하여 직접 결정하신 여정이라면, 그 여정은 최고최선의 여정일 것임이 분명하다.

이제 그 여정을 살펴보기 전에 우리는 먼저 한 가지 의문을 제기할 수밖에 없다. 왜 이집트의 파라오가 이스라엘 노예들을 풀어 주었는가, 하는 것이다. 당시 노예는 국부(國富)의 원천이었다. 오늘날의 산업시설과 인력을 대신하는 것이 노예였다. 그때 이스라엘 노예의 수는 남자 장정만 60만 명이었다. 여기에서 장정이란 가장(家長)을 의미한다. 곧 60만 가구의 사람들이 모두 노예였다. 만일 당시 가족 구성이 남편과 아내 그리고 자녀 둘에 양가 부모 중 한 명으로 이루어져 있었다면 한 가구당 인원은 5명이 되고, 60만 가구 전체의 인구수는 300만 명―곧 노예의 수가 300만 명에 달하게 된다. 이 정도라면 이집트의 부를 계속 지탱시켜 주기에 절대적으로 필요한 수였다. 그런데 왜 파라오는 이집트 국부의 원천인 그 많은 노예들을 해방시켜 주었는가?

이 질문에 대한 해답은 본문 3-4절이 제시해 주고 있다.

> 그들이 정월 십오 일에 라암셋에서 발행하였으니 곧 유월절 다음 날이라 이스라엘 자손이 애굽 모든 사람의 목전에서 큰 권능으로 나왔으니 애굽인은 여호와께서 그들 중에 치신 그 모든 장자를 장사하는 때라 여호와께서 그들의 신들에게도 벌을 주셨더라

이집트의 파라오가 이스라엘 노예들을 풀어 주지 않을 수 없었던 직접적인 동기는 유월절이었다. 유월절이란 이스라엘 백성을 끝까지 노예로 붙잡아 두려던 이집트의 파라오가 이스라엘을 풀어 주지 않을 수 없도록, 하나님께서 이집트 전역에 있는 사람의 장자와 짐승의 첫새끼를 치신 날이다. 그러나 이스라엘 백성에게는 양의 피를 집 문틀에 발라 둘 것을 명령하셨다. 그 이유가 무엇이었던가?

> 내가 그밤에 애굽 땅에 두루 다니며 사람과 짐승을 무론하고 애

굽 나라 가운데 처음 난 것을 다 치고 애굽의 모든 신에게 벌을 내리리라 나는 여호와로라 내가 애굽 땅을 칠 때에 그 피가 너희의 거하는 집에 있어서 너희를 위하여 표적이 될지라 내가 피를 볼 때에 너희를 넘어가리니 재앙이 너희에게 내려 멸하지 아니하리라 (출 12:12-13)

하나님께서 이스라엘에게 양의 피를 문틀에 발라 두게 하신 것은 이집트 사람과 이스라엘 사람을 구별하시기 위함이었다. 이집트 전역 사람의 장자와 짐승의 첫새끼를 치실 때 양의 피가 문틀에 발라져 있으면 이스라엘 사람의 집인 줄 아시고, 하나님의 심판이 그 집을 뛰어 넘어가게 하시기 위함이었다.

찰튼 헤스턴이 주연한 영화 '십계'는 이 장면을 극적으로 보여 주고 있다. 하나님 심판의 기운이 안개의 모양으로 땅에 낮게 깔려 이집트 전역을 덮친다. 그리고 이집트인들의 문틈 사이로 그 심판의 기운이 집안으로 스며듦과 동시에 그 집에서는 곡성이 터진다. 장자가 죽은 것이다. 그러나 양의 피가 문틀에 발라져 있는 이스라엘 사람들의 집에 이르면 심판의 기운이 그 집을 뛰어넘는다. 그 집안에 있는 사람들의 연령, 성별, 상태에 상관없이 그들은 모두 무사히 구원을 얻는다. 하나님의 심판이 뛰어 넘어갔기 때문이다. 그래서 그 날을 유월절(Passover)이라 부르는 것이다.

유월절을 가리키는 히브리어 '페싸흐'(peçach)는 동사 '파싸흐'(paçach)에서 파생되었는데, 그 의미는 '뛰어넘는다'는 것이다. 이 단어를 영어 성경은 'passover'라 번역하였는데, 이 역시 '뛰어넘는다'는 뜻이다. 그리고 우리말 성경은 '넘을 유(逾)' 자에 '넘을 월

(越)'자를 더하여 유월절(逾越節)이라 옮겼다. 이 또한 '뛰어넘는다'는 말이다. 모두 하나님의 심판이 뛰어넘었음을 강조하기 위함이다.

이처럼 하나님의 심판이 이집트엔 임했지만, 그러나 이스라엘 집만은 뛰어넘었던 유월절이 출애굽의 직접적인 동기였다. 이 유월절을 일단 염두에 두고, 본문 5절에서부터 나타나 있는 출애굽의 여정을 살펴보자. 그런데 희한하게도 본문 14절이 다음과 같은 사실을 전해 주고 있다.

알루스에서 발행하여 르비딤에 진 쳤는데 거기는 백성의 마실 물이 없었더라

하나님께서 이스라엘 백성을 위해 친히 빼시고 빼시어 정하신 여정이라면 응당 최고최선의 여정이어야 할 것임은 이미 언급한 바와 같다. 그런데 이스라엘 백성이 하나님께서 정하신 노정을 따라 르비딤에 이르고 보니 그곳은 마실 물이 전혀 없는 곳이었다. 하나님께서 인도하신 곳이라면 물이 철철 흘러 넘쳐야 마땅할 것이다. 그러나 현실은 정반대였다. 태양이 작열하는 그 광야 위엔 마실 물이라곤 단 한 방울도 없었다. 그뿐만이 아니었다. 민수기 33장에 기록되어 있는, 르비딤에 이르기까지의 전(全) 여정을 보더라도 온통 문제 투성이였음을 알게 된다.

에담에서 발행하여 바알스본 앞 비하히롯으로 돌아가서 믹돌 앞에 진 쳤고 (7절)

하나님의 인도하심을 따라 이스라엘 백성이 진을 쳤던 "믹돌 앞"이란 바로 '홍해 앞'이었다. 앞으로는 폭 32킬로미터의 홍해가 가로막혀 있고, 뒤로는 이집트와 연결되는 벌판이 펼쳐져 있다. 만약 전략을 조금이라도 아는 자라면 절대로 진을 쳐서는 안 될 곳이었다. 적군이 기습해 온다면 피할 길 없이 전멸할 수밖에 없는 터진 웅덩이와 다름없었다. 실제로 변심한 이집트의 파라오가 전 군대를 이끌고 추격해 왔을 때 이스라엘 백성이 몰살당할 뻔했던 곳이 바로 여기였다. 게다가 여정은 다음과 같이 이어지고 있다.

홍해 가에서 발행하여 신 광야에 진 쳤고(11절)

이스라엘 백성이 하나님께서 정하신 신 광야에 이르렀을 때에는 마침 이집트에서 가지고 나온 양식이 다 떨어졌을 때였다. 그런 상황에서 하나님께서 인도해 가신 곳이라면, 그곳은 젖과 꿀이 넘치는 땅이어야만 했다. 그러나 쌀 한 톨은 고사하고 풀 한 포기 없는 황량한 광야였을 뿐이다. 그리고 르비딤에 이르렀을 때엔 마실 물조차 한 방울도 없는 곳이었다. 그 뜨거운 폭염 속에서 말이다.

이렇게 하나하나 따지고 보면 하나님께서 정해 주신 여정은 가서는 안 될 곳이 대부분이었다. 예를 들어, 여행사 가이드를 따라 나선 관광길이 이런 식이라고 가정해 보자. 어떤 호텔에선 불량배의 습격으로부터 구사일생으로 살아나고, 또 다른 호텔에선 식사가 제공되지 않고, 그 다음 호텔에선 목욕탕에 물이 나오지 않는다면 어떻게 되겠는가? 그 가이드는 당장 파면당할 것이고, 관광객들은 환불 요구에 피해 배상 청구까지 하지 않겠는가? 지금 이스라엘 백성이 하나님의 인도하심을 따라 나선 여정이 이와 다르지 않다. 그렇다면 하나님께서 정하신 출애굽 여정은 과연 실패한 여정인가? 결코 아니다. 전능하신 하나님께 실패란 있을 수 없다. 이 여정이 정녕 실패가 아니라면, 하나님께서 그토록 사랑하시는 이스라엘 백성을 하필이면 이런 곳으로만 인도해 가셨던 하나님의 본심은 무엇이란 말인가?

홍해, 신 광야, 르비딤이 의미하는 것

그것은 무엇보다도 먼저 하나님 당신이 어떤 분인지를 이스라엘 백성에게 친히 가르쳐 주시기 위함이었다. 말하자면 가서는 안 될 곳처럼 보이는 그 각각의 장소들은 이스라엘 백성을 위한 하나님의 교육장이었던 것이다.

먼저 홍해를 생각해 보자. 마음이 변한 파라오가 그 무시무시한 전차부대를 앞세우고 추격해 오자, 그 위세에 압도당한 이스라엘 백성은 절망적인 공포에 휩싸이고 말았다. 그들은 입을 모아, "이집트에 매장지가 없어 우리를 이 광야로 불러내어 죽게 하느냐"며 모세를 원망하였다. 그들이 보기에 홍해와 이집트 전차부대 사이에 갇힌 그들 자신은 영락없이 죽은 목숨이었기 때문이다. 그때 그들을 그곳으로 인도해 가셨던 하나님께서는 어떻게 하셨던가? 그들 앞을 가로막고 있는 폭 32킬로미터의 홍해를 가르시고, 그 바다 사이의 길로 나아가게 하셨다.

출애굽기 14장 21절은 이때 그 바다 사이로 마른 땅이 나왔다고 전해 주고 있다. 썰물 때에 인천 앞바다에 나가 보라. 바닷물이 빠져 나간 그곳에 남은 것은 갯벌이다. 만약 갈라진 홍해 사이에 갯벌이

펼쳐져 있었더라면 노약자는 말할 것도 없고, 장정이라도 폭 32킬로미터의 갯벌을 건너기란 결코 쉽지 않았을 것이다. 그러나 방금 갈라진 바다 사이에는 놀랍게도 마른 땅이 펼쳐져 있었다. 마치 물에 젖은 갯벌을 순식간에 다림질이라도 해낸 것처럼 말이다. 그래서 남녀노소 할 것 없이 이스라엘 백성은 모두 육지를 걷듯 바다 사이를 걸어갔다.

이미 언급한 것처럼 이때 이스라엘 백성의 수는 300만 명에 달했다. 그들은 지금 몸만 출애굽한 것이 아니다. 그들은 저마다 짐 보따리에 가축을 끌고 있다. 따라서 앞뒤 사람이 아무리 밀착하여 대오를 이루고 있다 해도 그 간격은 최소한 1미터 이상이었을 것이다. 그러나 계산하기 편하게 1미터였다고 가정하자. 만약 그들이 홍해를 건너갈 때의 대오가 100열 종대를 이루고 있었다면 그 대오의 길이는 무려 30킬로미터에 이른다. 즉 홍해에 첫발을 디딘 처음 100명이 홍해 건너편에 당도할 즈음에야 마지막 100명이 홍해 속으로 들어가게 되는 셈이다. 만약 대오가 500열 종대였다면 대오의 총 길이는 6킬로미터, 1000열 종대였더라도 대오의 길이는 3킬로미터에 이르게 된다. 이 모습을 머릿속에 그려 보라. 참으로 엄청난 대열이 아닐 수 없다. 이 엄청난 인파의 대열이 폭 32킬로미터의 홍해를 다 건너기 위해서는 시간 또한 무척이나 소요되었을 것이다. 그러나 마지막 한 사람 빠짐없이 모두 홍해를 안전하게 건너기까지 갈라진 바다는 그대로 물벽을 이루고 있었다. 하나님의 능력으로 인함이었다.

바로 이것이 하나님께서 이스라엘을 홍해 앞으로 인도해 가신 까닭이었다. 하나님께서 당신 자신을 이스라엘에게 알리시기 위함이었다.

– 애들아, 나 여호와는 이처럼 바다를 주관하는 하나님이란다.

이스라엘 백성이 노예생활을 하던 이집트는 잡신(雜神)의 세계였다. 크고 힘이 있어 보이거나 희한한 것은 모두 신으로 간주되었다. 그래서 하늘도 신, 바다도 신, 산도 신, 심지어는 뱀이나 송아지까지도 신으로 숭배되었다. 그런 세상에서 무려 400년을 살았으니 이스라엘 역시 그 영향을 받지 않았을 리가 없다. 하나님께서는 그들의 그릇된 신관을 바로 잡아 주시기 위해 먼저 그들을 홍해로 데리고 가신 것이다. 바다는 신이 아니라 하나님의 피조물에 지나지 않음을 직접 가르쳐 주시기 위함이었다. 그것은 홍해―바로 그곳에서만 가능한 일이었다.

이번에는 신 광야를 생각해 보자. 양식이 떨어져 버린 이스라엘을 하나님께서 인도해 가신 곳이 신 광야였다. 그러나 눈을 씻고 보아도 먹을 것이라곤 티끌만큼도 없는 불모의 땅이었다. 그 사실을 확인한 이스라엘 백성은 또 다시 모세를 원망하고 나섰다.

> 우리가 애굽 땅에서 고기 가마 곁에 앉았던 때와 떡을 배불리 먹던 때에 여호와의 손에 죽었더면 좋았을 것을 너희가 이 광야로 우리를 인도하여 내어 이 온 회중으로 주려 죽게 하는도다
> (출 16:3)

그도 그럴 것이, 동서남북 그 어디에도 풀 한 포기 보이지 않는 그 광야 위에선 죽음 이외의 다른 선택이란 있을 수 없었기 때문이다.

그런데 그 불모의 광야 위에서 하나님께서 무엇을 하셨던가? 이

스라엘 백성이 상상치도 못한 만나와 메추라기로 그들을 매일 배불리 먹이셨다. 출애굽기 16장 4절은 만나와 메추라기가 날마다 비 같이 내렸음을 밝혀 주고 있다. 비처럼 내리지 않고서야 300만 명에 이르는 인파가 배불리 먹을 수는 없었을 것이다. 중요한 것은 만나와 메추라기가 매일 하늘에서 내렸다는 사실이다. 그들은 하늘에서 비처럼 내리는 양식을 누렸다. 날이면 날마다 말이다. 그래서 그들은 날이면 날마다 양식이 떨어져 내리는 하늘을 우러러 보지 않을 수 없었다.

이것이 하나님께서 그들을 불모의 땅인 신 광야로 인도해 가신 연유이다. 매일 만나와 메추라기가 떨어지는 하늘을 우러러 보는 이스라엘 백성들에게 이 사실을 가르쳐 주시기 위함이었다.

– 애들아, 하늘마저도 나 여호와의 장중에 있단다.

하늘 역시도 하나님의 피조물이요, 하나님의 주관 하에 있음을 이스라엘 백성에게 교육시키기에는 신 광야보다 더 좋은 곳이 없었다.

다음은 르비딤이다. 하나님께서 정하신 여정을 따라 갔건만 응당 있으리라 믿었던 물은 단 한 방울도 없었다. 백성들은 이번에는 모세를 원망하는 차원을 넘어 여차하면 돌팔매질할 기세였다. 그때 하나님께서는 모세더러 지팡이로 반석을 치게 하셨다. 모세가 하나님의 명령에 순종하는 순간, 놀랍게도 반석에서 물이 터지는 것이었다.

김성일 씨의 희곡 '건너가게 하소서'는 무대공연을 통해 많은 사람에게 큰 감동을 주었다. 출애굽한 이스라엘 백성이 가나안에 이르기까지의 여정을 극화한 이 작품 속에도 본문의 르비딤 장면이 등장한다. 모세로 분장한 임동진 장로님이 하나님의 명령에 따라 지팡이로 반석을 내리쳤다. 그와 동시에 무대 한가운데 있던 반석으로부터 진짜 물이 한 줄기 쪼르르 하고 솟아오르는 것이었다. 마치 조그마한 가정용 분수의 물처럼 말이다. 물론 사실적으로 보여 주려는 연출자의 마음은 충분히 읽을 수 있었지만, 그 장면은 르비딤의 실제 상황과는 거리가 멀어도 너무 멀었다. 차라리 음향이나 영상으로 처리하는 편이 훨씬 나을 뻔하였다. 만약 그때 그 광야의 반석에서 단지 한 줄기의 물이 쪼르르 하고 솟아났다면, 300만 명이나 되는 인파가 그 물을 다 마시기 위해서는 얼마나 많은 시간을 필요로 했겠는가? 아마도 며칠이 걸렸을 것이고 그 와중에서 여러 사람이 갈증을 이기지 못해 죽었을 것이다.

시편 78편 16절은 그때 반석에서 시내가 강처럼 터져 흘렀음을 증거해 주고 있다. 그렇다. 한꺼번에 강이 터지지 않고서는 300만 명의 인파가 도저히 동시에 갈증을 해소할 수는 없다. 인구 300만 명의 도시를 위한 저수지의 크기를 생각해 본다면, 시편의 증언이 얼마나 정확한지를 알 수 있다.

그래서 하나님께서는 이스라엘 백성을 물 한 방울 없는 르비딤으로 인도해 가신 것이었다. 그곳의 반석에서 강이 터져 나게 하심으로 이스라엘 백성에게 이 사실을 알게 하시기 위함이었다.

─ 애들아, 땅도 나 여호와의 것이란다.

땅 역시도 하나님의 것이요, 하나님의 주관 하에 있음을 가르쳐 주시기 위해서는, 바위에서 강이 터지지 않으면 안 되는 르비딤이 가장 좋은 곳이었던 것이다.

이처럼 하나님께서는 당신이 하늘과 땅 그리고 바다, 즉 우주를 주관하시는 유일하신 하나님 되심을 이스라엘 백성들에게 교육시켜 주시기 위해 출애굽의 여정을 그렇게 짜셨던 것이다. 이런 의미에서 출애굽의 여정은 실패작이 아니라 하나님의 걸작품이었다.

그러나 이것만으로는 부족하다. 하나님께서 이스라엘을 위해 이런 여정을 짜신 궁극적인 본심이, 당신께서 온 우주를 주관하는 유일신이심을 가르치는 데에만 있지 않다는 말이다. 소위 유일신을 표방하는 종교는 모두 그들이 믿는 신이 온 우주를 주관하는 유일신이라 주장하기 때문이다. 그렇다면 이와 같은 출애굽의 여정을 친히 만드신 하나님의 본심은 더 깊을 수밖에 없다.

하나님의 본심 II

르비딤에서 드러내신 본심

하나님께서 물 한 방울 없는 르비딤에서 모세로 하여금 지팡이로 반석을 치게 하심으로 강이 터지게 하셨음은 우리가 이미 알고 있는 사실이다. 그런데 여기에서 우리가 절대로 간과해서는 안 될 중요한 사실이 있다. 그때 모세가 자신의 지팡이로 쳤던 것은 흔히 잘못 알고 있는 것처럼, 단순히 반석이 아니었다는 사실이다. 그때의 정황을 전해 주고 있는 출애굽기 17장 5-6절을 자세히 살펴보기로 하자.

여호와께서 모세에게 이르시되 백성 앞을 지나가서 이스라엘 장로들을 데리고 하수를 치던 네 지팡이를 손에 잡고 가라 **내가 거기서 호렙 산 반석 위에 너를 대하여 서리니 너는 반석을 치라** 그것에서 물이 나리니 백성이 마시리라 모세가 이스라엘 장

로들의 목전에서 그대로 행하니라

하나님께서는 모세에게, 하나님 당신이 먼저 반석 위에 서실 것인 즉 바로 그 반석을 치라고 명령하셨다. 영이신 하나님께서는 형체를 갖고 계시지 않다. 만약 형체를 지닌 인간이 반석 위에 선다면 그의 두 발은 반석 위 지극히 한정된 공간을 점할 뿐이므로, 이때 모세는 지팡이로 반석을 칠 수 있다. 그러나 영이신 하나님께서는 공간의 지배를 받지 않으신다. 영이신 하나님께서 반석 위에 거하신다는 것은 편만하게 반석을 덮고 계심을 의미한다. 따라서 모세가 지팡이로 반석을 칠 경우 반석이 맞기 전에, 영이신 하나님께서 먼저 그 지팡이를 맞게 된다. 이 사실을 정확하게 이해하였던 사도 바울은 르비딤 사건을 이렇게 설명하고 있다.

> 형제들아 너희가 알지 못하기를 내가 원치 아니하노니 우리 조상들이 다 구름 아래 있고 바다 가운데로 지나며 모세에게 속하여 다 구름과 바다에서 세례를 받고 다 같은 신령한 식물을 먹으며 다 같은 신령한 음료를 마셨으니 **이는 저희를 따르는 신령한 반석으로부터 마셨으매 그 반석은 곧 그리스도시라**
>
> (고전 10:1-4)

바울은 출애굽의 여정에 관해 설명하면서, 그때 모세의 지팡이를 맞았던 반석이 곧 그리스도—삼위일체 하나님이셨음을 분명히 일깨워 주고 있다. 바로 이것이 이스라엘을 물 한 방울 없는 르비딤으로 인도해 가신 하나님의 본심이었다.

그때까지 인간은, 신이란 존재는 끊임없이 인간의 희생을 요구한다는 그릇된 인식을 지니고 있었다. 그래서 인간은 그들이 만든 신을 향해 사람을 제물로 바치기까지 하였다. 그러나 여호와께서는 당신의 백성을 르비딤으로 데리고 가셔서 당신은, 인간에게 희생을 요구하는 것이 아니라 도리어 인간을 구하기 위해 기꺼이 희생당해 주시는 삼위일체 하나님이심을 드러내 보이셨던 것이다. 인간을 위해 희생당해 주시는 하나님—그것은 하나님께서 직접 보여 주시지 않는 한 인간으로서는 상상치도 못할 일이었다.

바울은 반석이신 하나님과 관련하여 한 가지 더 중요한 사실을 언급하고 있다. 즉 그 반석은 "저희[인간]를 따르는 반석"(rock that accompanied them-NIV)이라는 것이다. 하나님께서 친히 인간을 따라다녀 주신다는 것이다. 그때까지 인간은 인간이 끊임없이 신을 찾아다녀야 한다고 생각하고 있었다. 그러나 하나님께서는 이스라엘을 르비딤으로 인도해 가심으로써 그들의 잘못된 생각을 교정해 주셨다. 즉 여호와는 인간을 위해 희생당해 주실 뿐만 아니라, 인간과 언제나 동행해 주시면서 인간의 반석 되어 주시는 삼위일체 하나님이심을 보여 주셨던 것이다.

바로 이것이 르비딤에서 드러내신 하나님의 본심이다. 그리고 이 사실을 깨닫고 출애굽의 여정을 되돌아보면 그 여정마다에서 하나님의 본심을 분명히 읽을 수 있다.

유월절에 담긴 본심

이미 앞에서 출애굽의 동기, 시발점은 유월절에 있다고 했다. 하나님께서 이집트의 파라오가 이스라엘 백성을 풀어 주지 않을 수 없도록 이집트 전역의 장자와 짐승의 첫새끼를 치시던 날, 양의 피가 문틀에 발라진 이스라엘 집은 '뛰어넘으심으로써' 그들을 구해 주셨던 날이 유월절이다. 즉 이스라엘 백성은 양의 피를 통해 하나님의 심판이 그들을 '뛰어 넘어가는' 구원을 입게 되었던 것이다.

그런데 바울은 유월절과 관련하여 중요한 언급을 하고 있다.

> 너희는 누룩 없는 자인데 새 덩어리가 되기 위하여 묵은 누룩을 내어 버리라 우리의 유월절 양 곧 그리스도께서 희생이 되셨느니라 (고전 5:7)

바울은 예수 그리스도를 가리켜 "유월절 양"이라 정의를 내리고 있다. 그 이유가 무엇일까? 예수님께서 십자가의 고난을 당하신 날이 유월절 절기가 시작되는 때이기도 했지만, 그보다도 예수님의 고난의 의미가 '유월―뛰어넘음'이었기 때문이다.

거룩하신 하나님 앞에 죄인인 인간은 그 누구도 나아갈 수가 없다. 죄의 삯은 사망이기에 하나님 앞에서 사망의 심판을 받지 않을 인간이 없는 까닭이다. 그러나 성자 하나님이신 예수 그리스도께서 인간의 죗값인 죽음을 대신 치러 주시기 위해 십자가 위에서 피를 흘리시고 돌아가셨다. 당신의 피로 인해 당신을 믿는 자에게 하나님의 심판이 '뛰어 넘어가게' 하시기 위함이었다.

왜 주님께서 가시관을 쓰시고 머리로부터 피를 흘리셨던가? 우리가 주님을 믿을 때, 다시 말해 우리가 주님 안에 있을 때, 우리가 그동안 머리로 지었던 죄에 대한 하나님의 심판이 우리를 뛰어 넘어가게 하시기 위함이었다. 왜 주님의 손이 못박히시고 피를 흘려야만 하셨는가? 우리가 우리의 두 손으로 지었던 모든 죄에 대한 하나님의 심판이 우리를 'passover' 하게 해 주시기 위함이었다. 왜 주님의 발이 못박혀 붉은 피를 흘리셔야만 했는가? 우리가 우리의 두 발로 가서는 안 될 곳을 다니며 지었던 모든 죄로부터 하나님의 심판이 '유월' 되게 해 주시기 위함이었다. 왜 주님의 옆구리가 창에 찔려 물과 피를 마지막 한 방울까지 다 쏟으셔야만 했던가? 우리가 우리의 썩어 문드러질 몸뚱이로 지었던 모든 죄에 대한 하나님의 심판이 우리를 '넘어' 가게 해 주시기 위함이었다. 그래서 그분은 우리를 위한 구원자, 즉 우리를 위한 유월절 양이신 것이다.

바로 이것이 작사자 후트(J. G. Foote)가 찬송가 199장을 통하여 다음과 같이 노래하고 있는 이유다.

> 주 십자가를 지심으로 죄인을 구속하셨으니
> 그 피를 보고 믿는 자는 주의 진노를 면하겠네
> 내가 그 피를 유월절 그 양의
> 피를 볼 때에 내가 너를 넘어가리라
>
> 흉악한 죄인 괴수라도 예수는 능히 구원하네
> 온몸을 피에 잠글 때에 주의 진노를 면하겠네
> 내가 그 피를 유월절 그 양의
> 피를 볼 때에 내가 너를 넘어가리라

그렇다면 바울의 관점으로 다시 유월절을 되돌아보자. 옛날 노예가 해방을 얻기 위해서는 누군가가 노예를 위해 속전(贖錢)을 대신 치러 주지 않으면 안 되었다. 누군가가 노예의 값을 대신 치러 주어야 한다는 말이다. 이스라엘 백성은 이집트로부터 해방을 얻기 위해 그들 스스로 파라오에게 그들의 값을 치른 적이 없었다. 그들에겐 그럴 만한 능력도 없었을 뿐만 아니라, 설령 그만한 능력이 있었다 한들 그들을 부리던 파라오가 응할 까닭이 없었다. 그런데도 그들이 해방될 수 있었던 것은 하나님께서 친히 속전을 내어 주셨기 때문이었다. 그 속전은 바로 문틀에 발라진 양의 피였다. 하나님께서 그 피를 보시고 이스라엘을 뛰어넘으심으로 해방시켜 주셨다. 따라서 그 양의 피야말로 인간을 구하시기 위해 친히 속전을 지불하시는 하나님 자신이었다. 즉 인간의 죄를 대속해 주시기 위해 십자가의 제물 되신 성자 하나님의 모형이었다.

이것이 전능하신 하나님께서 이스라엘 백성을 곧장 해방시키시지 않고 유월절을 먼저 거치게 하신 본심이었다. 이미 언급한 것과 마찬가지로 하나님께서는, 사망과 죄의 노예 된 인간을 구해 주시려 당신 자신이 희생당해 주시는 삼위일체 하나님이심을 이스라엘에게 일깨워 주시기 위함이었다. 중요한 것은 삼위일체 되신 하나님께서 인간의 죗값을 치르기 위해 돌아가셨기에, 그분은 죽음을 깨트리고 영원히 부활하실 수 있었다는 것이다.

우리는 가끔 이런 기사를 접하게 된다. 위험에 처한 자식을 구하고 대신 어머니가 죽었다는, 이를테면 기차가 달려오는 줄도 모르고 철길에서 놀던 아이를 어머니가 뛰어들어 밀쳐내 살리고 대신 어머니가 기차에 치어 죽었다는 것과 같은 이야기 말이다. 이 경우 어머니는 아이와 생명을 바꾼 것이다. 죽을 수밖에 없는 상황에 처한 아이의 생명을 구하기 위해 어머니가 자기 생명을 값으로 치른 것이다. 이런 의미에서 아이를 대신하여 죽어 준 어머니는 아이의 구원자임에 틀림없다. 그러나 그렇게 살아난 아이도 언젠가는 죽게 마련이다. 그 아이를 위해 죽어 준 어머니가 죽음을 깨트리지 못했기 때문이다. 결국 아이를 위해 죽어 준 어머니도, 살아난 아이도, 단지 시차만 있을 뿐 모두 죽음의 밥이 된다는 면에서는 본질적인 차이가 없다.

그러나 우리를 살리기 위해 대신 돌아가신 분은 성자 하나님이시다. 그분은 인간이 아닌, 삼위일체 하나님이시기에 죽음을 깨트리고 영원히 부활하실 수 있었다. 그래서 우리는 그분 안에서 모든 죄로부터 구원을 얻을 뿐만 아니라, 영원한 생명을 동시에 누릴 수 있게 되었다. 즉 인간의 죗값을 치러 주시기 위해 당신 자신이 희생당해 주시는 하나님, 죽음을 깨트리시고 영원한 생명을 주시는 하나님— 바로 이것을 알게 하시려는 것이 유월절의 참된 의미이다.

홍해에서 드러내신 본심

하나님께서 이스라엘 백성을 친히 인도해 가셨던 홍해와 관련하여, 사도 바울은 우리가 주목하지 않을 수 없는 증언을 하고 있다.

> 형제들아 너희가 알지 못하기를 내가 원치 아니하노니 우리 조상들이 다 구름 아래 있고 바다 가운데로 지나며 모세에게 속하여 다 구름과 **바다에서 세례를 받고**(고전 10:1-2)

바울은 출애굽의 여정에 관해 설명하면서, 이스라엘 백성이 홍해를 건널 때 그 바다 속에서 세례를 받았다고 증언하고 있다. 우리가 아는 한, 그때 이스라엘이 홍해를 건너는 도중 바다 속에서 그 어떤 세례의 예식도 행한 적이 없었다. 그런데도 바울은 '바다에서 세례를 받았다'고 분명하게 증거하고 있다. 대체 무슨 까닭이며 또 무슨 의미인가?

세례와 관련된 재미있는 이야기가 있다. 한 마을에 장로교 목사와 침례교 목사가 살면서 마치 형제처럼 다정하게 지냈다. 그런데 어느 날 그만 두 사람이 대판 싸움을 하게 되었다. 침례교 목사가 장로교 목사를 공박한 것이 싸움의 발단이었다. 즉 침례교 목사가, 세례란 온몸을 물에 담그는 침례라야 진정한 세례이지 어떻게 머리에 물 몇 방울 뿌리는 것이 참된 세례일 수 있느냐고 공박한 것이었다. 이 공박을 장로교 목사가 맞받아치면서 시작된 두 사람의 설전(舌戰)은 이랬다.

- 아니, 성경 어디에 반드시 침례여야 한다는 말이 있습니까?
- 왜 성경에 없습니까? 예수님께서도 세례를 받으러 요단 강에 내려가셨다고 성경이 증거하고 있지 않습니까? 내려가셨다는 것은 물 속에 잠기셨다는 말 아닙니까? 성경대로 해야지요! 성경대로요!
- 좋습니다. 성경대로 합시다. 그럼 침례교는 성경대로 요단 강에 가서 침례를 하지 않고 왜 목욕탕에서 합니까? 성경 어디에 목욕탕에서 침례를 하라고 되어 있습니까? 성경대로 하자면서요! 성경대로요!

―요단 강에 갈 형편이 안 되니까 하다못해 목욕탕 안에서라도 물 속에 잠겨야지요. 세례란 말의 뜻이 뭡니까? '밥티조'(baptizo)란 단어 자체가 물에 잠긴다는 뜻 아닙니까?
―좋습니다. 그럼 제가 묻는 말에 대답해 보세요. 자꾸 몸이 물에 잠겨야 한다고 하시는데, 침례교에서는 침례를 줄 때 도대체 어디까지 잠겨야 한다는 말입니까? 무릎까지입니까?
―아닙니다.
―그렇다면 허리까지 잠깁니까?
―아니지요.
―그럼 목까진가요?
―그것도 아닙니다.
―아니, 모두 아니라면 대체 어디까지 잠겨야 한다는 말입니까?
―물론 머리까지지요!
―분명히 머리까지지요?
―그렇다니까요!
―이것 보세요. 그러니까 우리 장로교도 머리에 물을 뿌리잖아요!

장로교 목사가 판정승을 거두는 것으로 보아 이 이야기는 장로교에서 만들어진 것임에 틀림없어 보인다. 과연 어느 쪽의 말이 맞는가? 세례는 반드시 침례이어야 하는가? 아니면 머리에 물을 뿌리는 형식이어야 하는가? 중요한 것은 둘 중 어느 쪽을 택한다 하더라도 바울은 이단이 될 수밖에 없다는 점이다. 그날 홍해 속에서는 침례든 세례든 그 어떤 형태의 예식이 없었음에도 바울은 '홍해 건넘' 자체를 세례라 부르고 있기 때문이다. 그러면 과연 바울은 이단인가? 결코 그럴 수 없다.

성경에 따르면, 물론 예수님께서는 요단 강에서 침례를 받으셨다. 이방인 최초의 수세자(受洗者)였던 에티오피아 내시가 받았던 세례 역시 침례였다. 그러나 바울이 빌립보의 감옥에서 간수에게 세례를 줄 때 그것은 침례일 수가 없었을 것이다. 지금도 로마에 있는, 바울이 참수형을 당하기 직전까지 갇혀 있었던 곳으로 알려진 지하 감옥을 찾아가 보면 감방 바닥에 손바닥만한 샘이 있음을 볼 수 있다. 바울은 그 물로 로마 감옥의 죄수와 간수들에게 세례를 베푼 것으로 알려져 있다. 그 샘물로는 침례는 역시 불가능하고, 머리에 물을 뿌리는 세례만 가능하다. 더욱이 초대 교회 교인들이 박해를 피해 카타콤(지하 묘소)에서 예배를 드릴 때에도 그 속에서 침례를 행할 수는 없었을 것이다. 이처럼 성경과 초기 기독교 역사에는 세례와 침례가 모두 등장하고 있다. 성경 그 어디에도 반드시 침례여야 한다거나, 혹은 세례이어야 한다는 형식에 관한 규례가 없다. 그 이유는 간단하다. 세례의 참된 의미는 형식이 아닌 본질에 있는 까닭이다.

사도 바울은 세례의 본질적 의미를 이렇게 설명하고 있다.

> 무릇 그리스도 예수와 합하여 세례를 받은 우리는 **그의 죽으심과 합하여** 세례 받은 줄을 알지 못하느뇨 그러므로 우리가 **그의 죽으심과 합하여** 세례를 받음으로 그와 함께 장사되었나니 이는 아버지의 영광으로 말미암아 그리스도를 죽은 자 가운데서 살리심과 같이 우리로 또한 새 생명 가운데서 행하게 하려 함이니라 만일 우리가 **그의 죽으심을 본받아 연합한 자가 되었으면**

또한 그의 부활을 본받아 연합한 자가 되리라 (롬 6:3-5)

바울은 세례의 본질을 예수 그리스도와의 연합이라 정의하고 있다. 즉 우리를 위하여 십자가에서 돌아가신 예수 그리스도와 연합하여 죄의 노예였던 우리의 옛사람도 함께 죽고, 부활하신 예수 그리스도와 연합하여 우리가 새 생명의 사람으로 거듭나는 것—바로 이것이 세례의 본질이란 것이다. 그래서 바울은 다음과 같이 단언하고 있다.

> 누구든지 그리스도와 합하여 세례를 받은 자는 그리스도로 옷 입었느니라 (갈 3:27)

이 구절 역시 세례가 그리스도와의 연합임을 강조하고 있음은 두말할 나위가 없다. 따라서 참된 세례교인의 증거는 세례의 외적 형식과는 전혀 무관하다. 주님과 연합하여 자기중심적이었던 옛 삶을 청산하고 주님과 동행하는 새로운 삶의 출발—바로 이것이 참된 세례교인 됨의 증거다.

그렇다면 이스라엘 백성의 '홍해 건넘' 그 자체가 어떻게 세례일 수 있는가?

해방을 얻은 이스라엘 백성이 이집트를 떠나 홍해 앞에 당도하였다. 그렇다고 해서 그들이 노예생활하던 이집트와 완전한 단절을 이룬 것은 아니다. 그들 뒤로 이집트로 되돌아가는 길은 여전히 열려 있다. 그들 앞에 가로막혀 있던 홍해가 갈라졌다. 그들은 그 사이로 홍해를 건너간다. 그렇지만 아직까지도 이집트와 단절된 것은 아니다. 갈라진 홍해 사잇길은 여전히 이집트와 연결되어 있다. 그러나 그들이 홍해를 건넜을 때 갈라졌던 홍해는 다시 합쳐지고 말았다. 즉 옛 삶의 이집트로 되돌아갈 수 있는 길이 없어지고 말았다. 그들 앞에 놓여 있는 것이라곤 가나안을 향해 하나님과 함께 동행하는 새로운 길뿐이었다. 그래서 바울은 '홍해 건넘' 자체를 세례라 단정하였다. 그것은 옛 삶과의 단절인 동시에 새로운 삶의 출발, 즉 세례의 본질을 고스란히 지니고 있었기 때문이다.

바로 이것이 하나님께서 이스라엘 백성들을 홍해로 인도해 가신 본심이었다. 어둠과 사망의 노예였던 옛 삶과의 단절 없이는 하나님과 함께하는 영원한 새 생명의 삶이 있을 수 없음을, 아니 하나님의 영원한 빛 속에 거하는 삶은 반드시 어두웠던 옛 삶의 청산을 수반한다는 생명의 법칙을 일깨워 주시기 위함이었다.

2000년 12월 22일, 미국의 세계적인 팝 가수 마돈나와 영국 출신 영화감독 가이 리치의 결혼식이 스코틀랜드 스키보(Skibo) 성에서 거행되었다. 결혼식을 위해 마돈나가 영국에 입국하면서부터 유럽의 모든 TV는 뉴스 시간마다 마돈나의 동정(動靜)을 현장 중계하였다. 결혼식 전날인 21일 저녁 6시엔, 두 사람 사이에 태어난 4개월 된 아들 로코에 대한 유아세례식이 있었다. 그날 아침부터 각 TV는 유아세례식이 거행될 도나취(Donarch) 시의 대성전을 앞다투어 보여 주면서, 세례를 집례할 목사의 인터뷰를 방영하였다. 여자목사인 그녀는 분명하게 말했다.

어린 유아는 스스로 신앙고백을 할 수 없으므로, 유아세례는 부모의 신앙고백으로 이루어집니다. 즉 부모는 유아세례를 받은 아이가 장성할 때까지 그 아이의 신앙에 대한 책임을 지게 되는 것입니다.

저녁 6시 뉴스 시간이었다. 정규 뉴스 도중 갑자기 마돈나가 있는 도나취의 현장이 생중계로 보도되었다. 유아세례식을 막 끝낸 마돈나가 도나취 대성전을 나오고, 그 뒤를 이어 가이 리치가 아이를 품에 안고 나오는 장면이었다. 마돈나가 세례식장 안으로 보도진이 들어오는 것을 거절하였기에, 대성전 앞 보도 라인 밖에는 보도진들이 장사진을 이루고 있었다. 나는 마돈나의 노래를 한 번도 들어본 적이 없다. 다만 그녀의 문란한 사생활을 보도를 통해 알고 있을 뿐이다. 그런데도 나는 그 순간 나도 몰래, 자기 아들의 유아세례를 위해 스스로 신앙고백을 하고 나오는 마돈나를 위하여 하나님께 기도를 드렸다.

'하나님! 아이의 어머니인 저 여인이 먼저, 지금부터 홍해 이편에서 저편으로 건너가는 삶을 살게 하여 주십시오.'

비록 혼전(婚前)일망정 자기의 몸에서 태어난 사랑하는 아들에게 하나님의 은총이 임하기를 기원하면서 아이를 위해 유아세례를 자청하는 것은 어미로서는 인지상정일 것이다. 그러나 도나취 대성전 여목사님의 말처럼 유아세례는 부모의 신앙고백으로 대신하는 것이다. 그렇다면 그 신앙고백은 신실하고 참된 고백이어야만 한다. 만약 자기 아들을 위해 대신 신앙을 고백한 마돈나가 진정 홍해 저편으로 건너가지 않는다면, 여전히 홍해 이편에서 여태까지 그래왔던 것처럼 오직 본능과 욕망의 노예로만 살아간다면, 그날의 유아세례식은 세상을 향한 또 하나의 공연에 지나지 않을 것이다.

사랑하는 청년들이여!

그대가 장로교회에서 세례를 받았든 아니면 침례교회에서 침례를 받았든, 그것은 전혀 중요한 쟁점이 아니다. 중요한 것은 그대의 삶이 지금 홍해 저편으로 건너가 있느냐 하는 것이다. 만약 그대의 삶이 여전히 홍해 이편에서 머뭇거리고 있다면, 그대가 거친 세례의 형식과는 상관없이 그대는 본질적인 세례교인일 수는 없다.

신 광야에서 드러내신 본심

하필이면 풀 한 포기 쌀 한 톨 없는 신 광야로 이스라엘 백성을 인도해 가신 하나님께서는 당신의 백성을 위하여 하늘에서 만나와 메추라기가 비 오듯 쏟아져 내리게 하셨다. 이에 대한 바울의 설명을 듣기 위해 다시 고린도전서 10장 1-4절을 주목해 보자.

> 형제들아 너희가 알지 못하기를 내가 원치 아니하노니 우리 조상들이 다 구름 아래 있고 바다 가운데로 지나며 모세에게 속하여 다 구름과 바다에서 세례를 받고 다 같은 **신령한 식물을 먹으며** 다 같은 신령한 음료를 마셨으니 이는 저희를 따르는 신령한 반석으로부터 마셨으매 그 반석은 곧 그리스도시라

바울은 그때의 만나와 메추라기를 단순히 양식이라 부르지 않았다. 바울은 그것을 일컬어 '신령한 식물'이라고 정의하고 있다. 왜 그것이 신령한 식물이었는가? 이 의문에 대한 하나님의 답변을 우리

는 신명기 8장 3절에서 직접 들을 수 있다.

> 너를 낮추시며 너로 주리게 하시며 또 너도 알지 못하며 네 열조도 알지 못하던 만나를 네게 먹이신 것은 사람이 떡으로만 사는 것이 아니요 여호와의 입에서 나오는 모든 말씀으로 사는 줄을 너로 알게 하려 하심이니라

하나님께서는 황량한 광야 위에서 이스라엘 백성을 위한 만나와 메추라기를 땅에서 솟아나게 하신 것이 아니었다. 하늘에서 떨어지게 하셨다. 이미 말한 바와 같이 그 양식을 얻기 위해 이스라엘 백성은 날마다 하늘을 우러러 보아야 했다. 그리고 하늘에서 떨어지는 양식을 보면서 그들은 깨닫지 않을 수 없었다. 위에 계신 하나님으로부터 주어지는 양식으로 그들의 육체가 살아갈 수 있는 것처럼, 그들의 영혼 또한 위로부터 주어지는 하나님의 말씀이 아니고서는 살 수 없다는 사실을 말이다. 즉 매일 하늘에서 떨어진 만나와 메추라기는 그들을 위한 육체의 양식인 동시에 영의 양식이기도 했다. 그래서 그것은 신령한 식물일 수밖에 없었다.

주님께서 공생애를 시작하시기 직전 광야에서 40일 금식하신 후 사탄의 시험을 받으셨다. 그때 사탄의 첫번째 시험이 돌로 떡을 만들어 먹으라는 것이었다. 이는 먹기 위해 수단과 방법을 가리지 않는 자가 되라는 의미이다. 그때 주님께서는 바로 신명기 8장 3절의 말씀으로 사탄의 유혹을 물리치셨다.

> 예수께서 대답하여 가라사대 기록되었으되 사람이 떡으로만 살

것이 아니요 하나님의 입으로 나오는 모든 말씀으로 살 것이라 하였느니라(마 4:4)

만약 떡으로만 살겠다는 사람이 있다면, 그는 결국 조만간에 썩어 없어질 자신의 고깃덩이를 위해 사는 어리석은 자일 수밖에 없다. 영원하신 하나님의 말씀을 양식으로 삼는 자만이 육체의 죽음을 뛰어넘어 영원을 건져 올릴 수 있다.

스위스에 있을 때 서울의 한 성도님이 사진을 보내어 주었다. 수준급 실력을 가진 그분이 직접 찍은 사진은 대학 강의실에서 밖을 향해 찍은 사진이었다. 사진의 초점은, 캠퍼스의 나무들을 배경으로 삼고 있는 유리창의 문틀에 맞추어져 있었다. 특기할 사항은 그 창문들 중 하나가 밖으로 반쯤 열려 있는 것이었다. 그리고 사진 뒤에는 사진의 제목이 이렇게 적혀 있었다.

열려진 창―그 너머에서 들려오는 소리

참으로 많은 것을 생각게 해 주는 사진의 내용과 제목이었다. 닫혀진 창은 바깥세상과 안쪽의 단절을 의미한다. 그러나 열려진 창은 단절된 두 세계를 연결해 주는 통로가 된다. 안쪽은 열려진 창을 통해 바깥세상의 신선한 공기, 꽃내음, 새들의 노래 소리를 비로소 자기 것으로 삼을 수 있게 된다.

하나님의 말씀이야말로 인간을 위해 열려진 영혼의 창이 아닐 수 없다. 열려진 그 말씀의 창을 통하여 인간은 비로소 하나님에게 접목되는 것이다. 천지를 창조하신 성부 하나님, 다함없는 사랑의 성자 하나님, 진리의 영이신 성령 하나님—곧 삼위일체 하나님과 말이다. 다시 말해 그 열려진 말씀의 창을 통해 하나님께서는 우리를 온전히 품어 주시는 것이다.

바로 이 사실을 이스라엘 백성으로 하여금 깨닫게 해 주시려는 것이, 당신의 백성을 신 광야로 인도하시고 날마다 하늘로부터 쏟아지는 만나와 메추라기로 그들을 먹이셨던 하나님의 본심이었다.

'하나님의 본심'에 담긴 메시지

하나님께서 이스라엘 백성을 위하여 친히 빼어내신 출애굽의 여정은 언뜻 보기에 문제투성이인 실패의 여정처럼 여겨진다. 그러나 그와 같은 여정으로 당신의 백성을 인도하신 하나님의 본심은, '인간을 위해 희생당해 주시는 하나님' '죽음의 권세를 깨트리시고 인간과 영원히 동행해 주시는 하나님' '홍해 저편의 영원한 삶으로 이끄시는 하나님' '영원한 말씀의 창을 통해 인간을 영원히 품어 주시는 하나님'—즉 영원한 삼위일체이신 당신을 친히 보여 주고 일깨워 주고 가르쳐 주시기 위함이었다. 그것이야말로 인간을 위한 하나님의 사랑의 여정이었다.

그렇다면 우리는 하나님의 이 깊고도 깊은 본심으로부터 세 가지의 중요한 메시지를 얻을 수 있다.

구원의 동기는 하나님

하나님께서 이스라엘 백성을 이집트에서 구원해 내실 때 그들은 지체 높은 이집트의 귀족들이 아니었다. 더럽고 비굴하고 냄새나는 노예들이었을 따름이다. 그들에게 구원받을 만한 그 어떤 조건이나 당위성이 전무하였지만 하나님의 사랑이 그들을 구원해 내신 것이다. 하나님께서 이스라엘 백성을 위하여 상상을 초월하는 출애굽의 여정을 친히 빼어내신 것은 이스라엘 백성의 요구 때문이 아니었다. 도리어 그들은 가는 곳마다 하나님의 본심과는 무관하게 하나님을 원망하기 일쑤였다. 그 오묘한 출애굽의 여정을 이스라엘 백성에게 선사하신 것은 단지 하나님의 자비로움 때문이었다.

이처럼 인간에 대한 하나님의 구원 동기는 인간에게 있는 것이 아니다. 구원의 동기는 오직 하나님께 있다. 인간의 결단이 아니라 하나님의 결단에 의해 구원이 이루어진 것이다. 바꾸어 말하면 믿음이란 선택의 문제이기 이전에 피택(被擇)의 문제이다. 인간이 먼저 하나님을 선택한 것이 아니다. 만약 인간이 하나님을 선택하는 삶을 살고 있다면, 그것은 하나님에 의해 그 인간이 먼저 피택되었기 때문이다.

스위스 바젤에 있는 한인 교회를 방문했을 때이다. 교회에서 교우님들과 더불어 점심 식사를 한 뒤, 잠시 여가를 이용하여 그곳 목사님과 함께 시내 구경을 나서게 되었다. 본래는 둘이서 전차를 이용할 계획이었는데, 마침 한 성도님이 귀가 길에 우리를 시내까지 데려다 주겠다고 하였다. 병원에서 근무하는 그분은 그 주간에는 야간 근무인지라 저녁 출근시간 전에 무김치를 담글 계획을 갖고 있었다.

그래서 우리를 시내에 내려 준 뒤 슈퍼에서 무를 구입하여 귀가할 참이었다.

자동차를 타자 그분이 시내 어느 곳으로 데려다 주면 될지를 물었다. 그 순간 말로만 들었던, 스위스와 프랑스 그리고 독일—이렇게 세 나라의 국경이 마주친다는 '드라이랜더엑크'(Dreiländereck)가 생각나 그곳을 부탁드렸다. 허리가 두 동강난 한반도에서 살던 나로서는 꼭 보고 싶었던 곳이었기 때문이다. 그러나 막상 현장에 도착하고 보니 세 나라의 국경이 만나는 꼭짓점은, 그동안 내가 당연하게 생각하고 있었던 것처럼 땅 위에 있는 것이 아니라 라인 강 한 가운데 위치해 있었다. 라인 강 이쪽은 스위스, 오른쪽은 독일, 왼쪽은 프랑스로, 바로 그 라인 강 한가운데에서 세 나라의 국경이 마주치는 것이었다. 스위스에서 그곳까지는 둑길로 연결되어 있고, 세 나라의 국경이 만나는 꼭짓점에는 탑이 세워져 있었다. 따라서 그 탑을 따라 한 바퀴를 돌면, 스위스와 독일 프랑스를 여권도 없이 눈 깜짝할 사이에 다녀오는 셈이 되었다.

우리와 함께 탑 주위를 따라 독일과 프랑스를 한 바퀴 걷던 성도님이 갑자기, 아예 자동차로 국경을 넘어 독일과 프랑스를 다녀오자고 제안하였다. 순식간에 세 나라를 돌아오는 경험을 어디에서 또 할 수 있겠냐는 것이었다. 김치용 무를 구입해야 되지 않느냐고 했더니 문제없다고 했다. 바로 독일 국경 너머에 있는 슈퍼에서 살 수 있다는 것이었다. 그래서 우리 일행은 그분의 자동차를 타고 전혀 예정에도 없던, 독일 국경을 통과하여 먼저 독일 슈퍼에 들렀다. 그분은 야채 코너에 가득 널려 있는 무들 중에서 마음에 드는 무를 골랐다. 그리고 우리는 다시 자동차를 타고 프랑스의 알자스를 거쳐 스위스 바젤로 돌아왔다. 그때까지 소요된 시간은 30분도 채 되지 않았다. 그러나 그날 오후 내내 나를 사로잡았던 신비로움의 기억은 아직도 나의 뇌리에 생생하게 남아 있다.

만약 그날 일정에 바젤 시내 구경이 잡혀 있지 않았더라면, 시내 구경을 갔더라도 전차를 타고 갔더라면, 성도님의 자동차를 탔다 해도 '드라이랜더엑크'가 전혀 생각나지 않았더라면, 그곳엘 갔을지라도 성도님이 우리를 데려다 주기만 하고 그냥 귀가해 버렸더라면, 성도님이 우리를 따라 차에서 내렸더라도 느닷없이 독일과 프랑스를 다녀오자고 제안하지 않았다면, 그 같은 제안이 있었더라도 나에게 시간적 여유가 없었다면 어떻게 되었을까? 의심의 여지없이 그 성도님은 평소에 다니던 동네의 슈퍼에서 전혀 다른 무를 구입하였을 것이다. 그러나 예기치 않았던 일들이 연속 이어지면서 그분은 전혀 상상치도 않았던, 국경 넘어 독일 슈퍼에서 독일산(産) 무를 선택하게 되었다. 만약 그날의 과정 중 단 한 과정이라도 다르게 전개되었더라면 결코 가능치 않았을 선택이었다. 그렇다면 그 얼마나 신비스런 선택인가? 인간의 일상사 속에서 일어나는 하찮아 보이는 선택도 이처럼 신비스럽기 그지없다면, 하물며 인간에 대한 하나님 선택의 신비로움이야 어찌 필설로 다할 수 있겠는가?

다음은 주님께서 갈릴리의 어부를 당신의 제자로 선택하여 부르시는 장면이다.

갈릴리 해변에 다니시다가 두 형제 곧 베드로라 하는 시몬과 그 형제 안드레가 바다에 그물 던지는 것을 보시니 저희는 어부라 말씀하시되 나를 따라 오너라 내가 너희로 사람을 낚는 어부가 되게 하리라 하시니 저희가 곧 그물을 버려 두고 예수를 좇으니라 거기서 더 가시다가 다른 두 형제 곧 세베대의 아들 야고보와 그 형제 요한이 그 부친 세베대와 한가지로 배에서 그물 깁는 것을 보시고 부르시니 저희가 곧 배와 부친을 버려 두고 예수를 좇으니라 (마 4:18-22)

갈릴리 호수는 폭 12킬로미터에 길이는 무려 21킬로미터에 이른다. 바다처럼 큰 그 호수 주위 동네의 남정네는 거의 모두가 어부였다. 그런데도 그날 주님의 선택을 받았던 자는 베드로를 포함하여 네 사람밖에 되지 않았다. 왜 그들만 선택을 받았는가? 그들이 갈릴리의 수많은 어부들 중에 도덕적으로나 인격적으로 가장 뛰어난 사람들이었기 때문인가? 아니다. 그들이 선택받은 동기는 그들 자신에게 있는 것이 아니었다. 그 선택의 동기는 주님이시요, 주님의 결단에 있었다. 그렇다면 그 선택은 얼마나 신비로운가?

우리 자신을 베드로와 비교해 보자. 베드로는 그야말로 배운 것이 전혀 없는 일자무식이었다. 그에 비한다면 우리는 유치원에서부터 시작하여 참으로 많은 것을 배운 사람이다. 그렇기에 우리는 베드로에 비해 훨씬 더 지능적으로 죄를 지어 왔다. 얼마나 지능적이었으면 나 스스로 나의 죄를 자각조차 못할 정도다. 베드로는 그날 벌어 그날 먹고사는 빈민이었다. 그에 비하여 우리는 엄청나게 많은 것을 소유하고 있다. 따라서 베드로보다 더 많은 것을 소유하기까지 우리가 베드로보다 비양심적이었던 경우가 더 많았을 것임은 불문가지다. 베드로가 살던 시대는 단순했고, 더욱이 그는 한적한 어촌에서 살았다. 그러므로 오늘날 자유시장 경제체제의 무한경쟁 속에서 살아가는 우리와는 달리 베드로는 순박하고 순진하기 그지없었을 것이다. 따져볼수록 우리가 베드로보다 나을 것이 하나도 없다. 그런데도 하나님께서는 그런 우리마저 불러 주셨다. 그 부르심의 동기가 우리에게 있지 않고, 오직 당신의 결단에 의한 것이었다. 이 얼마나 신비스런 구원의 은총인가?

우리가 하나님을 알기도 전에 왜 하나님께서 먼저 우리를 위해 구원의 결단을 행하여 주셨는가? 우리를 당신의 자녀로 받아들이시기 위함이었다.

부모 자식간의 관계가 성립되기 위해서는 두 가지 관계가 충족되어야만 한다. 먼저 혈연관계이다. 부모의 핏줄을 타고나야 한다. 부모의 몸에서 태어나야만 한다는 말이다. 그러나 혈연관계만으로는 부족하다. 반드시 법률적 관계가 동시에 성립되어야 한다. 혈연적 관계는 맺어졌지만 법률적 관계가 수반되지 않을 경우를 가리켜 사생아라 부른다. 이따금씩 유명인사를 상대로 친자확인소송이 제기되는 것은, 당사자간에 혈연관계만 맺어졌을 뿐 법률적 관계가 성립되지 않았기 때문이다. 물론 혈연관계 없이 법률적 관계만으로 부모 자식이 되는 경우가 있기도 하다. 남의 자식을 자기 호적에 입적시키는 '입양'이 그런 경우다. 그러나 한인 고아를 입양한 유럽인들의 예를 보면, 자신의 재산을 상속시키지 않는다는 단서를 붙여 입양한 경우가 허다하다. 이처럼 혈연관계를 결여한 법률관계만으로도 온전한 부모 자식 관계가 형성되기는 어렵다. 혈연관계와 법률관계가 동시에 성립될 때에만 완전한 부모 자식간이 되고, 자식은 비로소 부모의 모든 것을 상속받는 권리를 지니게 된다. 따라서 하나님과 우리의 사이가 완전한 부모 자식 간이 되기 위해서도 이 두 관계가 모두 성립되지 않으면 안 된다.

> 그러나 그를 맞아들인 사람들, 곧 그 이름을 믿는 사람들에게는, 하나님의 자녀가 되는 특권을 주셨다. 그들은 혈통으로나 육정으로나, 사람의 욕망으로 나지 않고, 하나님께로부터 났다. (요 1:12-13 표준새번역)

누구든지 예수 그리스도를 믿는 자는 하나님의 자녀가 되는 특권을 누리게 된다는 말이다. 여기에서 '자녀'를 일컫는 그리스어 '테크논'(teknon)은 혈연관계를 강조하는 단어이다. 도대체 유한한 인간에 지나지 않는 우리가 어떻게 창조주이신 하나님과 혈연관계를 맺을 수 있다는 말인가? 우리의 피로는 전혀 불가능하지만, 우리를 위해 피 흘려 주신 예수 그리스도—성자 하나님의 보혈로 인해 가능해진 것이다. 우리가 비록 인간의 더러운 피를 타고 났다 할지라도 그분 안에 있으면, 그분의 피로 말미암아 하나님과 우리 사이에 혈연관계가 성립되게 되는 것이다.

> 여러분은 모두 그리스도 예수 안에서, 믿음으로 하나님의 자녀가 되었습니다. (갈 3:26 표준새번역)

역시 그리스도 예수 안에서 하나님의 자녀가 되었음을 일깨워 주는 말씀이다. 그런데 여기에서 자녀로 사용된 그리스어 '휘오스'(whyos)는 법률적 관계를 강조하는 단어이다. 즉 예수 그리스도 안에서 우리는 하나님과 혈연관계뿐 아니라 법률적 관계까지 맺게 되었다. 그래서 우리는 하나님의 모든 것, 즉 하나님의 나라를 송두리째 상속받는 하나님의 온전한 자녀가 된 것이다. 앞에서 언급한 것처럼, 하나님께서 하찮은 인간인 우리를 온 지성을 다해 당신의 자녀로 받아들이시는 기적을 베풀어 주신 것이다. 그러나 이 모든 일이 우리의 결단이나 선택에 의해 이루어진 일이 아니다. 오직 하나님 선택, 하나님의 결단으로 인함이었다. 참으로 신비스런 구원의 은총이 아닐 수 없다.

우리가 하나님을 내 아버지로 선택하는 삶을 살고 있다면, 그 같은 우리의 삶이 구원의 조건이거나 동기여서가 아니다. 우리를 당신의 자녀로 삼으시려는 하나님의 결단, 하나님의 기적에 의한 하나님의 신비스러운 피택이 우리에게 먼저 임했기 때문이다. 그 피택에 대한 응답으로 우리는 삼위일체 하나님을 선택하는 삶을 사는 것이다. 그 신비스런 피택을 입고도 하나님을 외면하는 자가 있다면, 왕자에 의해 피택을 입었음에도 왕자를 외면하는 신데렐라보다 더 어리석은 자다. 하나님에 의한 피택이 신비스런 기적임을 아는 만큼 우리는 더더욱 자비로우신 하나님을 분명하게 내 아버지로 선택하는 삶을 살 수밖에 없다.

영국 런던에 정말 아름답게 신앙생활하는 성도님이 있다. 그분은 본래 주님을 믿지 않던, 아니 믿을 의사가 추호도 없던 분이었다. 그러나 끈질기게 전도하는 이웃의 성화에 못 이겨 그의 체면을 지켜주기 위해 단 한 번만이라는 조건 아래 이웃을 따라 교회도 아닌, 동네 구역성경공부에 참석하였다. 교회에서 정해 준 순서에 따라 구역

성경공부를 인도하던 구역장이 성경 말씀을 읽었다.

> 수고하고 무거운 짐 진 자들아 다 내게로 오라 내가 너희를 쉬게 하리라 (마 11:28)

그분으로서는 물론 평생 처음 들어 보는 말씀이었고, 구역장은 그저 책을 읽듯 담담히 읽었을 뿐이었다. 그런데 "다 내게로 오라"는 말씀 중 '다' 라는 부사가 그분의 마음을 쳤다. 아니 다 오라면, 나도? 나까지도? 한 번도 주님을 찾은 적도, 알려 해 본 적도 없는 나까지? 그리고 그 순간 그분의 눈에서는 뜨거운 눈물이 쏟아지기 시작했다. 하나님의 결단에 의해 하나님의 자녀로 피택되는 순간이었던 것이다. 그 이후 그는 누구보다도 더욱 분명하게 하나님을 자신의 아버지로 모시는 삶을 살고 있다. 자신을 당신의 자녀로 피택해 주신 하나님의 결단과 사랑을 생각할 때, 그 이외의 삶이란 달리 있을 수 없는 까닭이다.

> 우리가 아직 죄인되었을 때에 그리스도께서 우리를 위하여 죽으심으로 하나님께서 우리에게 대한 자기의 사랑을 확증하셨느니라 (롬 5:8)

그대 청년들은 어떤 경우에도 잊어서는 안 된다.
그대가 먼저 하나님을 영접했기 때문에 하나님께서 그대를 받아 주신 것이 아니다. 오히려 그와는 정반대이다. 그대가 주님께 등을 돌리고 앉아 있을 때, 그대가 아직 죄 가운데 있을 때, 그대가 죄와 사망의 추하고도 역겨운 냄새를 풍기고 있을 때, 바로 그때 하나님께서 오직 당신의 결단으로 그대를 먼저 온 정성을 다해 영접해 주셨다. 바로 하나님의 그 신비스러운 은총 속에서 그대는 비로소 진리와 생명에 눈뜨게 된 것이다.

이 사실을 정녕 믿는다면 이제는 그대가 선택할 차례이다. 하나님을 그대의 아버지로 모시고 살아가는 삶, 하나님의 자녀답게 살아가는 삶을 말이다.

하나님의 본심 – 영원

하나님께서는 오직 당신의 결단으로 이집트의 노예였던 이스라엘을 불러내셨다. 그리고 그들을 위하여 하나님께서 친히 출애굽의 여정을 빼셨다. 언뜻 문제투성이처럼 보이는 그 여정을 예비하신 하나님의 본심에 대해서는 이미 깊이 생각해 보았다. 즉 '인간을 위해 희생당해 주시는 하나님' '죽음의 권세를 깨트리시고 인간과 영원히 동행해 주시는 하나님' '홍해 저편의 영원한 삶으로 이끄시는 하나님' '영원한 말씀의 창을 통해 인간을 영원히 품어 주시는 하나님'—즉 영원하신 당신 자신을 보여 주고 가르쳐 주시기 위함이었다.

그렇다면 우리는 여기에서 하나님의 본심을 한 단어로 표현할 수 있는데, 곧 '영원' 이다.

하나님께서 유월절을 통해 이스라엘을 불러내신 것도, 홍해 이편에서 저편으로 건너가게 하신 것도, 날마다 하늘에서 만나와 메추라기를 내리시며 그들과 동행하신 것도, 모두 영원을 주시기 위함이었다. 예수 그리스도께서 이 땅에 오신 것도, 십자가 위에서 친히 제물이 되셔서 우리 죄에 대한 하나님의 심판이 '유월'되게 하신 것도, 우리로 하여금 세례를 거치게 하시는 것도, 우리에게 당신의 말씀을 주신 것도, 우리의 삶 속에 거하시며 우리와 언제나 동행하시는 것도, 모두 우리에게 영원을 주시기 위함이다. 유한한 인간에게 하나님께서 주실 수 있는 선물 중에 그보다 더 크고 더 가치 있는 것이 있을 수 없는 까닭이다.

미국에 있는 한 성도님으로부터 편지를 받았다. 이미 성인이 된 당신의 아들에 관한 내용이었다. 아들이 어릴 때는 부모를 따라 교회를 다녔지만 장성하면서 발길을 끊어 버리고 말았다. 아버지는 틈이 날 때마다 아들에게 신앙생활을 다시 시작할 것을 권하지만, 그러나 그때마다 아들의 논리에 당신이 압도당하고 만다는 것이다. 진정 하나님이 사랑의 신이라면 왜 태어날 때부터 불구자가 있게 하는가? 정말 하나님이 정의의 신이라면 어떻게 이 땅에 불의가 기승을 부릴 수 있는가? 정녕 하나님이 전능의 신이라면 어찌 이 땅에 그토록 숱한 재난이 있을 수 있는가? 이와 같은 아들의 반론에 아무 대답도 할 수 없다는 것이다. 당신이 생각해 보아도 아들의 논리가 맞다고 여겨지기 때문이다.

나는 그분께 다음과 같은 요지의 답장을 드렸다.

만약 이 세상의 삶으로 모든 것이 다 끝나 버린다면 아드님의 주장이 백 번 맞습니다. 구태여 정의롭게 살 이유도 신앙을 가져야 할 까닭도 없습니다.
그러나 우리의 코끝에서 호흡이 멈추는 것으로 모든 것이 끝나는 것이 아니라면, 그 이후에 다른 삶이 있다면, 아드님의 주장은 완전히 틀렸습니다. 태어날 때부터 불구의 몸으로 태어났기에 한평생 영원을 바라보고 살아간다면, 불의한 자로 인해 고통받기에 영원을 사모할 수밖에 없다면, 재난을 당했기에 비로소 영원에 대해 눈뜨는 자가 되었다면, 그보다 더 복된 사람은 없습니다. 유한한 인간에게 영원보다 더 귀한 것은 있을 수 없는 까닭입니다. 오히려 세상에서 모든 것이 자신의 뜻대로 이루어지기에 영원을 생각할 필요도 없이 살아가는 자가 있다면, 그야말로 불행한 자입니다. 그 인생의 결국은 공동묘지를 넘어설 수 없을 것이기 때문입니다.

따라서 앞으로 아드님에게 신앙을 권유하려 하시지 말고 죽음을 가르쳐 주시기 바랍니다. 아드님 역시 머지 않아 반드시 관속에 시체로 드러누울 수밖에 없는 존재임을 일깨워 주십시오. 언젠가 아드님이 죽음이란 남의 것이 아니라 바로 자신의 것임을 인식하게 될 때, 그는 영원한 생명의 하나님을 향하여 돌아서게 될 것입니다.

생각해 보라. 고작 7, 80년을 살다 한 줌의 재로 사라져 버릴 하루살이 같은 허망한 인생에게 영원보다 더 보배로운 것이 어디에 있겠는가? 그래서 하나님께서는 때로 우리가 이해할 수 없는 인생 여정 속으로 우리를 이끄신다. 그 속에서 우리를 영원을 향하는 자로 빚어 주시기 위함이다. 영원만이 절대적 가치이기 때문이다.

9·11 테러로 미국 뉴욕의 무역센터가, TV 화면을 통해 온 세계인이 주시하는 가운데 순식간에 무너져 내리고 말았다. 그야말로 순식

간이었다. 미 국방부인 펜타곤 역시 눈 깜짝할 사이에 대파되었다. 사건 직후, 워싱턴 방문 길에 펜타곤의 참사 현장을 직접 목격하였다. 마치 1970년 4월 서울 와우아파트 붕괴현장처럼 처참한 몰골이었다. 미국은 세계 유일의 초강대국이다. 미국이 초강대국으로 불리는 것은, 물론 그 어느 나라도 감히 넘볼 수 없는 막강한 경제력과 군사력 때문이다. 그런데 미국 경제력과 군사력의 상징인 무역센터와 펜타곤이 순식간에 무너져 내리고 말았다. 만약 이 참사를 계기로 미국인이 영원을 향하여 돌아선다면 그것은 재앙이 아니라 하나님의 은총이다. 그러나 지금처럼 철저하게 경제논리의 지배 속에서, 자본이라는 우상만을 계속 섬긴다면 그것은 끝이 아니라 겨우 시작일 뿐일 것이다. 하나님께서 인간에게 궁극적으로 주시고자 하는 것은 자본이 아니라 영원이기 때문이다. 자본은 인간의 죽음 이후를 책임지지 못한다. 그러나 영원 앞에서는 죽음이 죽음이 아니다.

주님께서 이렇게 약속하고 계신다.

> 내가 저희에게 영생을 주노니 영원히 멸망치 아니할 터이요 또
> 저희를 내 손에서 빼앗을 자가 없느니라 (요 10:28)

예수 그리스도 안에서 누리는 구원은 결코 이 세상에 국한되지 않는다. 그것은 영원한 구원이다. 영원이 무엇인지 아는가? 끝이 없다는 것이다. 죽음이 죽음이 아니라는 것이다. 그 영원이 오직 하나님의 결단에 의해 우리에게 주어졌다. 참으로 기적 중의 기적이다.

크리스천의 지향점 - 영원의 추구

하나님께서 우리에게 궁극적으로 주시기 원하시는 것이 '영원'임을 알았다면, 이제부터 우리는 영원을 선택하고 추구하는 자가 되어야만 한다. 그것만이 절대적 가치를 지닌다. 하나님으로부터의 피택에 대한 응답으로 하나님을 선택한다는 것도 영원을 선택하는 것이요, 하나님의 자녀로 살아간다는 것도 영원을 추구해 가는 것이요, 크리스천이 된다는 것 역시 영원의 사람이 되는 것을 뜻한다. 하나님을 믿는다면서도 영원과 무관하게 살아가는 사람이 있다면, 그는 아직 하나님께서 주신 구원의 참된 의미를 알지 못하는 사람이다. 구원과 영원은 동의어이다. 이 영원을 주시기 위해 삼위일체 하나님께서 친히 희생당하시고 또 죽음의 권세를 깨트리시고 부활하신 것이다.

그렇다면 영원을 선택하고 영원을 추구하는 영원의 사람이 된다는 것은 구체적으로 무엇을 의미하는가? 크게 세 가지로 나누어 생각할 수 있다.

영원을 보는 자

내가 스위스에 머물 당시, 제네바에 파견 나온 분의 가족 중 외국어에 익숙지 못한 분이 있었다. 스위스에서는 전 유럽의 TV를 시청할 수 있지만 언어를 이해할 수 있는 채널은 하나도 없었다. 어쩔 수 없이 그분은 시간이 날 때면 말이 필요 없는 '동물 채널'만을 시청하였다. 그랬더니 밤에 꿈을 꾸어도 동물 꿈을 꾼다고 했다.

참으로 의미 있는 이야기다. 무엇이든 자주 보는 것이 사람의 마음에 담기고, 또 사람의 마음에 담긴 것이 먼저 보이는 법이다. 계속 동물을 보면 동물이 마음에 담기게 되고, 동물이 마음에 담겨 있으면 잠을 자면서도 동물이 보이기 마련이다.

 모르는 곳을 찾아갈 때 그곳 지리를 아는 사람으로부터 약도를 받는 경우가 있다. 그때 약도를 받아보면 약도의 내용이 그 사람의 직업과 밀접한 관계를 갖고 있음을 알게 된다. 이를테면 식당을 경영하는 사람은 식당 간판을 위주로, 기사는 주유소나 가스충전소를, 공무원은 공공기관 건물 위주로 약도를 그린다. 그들의 마음에 담긴 것이 먼저 보이고, 그것이 또 마음에 더욱 새겨지는 탓이다.

 영원을 선택하고 영원을 추구하는 영원의 사람이 된다는 것 역시 영원을 보는 자가 되는 것이다. 영원을 보는 자의 마음속에 영원이 담기고, 영원이 담겨 있는 자가 영원을 보기 마련이다. 그러므로 영원을 보려 하지 않고서는 영원의 사람이 될 수가 없다. 중요한 것은 영원은 보이지 않는 것이기에, 눈에 보이는 것을 뛰어넘지 않고서는 영원을 볼 수 없다는 사실이다.

 마사 그레이엄은 무용계의 전설적인 인물이다. 그가 전설적인 인물로 평가받는 이유는, 1991년 97세의 나이로 타계할 때까지 작품을 구상하고 가르치고 직접 무대 위에서 공연하기도 했던 왕성한 활동력 때문이 아니라, 350년 간이나 지속되어 왔던 고전 발레의 틀을 깨어 버린 데 있다.

 그녀는 1894년 미국 펜실베이니아에서 의사의 딸로 태어났다. 어느 날 아버지가 어린 그레이엄을 불러 컵 속에 있는 물을 보게 하였다. 그것은 수정처럼 맑은 물이었다. 곧 이어 아버지는 그 물 한 방울을 현미경에 놓고 그레이엄으로 하여금 그 속을 들여다보게 하였다. 놀랍게도 현미경을 통해 들여다본 물 속에는 수많은 균들이 우글거리고 있었다. 그토록 맑게 보였던 물인데도 말이다. 놀라워하는 딸을 향해 아버지가 말했다.

"그레이엄! 너는 표면에 드러난 것만 보는 사람이 되어서는 안 된다. 언제나 표면 아래에 있는, 보이지 않는 진실을 볼 수 있어야 한다."

어린 그레이엄의 마음속에 아버지의 이 말이 깊이 새겨졌다. 그리고 그 이후부터 그레이엄의 눈에 보이기 시작했다. 인간의 웃는 얼굴 뒤에 감추어진 슬픔이, 품위 속의 위선이, 친절 속의 증오가, 무지 속의 순박함이 보이는 것이었다. 그 보이지 않는, 그러나 자신은 뚜렷이 볼 수 있는 진실을 말로 표현할 수 없어 그는 무용을 택했다. 그녀에겐 말보다 무용이 더 편한 자기표현의 도구였던 것이다. 그러나 자신이 본 진실을 나타내기에는 고전 발레의 틀이 너무나도 좁고 제한적이었다. 그래서 그녀는 과감하게 고전 발레의 틀을 깨어 버리고 현대무용의 막을 올리는, 무용사에 획을 긋는 전설적인 인물이 되었다.

고린도후서 4장 18절을 통하여 사도 바울은 이렇게 증거하고 있다.

    우리의 돌아보는 것은 보이는 것이 아니요 보이지 않는 것이니
    보이는 것은 잠깐이요 보이지 않는 것은 영원함이니라

보이지 않는 영원을 보기 위해서는 보이는 것에 대해 집착하지 말아야 한다. 보인다는 것 자체가 시간과 공간의 지배 속에 있음을 의

미하기에 그것은 이미 쇠퇴하는 중에 있는 것이다. 아무리 새로 만들어진 것이라 할지라도 보이는 형체를 지녔다는 것은, 그것이 이미 쇠퇴하기 시작하였음을 의미한다. 사도 바울의 표현처럼 하나님의 관점에서 본다면 그것은 '잠깐' 후에 사라져 버리고 말 것이다. 이 사실을 깨닫는 자에게만 영원이 보이는 법이다. 그리고 영원을 보는 자가 그 삶에 분명한 획을 그을 수 있다. 영원의 거울 앞에서만, 만난(萬難)을 무릅쓰고서라도 추구해야 할 것과 미련 없이 버려야 할 것을 명확하게 분별할 수 있기 때문이다.

영원을 심는 자

영원을 보는 것은 단지 영원을 감상하기 위함이 아니다. 그 영원을 자신의 삶 속에, 그리고 자신의 삶으로 심기 위함이다. 그 이유는 한 가지—영원을 거두기 위함이다. 갈라디아서 6장 7-8절은 이렇게 말하고 있다.

> 스스로 속이지 말라 하나님은 만홀히 여김을 받지 아니하시나니 사람이 무엇으로 심든지 그대로 거두리라 자기의 육체를 위하여 심는 자는 육체로부터 썩어진 것을 거두고 성령을 위하여 심는 자는 성령으로부터 영생을 거두리라

무엇을 심든지 심은 것만을 거둔다는 것은 아무리 세월이 흘러도 변치 않는 하나님의 법칙이다. 심지 않고 거두려는 것은 본문의 지적처럼 자신을 속이는 자기기만이요, 하나님에 대한 사기행각일 뿐이다.

요즈음은 통신이 발달되어 선주(船主)는 자신의 배가 지금 어디에 있는지, 언제 귀항하는지를 정확하게 알고 있다. 그러나 옛날에는 그렇지 않았다. 배가 출항하기 이전에 선장은 선주에게 대충 언제쯤 돌아오리란 약속을 한다. 몇 달 후 그믐 때쯤 하는 식이다. 그래서 약속한 기한이 가까워지면 선주는 날마다 항구에 가서 자기 배를 기다린다. 정확한 귀항 날짜와 시간을 알지 못하기 때문이다. 그런데 말이다. 다른 사람이 모두 항구에 나가 기다린다고 해서 배를 출항시키지도 않은 사람이 자기도 덩달아 항구에 나가서 매일 배를 기다린다고 하자. 그는 정신병자임이 분명하다. 1년이 아니라 10년을 기다린다 한들, 그가 기다리는 배는 결코 돌아오지 않는다. 출항시킨 배가 없거늘 어찌 돌아올 배가 있겠는가? 영원을 심지 않는 자에게는 영원이 거두어질 리가 없다.

다음은 가톨릭 신자인 시인 구상 선생의 '오늘' 이란 시다.

오늘도 신비의 샘인 하루를 맞는다

이 하루는 저 강물의 한 방울이
어느 산골짝 옹달샘에 이어져 있고
아득한 푸른 바다에 이어져 있듯
과거와 미래와 현재가 하나다.
이렇듯 나의 오늘은 영원 속에 이어져
바로 시방 나는 그 영원을 살고 있다.

그래서 나는 죽고 나서부터가 아니라

오늘서부터 영원한 삶을 살아야 하고
영원에 합당한 삶을 살아야 한다.
마음이 가난한 삶을 살아야 한다.
마음을 비운 삶을 살아야 한다.

영원을 거두기 위해 영원을 심는다는 것은 마음을 비워 가는 것이요, 마음을 비운다는 것은 마음 가득 찬 욕망을 털고 일어나 말씀을 좇아가는 것을 의미한다. 욕망을 좇는다는 것은 고귀한 자신의 생명을 갉아먹는 허망한 짓이지만, 말씀을 좇는 것은 이미 제1장에서 살펴본 것처럼, 자신을 스쳐 가는 1초 1초를 영원으로 건져 올리는 것이다.

영원을 누리는 자

영원을 보고 영원을 심는 자는 마땅히 영원을 누리는 자가 된다. 영원을 엔조이(enjoy)하게 되는 것이다. 하나님께서 우리에게 영원을 주신 까닭이 곧 영원을 누리도록 하는 데 있다. 유한한 인간에게 영원보다 더 값진 보배가 없다고 했다. 그러나 이 보배는 금고 속에 넣어두거나 박물관에 진열하기 위한 비실용적인 보배가 아니다. 이 세상을 떠나서는 두말할 것도 없고, 이 세상에서도 매일매일 우리의 삶 속에서 누리기 위한 보배이다. 그래서 영원은 이 세상의 그 어떤 보배도 넘볼 수 없는 절대적인 보배이다.

그렇다면 영원을 누린다는 것은 어떤 의미를 지니는가?

그것은 첫째, '자유를 누린다'는 것을 말한다.

1만 원을 가진 자는 1원의 유혹으로부터 자유를 누릴 수 있다. 금반지를 가진 자는 구리반지의 유혹으로부터 자유할 수 있다. 영원보다 더 크고 더 가치로운 것은 없다. 그러므로 영원을 누리는 영원의 사람은 이 세상의 모든 유혹으로부터 자유를 누리기 마련이다.

세계에서 제일 높은 산은 해발 8,848미터의 에베레스트 산이고, 우리나라 사람으로서는 산악인 허영호 씨가 87년 12월 22일 최초로 등정에 성공하였다. 그가 에베레스트 정상을 정복한 뒤에 쓴 글에는 그냥 지나칠 수 없는 대목이 있다. 그가 8,700미터 지점에 도달하였을 때이다. 아직까지 남은 거리는 148미터—전 구간이 깎아지른 얼음절벽이고 보면 앞으로 얼마나 많은 시간이 더 소요될 것인지, 과연 살아서 정상 정복에 성공할 것인지 알 수 없었다. 마침 8,700미터 지점은 밖으로 돌출되어 있어 휴식을 취하기 안성맞춤이었다. 함께 휴식을 취하던 셰르파(짐을 나르는 인부) 앙리타가 느닷없이 말했다.

공연히 목숨 걸고 정상까지 올라갈 필요 없이, 그냥 여기에서 사진만 찍고 내려가자고 말이다. 돌출된 그 지점에서 하늘을 배경으로 사진을 찍으면 에베레스트 정상에 서 있는 것과 똑같다고 말이다. 그리고 그가 중요한 한 마디를 더 덧붙였다. 그동안 자기가 셰르파를 해 주었던 사람들도 실은, 다 여기에서 사진만 찍고 곧장 내려갔다고 말이다.

그때 허영호 씨가 앙리타의 제안을 받아들였다고 치자. 그래서 그곳에 태극기를 꽂고 그 뒤에서 양팔을 치켜든 채 기념 촬영을 한 뒤 하산했다고 하자. 그는 그 사진 한 장만으로도 마치 자신이 에베레스트 정상을 정복한 것처럼 얼마든지 사람들을 속일 수 있었을 것이다. 그 사진 내용의 진위 여부를 확인해 볼 수 있는 사람이 아무도 없기 때문이다. 그러나 허영호 씨는 앙리타의 제의를 일언지하에 거절하였다. 그 마음속에는 8,700미터 지점이 아니라 8,848미터의 에베레스트 정상이 담겨 있었기 때문이다. 에베레스트의 정상을 마음에 담고 있는 자는, 그 이외의 모든 에베레스트의 유혹으로부터 자유하는 것이다.

영원을 마음에 담고 사는 자도 이와 같다. 그는 이 세상 그 무엇과도 견줄 수 없는 영원을 지니고 있기에 이 세상의 모든 유혹으로부터 자유를 누리는 것이다.

둘째, 영원을 누린다는 것은 '평안을 누리는 것'이다.

성경과 찬송에는 평화, 평강, 평안, 화평이라는 단어들이 등장하고 있다. 이것은 모두 히브리어 '샬롬'(shalom)과 그리스어 '에이레네'(eireenee)를 옮긴 것으로, 각각 다르게 표현된 그 단어들의 의미는 모두 동일하다.

찬송가 작사자인 코넬은 그가 작사한 찬송가 469장 '내 영혼이 그윽이 깊은 데서'를 통해 이렇게 반문하고 있다.

이 땅 위의 험한 길 가는 동안 참된 평화가 어디 있나

그렇다. 이 세상 그 어디에도 참된 평안이란 없다. 이 세상에 속한 것은 그 모두가 소멸하는 중에 있는 까닭이다. 소멸 속에서는 어떤 경우에도 평안이 솟아나지 않는다. 소멸 속에는 오직 회한만 있을 뿐이다. 그래서 하루하루 소멸해 가고 있는 인간 그 자체로부터도 평안은 생성될 수가 없다.

2000년도 노벨 평화상 수상자는 우리나라의 김대중 대통령이었다. 2000년 10월 13일 노르웨이 한림원이 김대중 대통령이 수상자로 선정되었음을 발표하자, 그날 내내 유럽의 언론매체는 뉴스 시간마다 그 사실을 보도하였다. 저녁이 되자 영국의 BBC TV는 사실 보도에 짧지 않은 논평을 덧붙였는데, 그 논평의 결론이 이랬다.

> 남한의 김대중 대통령은 노벨 평화상을 수상하게 되었지만, 아이러니컬하게도 한반도의 평화는 한반도의 또 다른 김씨인 북한의 김정일 국방위원장 손에 달려 있다.

적절한 지적이다. 특정인에 의해 좌지우지되는 평화라면 그것은 진정한 평안일 수가 없다.

1973년 미국의 키신저 박사와 월맹의 레둑토는 베트남의 평화정착을 위해 노력한 공로로 노벨 평화상 공동수상자로 지목되었다. 그러나 2년 후인 75년 4월 30일, 월맹 측의 대공세로 인해 월남이란 나라는 지구상에서 영원히 사라져 버리고 말았다. 1994년엔 팔레스타인 지역 평화를 위해 기여한 공로로 당시 이스라엘 수상이던 이츠하크 라빈, 이스라엘 외무장관 시몬 페레스 그리고 팔레스타인 해방기구 의장 아라파트—이렇게 세 사람이 노벨 평화상을 공동수상하였다. 그러나 그 이듬해 라빈 수상은 암살당했고, 오늘날 팔레스타인과 이스라엘 사이에는 매일 유혈참극이 일어나고 있다. 노벨 평화상이 인간에게 진정한 평화를 가져다 주는 것이 아니다. 인간의 그 어떤 노력도 참된 평안을 가져다 주지는 못한다. 참된 샬롬은 아래나 옆으로부터 오는 것이 아니기 때문이다.

이 험한 세상 속에 참된 평화 없음을 한탄한 코넬의 찬송은, 그러나 다음과 같이 계속되고 있다.

> 평화 평화로다 하늘 위에서 내려오네
> 그 사랑의 물결이 영원토록 내 영혼을 덮으소서

코넬은 위로부터 내려오는 평화를 노래하고 있다. 그렇다. 진정한 샬롬은 오직 위로부터, 영원하신 하나님으로부터만 임하는 것이다. 영원만이 참된 샬롬의 진원지다. 영원만이 소멸하거나 쇠퇴하지 않는 까닭이다. 참된 평화가 위로부터 내려온다고 해서 우리의 머리를 타고 내리는 것은 아니다.

다시 코넬의 노래에 귀 기울여 보자.

> 내 영혼의 그윽이 깊은 데서 맑은 가락이 울려나네
> 하늘곡조가 언제나 흘러나와 내 영혼을 고이 싸네

> 내 맘속에 솟아난 이 평화는 깊이 묻히인 보배로다
> 나의 보화를 캐내어 가져갈 자 그 누구랴 안심일세

위로부터, 영원하신 하나님으로부터 주어지는 평강이 자리잡는 곳은 우리의 심령 그윽이 깊은 곳이다. 아무리 바다에 큰 파도가 일어도 바다 깊은 곳의 물은 흔들림이 없는 법이다. 하나님께서 주시는 평강이 우리의 심령 그윽이 깊은 곳에 둥지를 트는 까닭에, 그 평강은 이 세상의 그 어떤 폭풍 앞에서도 흔들림이 없다. 그래서 지중

해의 가공스런 광풍 유라굴로도 바울의 마음속 깊은 곳의 평안을 앗아가지 못했다. 참혹한 로마의 지하 감방도 그 평강을 빼앗지는 못했다. 도리어 그 지하 감방에서 바울은 빌립보 교인에게 이런 내용의 편지를 써보내었다.

> 주 안에서 항상 기뻐하라 내가 다시 말하노니 기뻐하라 너희 관용을 모든 사람에게 알게 하라 주께서 가까우시니라 아무것도 염려하지 말고 오직 모든 일에 기도와 간구로 너희 구할 것을 감사함으로 하나님께 아뢰라 그리하면 모든 지각에 뛰어난 하나님의 평강이 그리스도 예수 안에서 너희 마음과 생각을 지키시리라(빌 4:4-6)

평강을 누리지 않고서는 결코 지하 감옥 속에서 쓸 수 없는 내용이다. 이처럼 흔들림 없는 평강을 누리는 자였기에 바울은 참수형마저도 두려워하지 않을 수 있었던 것이다.

벌써 오래 전의 일이다. 암으로 투병하던 작가의 부인으로부터 다급한 전화를 받았다. 지금 모 기도원에서 며칠째 기거중인데 급히 좀 와 달라는 것이었다. 기도원을 찾아가니 기도원 바닥에 누워 있는 작가의 눈은 이미 초점을 잃고 있었다. 누가 보아도 임종이 가까웠음을 알 수 있었다. 내가 왔음을 알자 그는 나의 손을 힘없이 잡고 가쁜 숨을 몰아가며 하소연하였다.

"목사님! 왜 하나님께서 나를 버리십니까? 나는 살려 달라고 정말 간절하게 기도했습니다. 그런데도 왜 하나님께서는 나의 기도를 외면하시고 이렇게 버리시는 것입니까?"

많은 기도원들이 자기 기도원에만 오면 어떤 병자든지 치유된다고 선전한다. 그 말을 믿고 기도원을 찾아가 밤을 지새우며 기도해도 응답이 없을 경우, 기도원의 대답은 거의 한결같다. 너의 기도가 부족하거나 네게 문제가 있기 때문이라는 것이다. 그래서 희망을 안고 기도원을 찾았던 불치의 환자들이 실패자의 절망을 안고 내려오는 경우가 허다하다. 스스로 하나님께로부터 외면당한 실패자로 여겨지는 탓이다. 그 작가 역시 마찬가지였다. 자기 목전에 임박한 죽음의 기운을 온몸으로 느끼면서, 더 이상 연명의 기회를 얻지 못한 자신은 하나님께로부터 버림받은 실패자라 스스로 자학하고 있었다.

나는 그의 손을 꼭 붙잡고, 빛을 잃은 그의 눈동자를 들여다보며 말했다.

"집사님! 집사님이 왜 실패자입니까? 하나님께서는 절대로 집사님을 버리시지 않았습니다. 집사님이 왜 예수님을 믿으셨습니까? 예수님을 통해 영원한 하나님의 나라를 얻기 위함이 아니었습니까? 지금 하나님께서 집사님을 부르시고 계십니다. 집사님께 하나님의 영원한 나라와 영원한 생명을 주시기 위해서 말입니다. 아무 염려 마시고 아버지께로 가십시오. 아버지께서 당신의 영원한 품으로 꼭 품어 주실 것입니다. 이 영원한 생명을 얻은 집사님은 실패자가 아니라 위대한 성공의 주인공입니다."

놀랍게도 나의 말을 듣는 그의 눈이 초점을 되찾았다. 그리고 나의 손을 잡고 있는 자기 손에 힘을 꼭 주면서 이렇게 말하는 것이었다.

"목사님! 감사합니다. 정말 감사합니다."

그와 동시에 그의 두 눈에서 눈물이 주르르 그의 귀를 타고내렸다. 그러나 그것은 더 이상 절망의 눈물이 아니었다. 감격의 눈물이었다. 나는 잊지 못한다. 그때 그의 얼굴을 휘감고 있던 그 평안의 빛을! 그로부터 불과 1시간 후, 그는 지극한 평안 속에서 하나님의 품에 안겼다. 영원을 누리는 자에게서는 죽음도 평안을 빼앗지 못한다. 영원을 누리는 자에게 죽음이란 영원한 하나님 나라에의 입성을 의미하는 까닭이다.

> 평안을 너희에게 끼치노니 곧 나의 평안을 너희에게 주노라 내가 너희에게 주는 것은 세상이 주는 것 같지 아니하니라 너희는 마음에 근심도 말고 두려워하지도 말라(요 14:27)

끝으로, 영원을 누린다는 것은 '세월을 누리는 것'을 의미한다.

사람들은 나이 먹기를 꺼려하거나 두려워한다. 요즈음 강남에서는 중년의 남자 사이에서마저도 소위 회춘시술이 붐을 일으키고 있다고 한다. 이를테면 얼굴에 주름이 지지 않도록 얼굴 근육을 당겨주는 수술을 받거나 호르몬 주사를 맞는 것과 같은 시술이 유행이라는 것이다. 이는 늙기 싫어한다는 증거다.

또 대부분의 나이 든 사람들이 이런 말을 한다. 몸은 나이가 들었지만 마음은 아직 20대라고 말이다. 그러나 이것은 참으로 위험한 발상이다. 사람이 세월의 흐름과 비례하여 몸과 마음이 동시에 나이 먹어야 한다는 것은 하나님의 법칙이다. 사람의 마음이 나이 든다는 것은 마음의 그릇이 커지는 것을 의미한다. 즉 나이가 들어가면서 이해할 수 없었던 사람을 이해하게 되고 수용할 수 없었던 사람을 수용하게 되는 것이다. 그 결과 사람은 나이가 들수록 자기 인생의 그늘에 많은 사람을 포용하고 그들에게 안식을 주는 인자한 어른이 되는 법이다.

그러나 나이가 들어감에도 여전히 20대의 마음을 견지하면 어떤 결과가 초래되겠는가? 인간은 나이가 적을수록 자기중심적이다. 그래서 어린아이는 자기밖에 모른다. 20대 역시 자기중심적일 수밖에 없는 시기이다. 나이 50, 60이 된 사람이 20대의 마음으로 살겠다는 것은 여전히 자기중심적으로만 살겠다는 의미요, 남을 생각하지 않겠다는 뜻이다. 그런 마음으로는 나이가 들면 들수록 자식과도 다툴 수밖에 없고 이웃과도 화목할 도리가 없다. 아무리 나이가 들어도 존경받는 어른이 되기는커녕 유치하고 추한 노인이 될 뿐이다.

누가 내게 나이를 물으면 나는 우리 나이로 대답한다. 한 살이라도 줄이려고 만으로 대답하지 않는다는 말이다. 내가 한국인이기에 한국식으로 대답하기도 하지만, 그보다는 주님 안에서 나이를 먹는다는 것에 더없이 긍지를 갖기 때문이다. 주님 안에서 나이를 먹는다는 것은 그만큼 더 영원의 경륜이 깊어졌음을 의미한다. 다시 말해 세상의 유혹으로부터 자유를 누리는 경륜이, 어떤 상황 속에서도 평강을 누리는 경륜이 깊어진 것이다. 어찌 그 삶이 진리의 향기를 뿜어내지 않으며, 어찌 그 삶이 생명의 빛을 발하지 않겠는가?

마음이 몸의 나이를 따라가지 않겠다는 것은 유치한 생각이다. 주님 밖에서 나이 드는 것은 절망스런 일이다. 그러나 주님 안에서 나이 들어가는 것은 참으로 영광스런 일이다. 영원하신 주님 안에서 몸과 마음이 함께 나이 들지 않고서는 진정한 어른이 될 수 없기 때문이다. 그래서 영원을 누리는 자는 세월을 누리기 마련이다.

맺음말

지능지수가 모자라는 모델이 아니라면, 자기가 입은 옷과 같은 색을 배경으로 삼지 않는다. 흰옷을 입은 모델은 흰색 배경 앞에 서지 않는다. 그것은 자기가 입은 옷과 자신을 죽이는 짓이다. 흰옷을 입었다면 짙은 색을 배경으로 삼아야 옷도 살고 모델인 자신도 산다.

유한한 인간이 세상의 것을 배경으로 삼으면, 그것은 자기 자신과 자기 인생을 동시에 망치고 죽이는 짓이다. 이 세상의 것 치고 소멸의 과정에 있지 않는 것이 없는 까닭이다. 유한한 인간의 배경이 될 수 있는 분은 오직 영원하신 하나님뿐이시다. 그분을 배경으로 삼을 때에만 자신도 살고 자신의 일도 절대적 의미를 지니게 된다.

사랑하는 청년들이여!

지금 그대가 어떤 상황 속에 처해 있는가? 열심히 노력하였음에도 불구하고 앞이 가로막힌 홍해 앞에 서 있는가? 경제적으로 풀 한 포기 없는 신 광야에 거하고 있는가? 그대의 건강이 물 한 방울 없는 르비딤과도 같은가?

그렇다면 지금이야말로 영원하신 하나님을 그대 인생의 배경으로 삼을 때임을 잊지 말라. 하나님께서는 그대에게 영원을 일깨워 주시기 위해 바로 그와 같은 인생의 여정으로 그대를 인도하신 것이다. 지금부터 영원을 선택하고, 영원을 추구하는, 영원의 사람이 되어라. 기필코 하나님의 역사가 그대의 삶을 통해 일어날 것이다. 왠지 아는가? 영원하신 하나님께서는, 영원을 알고 영원에 응답하는 자를 통해서만 영원하신 당신의 섭리를 이루시기 때문이다.

이 사실을 누구보다도 잘 알고 있었던 다윗은, 그래서 이렇게 고백하였다.

> 여호와는 나의 목자시니 내가 부족함이 없으리로다 그가 나를 푸른 초장에 누이시며 쉴 만한 물 가으로 인도하시는도다 내 영혼을 소생시키시고 자기 이름을 위하여 의의 길로 인도하시는도다 내가 사망의 음침한 골짜기로 다닐지라도 해를 두려워하지 않을 것은 주께서 나와 함께 하심이라 주의 지팡이와 막대기가 나를 안위하시나이다 주께서 내 원수의 목전에서 내게 상을 베푸시고 기름으로 내 머리에 바르셨으니 내 잔이 넘치나이다 나의 평생에 선하심과 인자하심이 정녕 나를 따르리니 내가 여호와의 집에 영원히 거하리로다 (시 23:1-6)

사랑의 하나님!
이 시간 지나온 내 인생의 여정을 되돌아보며

하나님의 본심을 깨닫습니다. 그 모든 여정이야말로
영원하신 하나님을 알게 하시려는 하나님의 기적이었음을
감사드립니다. 오직 하나님의 결단으로 그 영원한
구원의 기적을 베풀어 주셨음을 진심으로 감사드립니다.
이제부터 날마다 영원을 보는 자가 되겠습니다. 날마다 영원을
심는 자가 될 것을 결단합니다. 날마다 영원을 누리는
자—자유와 평안 그리고 세월을 누리며 사는 자가 되기를
소망합니다. 이 모든 일이 가능하도록 성령님께서 빛으로
조명하여 주십시오. 그리하여 영원에 응답하며 사는 나의 삶을,
이 시대의 어둠을 몰아내는 진리의 밀알로 사용해 주십시오.
아멘.

04

삶 그 현장성

천사가 여자들에게 일러 가로되 너희는 무서워 말라 십자가에 못박히신 예수를 너희가 찾는 줄 내가 아노라 그가 여기 계시지 않고 그의 말씀하시던 대로 살아나셨느니라 와서 그의 누우셨던 곳을 보라 또 빨리 가서 그의 제자들에게 이르되 그가 죽은 자 가운데서 살아나셨고 너희보다 먼저 갈릴리로 가시나니 거기서 너희가 뵈오리라 하라 보라 내가 너희에게 일렀느니라 하거늘 그 여자들이 무서움과 큰 기쁨으로 무덤을 빨리 떠나 제자들에게 알게 하려고 달음질할새 예수께서 저희를 만나 가라사대 평안하뇨 하시거늘 여자들이 나아가 그 발을 붙잡고 경배하니 이에 예수께서 가라사대 무서워 말라 가서 내 형제들에게 갈릴리로 가라 하라 거기서 나를 보리라 하시니라

마태복음 28:5-10

산은 산이고 물은 물이다

　제2부에서 잠시 언급했던 것처럼, 타력 종교인 기독교와 자력 종교인 불교는 본질적으로 동일할 수가 없다. 타력과 자력이란 단어의 의미가 상반된 만큼이나 기독교와 불교의 거리는 멀다. 그러나 본질의 상이함에도 불구하고 양자가 모두 진선미를 추구하고 있다는 의미에서 서로 동일한 속성들을 지니고 있는 것 또한 사실이다. 따라서 그 동일한 속성들을 들여다봄으로 그것들을, 서로 자신을 비추어 보고 가다듬는 거울로 삼을 수 있다.
　80년대 초 신군부의 등장으로 세상이 어수선하던 시절, 조계종 종정이었던 이성철 스님의 법어(法語)가 세인들의 주목을 끌었다. 단 한 줄에 불과한 법어는 이랬다.

　산은 산이고 물은 물이다.

이 짧은 법어가 세인의 입에 오르내렸던 것은 두 가지 이유에서였다. 첫째, 산은 산이고 물은 물이란 삼척동자도 다 아는 너무나도 뻔한 내용이었기 때문이요, 둘째, 그럼에도 위대한 선사가 그 말을 했다면 그 속에 분명 깊은 뜻이 내포되어 있을 터인데 그 뜻을 포착하기가 쉽지 않은 까닭이었다.

700년 전 중국에서 〈금강경오가해〉(金剛經五家解)란 책이 발간되었다. 다섯 분의 큰스님이 불교의 경전인 금강경을 해설한 책으로, 그 속에 야보(冶父) 스님의 시구가 나온다.

山是山 水是水 佛在何處
(산은 산이고 물은 물인데 부처님이 어디에 계시단 말인가?)

이성철 스님은 이 시구의 앞부분, 즉 '산은 산이고 물은 물이다'라는 구절만을 인용했던 것이다. 이것만으로도 전체의 의미를 아는 자는 알기 때문이었다.

여기 산과 물이 있다고 치자. 불교에서는, 그 산과 물에 대한 사람의 인식은 세 단계로 발전해 간다고 한다. 사람은 누구나 먼저 산을 산으로, 물을 물로 인식하기 마련이다. 이것은 자연현상을 감각적으로 인식하는 첫번째 단계이다. 그러나 어떤 사람이 부처님을 만나게 되면 그때부터 산은 더 이상 산이 아니고 물은 물이 아니게 된다. 부처님 안에서는 일체만물의 근본이 하나이므로 산과 물의 구별이 없어져 버린다. 즉 산이 물이고 물이 산이 된다. 하늘과 땅, 아름다움과 추함, 밤과 낮, 그 모든 것도 구분되지 않는 하나일 뿐이다. 말하자면 모든 가치체계에 일대 전도(顚倒)현상이 일어나는 것이 두번째 단계이다. 그러므로 산은 산일 수 없고 물은 물일 수 없는 것이다.

그러나 여기에서 좀더 깊이 나아가면, 다시 산은 산이 되고 물은 물이 된다. 전도되었던 모든 가치체계가 도로 제자리를 찾는 마지막 세번째 단계이다. 다시 산은 산이 되고 물은 물이 된다고 해서 첫번째 단계로의 회귀를 의미하는 것은 아니다. 첫번째 단계에서의 산과 물은 단순히 자연현상에 대한 감각적 인식 대상으로서의 산과 물이었지만, 세번째 단계에서는 부처님의 불성(佛性)을 보여 주는 도구로서의 산과 물이다. 그러므로 이 단계에서는 산과 물 속에서, 다시 말해 이 자연세상 속에서 불자는 부처님을 만나고 부처님의 법어를 듣게 된다.

그래서 야보 스님이 반문했던 것이다. 산은 산이고 물은 물인데 (산과 물이 온통 부처님의 법인데) 부처님이 어디에 계시느냐고 말이다. 그리고 이성철 스님은 이 구절을 그대로 인용하였다. 야보 스님이나 이성철 스님이나 모두, 삶 속에서는 부처님과 아예 동떨어진 삶을 살면서 법당 안에서만 부처님을 찾는 어리석은 불자들을 꾸짖기 위함이었다.

불교에서 득도(得道), 즉 깨달음을 얻는 것을 견성(見性)이라 한다. 문자 그대로 일체만물의 근본이 무엇임을 보고 알았다는 뜻이다. 견성에는 반드시 법열(法悅), 곧 깨달음으로 인한 황홀한 기쁨이 수반된다고 한다. 주머니가 비어도 즐겁고 먹지 않아도 배고프지 않는 기쁨이다. 그러나 불교에서는 이때를 가장 위험한 때로 간주한다. 이때는 산은 산이 아니고 물은 물이 아닌 두번째 단계, 이를테면 모든 가치체계에 일대 전도현상이 일어난 시기이기 때문이다. 겨우 입문의 단계에 진입했을 뿐임에도 마치 도를 완성한 것 같은 착각에 빠지는 것도 이때요, 부처님의 자비를 말하면서 가장 독선적일 때도 바로 이때이다. 따라서 견성은 반드시 그 다음 단계인 오도(悟道)의 경지로 나아가지 않으면 안 된다.

오도는 다시 산은 산이 되고 물은 물이 되는 단계, 즉 전도되었던 가치체계가 제자리를 찾는 세번째 단계이다. 말하자면 이 세상 어디에 있건 그곳에 충만한 불성과 불법을 힘입어 부처님의 가르침을 삶으로 실천해가는 단계다. 이 경지에 이르면 구태여 심산유곡 법당을 찾아 세상을 도피할 이유가 없다. 이 경지에서는 남정네가 뒷산에서 장작을 패고 아낙네가 우물에서 물을 긷는 것이 모두 구도의 행위가 된다. 이전까지는 자기 자신을 위해 나무를 패고 물을 길었지만, 오도의 경지에서는 똑같은 일을 해도 부처님의 자비를 실천하고 나누어 주기 위함이기 때문이다. 바로 이때부터 참된 불자라 일컬음을 받게 된다.

그러므로 야보 스님과 이성철 스님이 입을 맞추어 산은 산이요 물은 물이라 갈파했던 것은, 참된 불자가 되기 위해서는 법당 밖 삶의 현장 속에서 부처님의 가르침대로 살아야 함을 일깨워 주기 위함이었다.

갈릴리로 가라 하신 의미

불교에서 말하는 견성과 오도의 관계는 우리 크리스천에게도 그대로 적용된다. 욕망의 감옥에 갇혀 자기중심적으로 살던 사람이 진리의 영이신 성령님을 만나면, 그 마음속에 말할 수 없는 기쁨이 넘치게 된다. 그야말로 아무것도 가진 것이 없어도 더 없이 마음이 부유하고 배부를 때가 이때다. 더욱이 주님께서 이 땅을 떠나 승천하기 직전 남기셨던 마지막 말씀에 대해 부채감을 느낄 때도 이때다.

> 오직 성령이 너희에게 임하시면 너희가 권능을 받고 예루살렘과 온 유대와 사마리아와 땅 끝까지 이르러 내 증인이 되리라
> (행 1:8)

성령의 사람은 주님을 위한 땅 끝의 증인이 될 것이라는 말씀이다. 이 말씀으로 인해 성령님을 강하게 체험한 사람일수록 땅 끝에

대한 부채감을 지니게 된다. 그래서 그동안 지켜 왔던 삶의 테두리를 넘어 교회라는 새로운 세계 안에서 열심을 다해 봉사하려 한다. 그 중에는 자기 삶의 터전을 떠나 스스로 세상의 끝이라 생각되는 곳을 찾아가는 사람들도 있다. 그러나 그 결과가 다 좋은 것만은 아니다. 열심히 봉사를 하건만 봉사하면 할수록 오히려 뜻하지 아니한 부작용이 초래되고, 사람들로부터는 독선적이라는 비판을 받기도 하며, 급기야는 주위 사람과의 사이에서 다툼이 일어나기도 한다.

지리적으로 땅 끝을 찾아간 사람들도 예외는 아니다. 오늘날 세계 어느 곳이든 한인 선교사가 없는 곳이 드물다. 심지어 수백 명씩 진출해 있는 도시도 있다. 나는 세계 많은 선교지들을 직접 찾아가 보았다. 정말 보기에도 감동적인 선교사들도 많다. 그러나 그 반대의 경우는 더 많다. 자기 사역에 대해 의미를 찾지 못하고 이미 지쳤거나 절망에 빠진 선교사, 딱히 할 일이 없는 선교사, 분열을 조장하거나 물의를 일으키는 선교사 등 부정적인 경우가 부지기수다.

도대체 그 이유가 무엇인가? 성령님의 명령을 좇아 봉사하고, 또 땅 끝을 찾아갔는데 왜 이처럼 부정적인 결과가 초래되는 것인가? 그 이전 단계가 결여된 까닭이다. 주님께서 처음부터 땅 끝의 사람이 되라고 명령하신 것이 아니다. 어린아이가 어느 날 갑자가 어머니의 뱃속에서 불쑥 태어나지 않는다. 아이가 태어난다는 것은 그 이전 단계가 있었음을 의미한다. 즉 어머니의 태 속에서 생성되는 열 달의 과정이다. 주님께서 제자들에게 땅 끝의 사람이 되라는 마지막 유훈을 남기신 것은 바로 그 이전 단계가 있었기 때문이다.

이제 이 장의 본문인 마태복음 28장을 유의해 보자.

그러니 그대들은 빨리 가서 제자들에게 전하십시오. 그가 죽은 사람들 가운데서 살아나셔서 그들보다 앞서서 갈릴리로 가시니, 그들이 거기에서 그를 만날 것이라고 하십시오. 이것이 내가 그대들에게 알리는 말이오. (7절 표준새번역)

주님께서 못박혀 돌아가신 지 사흘 째 되는 날 새벽에 여인들이 주님의 무덤을 찾았다. 그들의 관습에 따라 예수님의 시신에 향품을 발라드리기 위함이었다. 죽은 사람을 땅 속에 매장하는 우리와는 달리 유대인의 장례법은 바위 동굴 속에 시신을 안치하는 것이었으므로 언제든 무덤 속 출입이 가능하였다. 그러나 무덤에 도착한 그들은 깜짝 놀라고 말았다. 무덤의 입구가 열려 있고 응당 그곳에 있어야 할 예수님의 시신이 보이지 않는 것이었다. 그때 천사가 여인들에게 주님께서 부활하신 사실을 알려 주었다. 그리고 곧 제자들에게 가서, 주님 부활하셨다는 소식과 함께 갈릴리로 돌아가야 할 것을 일러 주라고 하였다. 이에 여인들은 제자들이 있는 곳을 향해 뛰어가기 시작했다. 그 여인들 앞에 이번에는 부활하신 주님께서 친히 나타나셨다. 그리고 말씀하셨다.

무서워하지 말아라. 가서, 내 형제들에게 갈릴리로 가라고 전하여라. 그러면 거기에서 그들이 나를 만날 것이다.
(10절 표준새번역)

주님 역시도 여인들을 통해 제자들에게 갈릴리로 돌아갈 것을 지시하고 계신다. 주님께서는 갈릴리에서 부활하신 것이 아니다. 예루살렘에서 부활하셨다. 그렇다면 부활하신 주님께서 제자들을 예루살렘에서부터 직접 땅 끝으로 보내실 일이지 왜 구태여 갈릴리로 돌아갈 것을 명하시는가? 갈릴리가 얼마나 중요하면 부활하신 주님께서 연거푸 두 번씩이나 제자들에게 갈릴리로 갈 것을 명하고 계시는가?

무릇 뜻 있는 크리스천이라면 자신의 삶이 이 시대를 위한 사도행전이 되기를 소망한다. 그래서 뭇 크리스천들이 사도행전을 중히 여기고 있다. 그러나 사도행전 역시 어느 날 하늘 위에서 그냥 뚝 떨어진 것이 아니다. 사도행전 1장에 의해 사도행전의 막이 올랐다면, 그 사도행전 1장은 바로 앞장인 요한복음 21장과 엇물려 있다. 요한복음 21장 없이는 사도행전 자체가 불가능하다는 말이다.

그렇다면 요한복음 21장의 내용은 무엇인가? 부활하신 주님께서 사랑하는 제자들을 불러 모으시고 제자들을 대표하는 베드로에게, "네가 나를 사랑하느냐? 네가 나를 사랑하느냐? 네가 나를 사랑하느냐?"—되풀이하여 물으심으로 제자들이 앞으로 무엇을, 왜, 어떻게 살아야 할 것인지를 일깨워 주셨다. 그리고 그 뒤를 이어 사도행전의 막이 오르고 있다. 중요한 것은 바로 이 요한복음 21장의 무대가 갈릴리라는 사실이다. 즉 땅 끝을 명령하신 주님께서 그 땅 끝의 시발점으로 삼으신 곳이 바로 갈릴리요, 사도행전의 서막 역시 갈릴리였다. 갈릴리 없는 땅 끝이 있을 수 없고, 갈릴리가 결여된 사도행전은 존재할 수 없다는 말이다.

그렇다면 주님께서 제자들을 갈릴리로 되돌려 보내신 까닭이 무엇인가? 제자들에게 갈릴리란 바로 그들의 삶의 터전이었다. 그들의 일터가 갈릴리에 있었고 그들의 가정 또한 갈릴리에 있었다. 바로 그 삶의 현장을 땅 끝의 시발점으로, 사도행전의 출발점으로 삼도록 하기 위함이었다. 불교의 용어를 빌리자면 오도의 사람이 되게 하기 위함이었다.

크리스천이란 주님께서 언제나 자신과 함께 계심을 믿는 자다. 그러므로 참된 크리스천 됨의 증거는 예배당 안에서 드러나는 것이 아니다. 예배당 안에서는 사기꾼도 거룩한 표정을 지을 수 있다. 참된 크리스천 됨의 여부는 예배당 밖 삶의 터전에서만 가려진다. 삶의 터전에서 겪는 일상사 속에서 신실한 크리스천으로 살아가는 자만이 땅 끝에서도 신실한 크리스천으로 살아갈 수 있고, 바로 그의 삶 자체가 사도행전이 되는 것이다. 생각해 보라. 가장 가까운 자기 가족 앞에서, 일터의 동료 앞에서 크리스천으로 살지 못하는 자가 어찌 그 테두리 밖에서, 땅 끝에서 참된 크리스천일 수 있겠는가?

바울(사울)이 다마스커스를 향하고 있었다. 자신이 옳다고 믿는 신념을 위해 크리스천들을 색출하여 예루살렘으로 연행하기 위함이었다. 그러나 바로 그 길 위에서 그는 주님의 영에 사로잡히고 말았다. 자신이 부정했던 예수님—바로 그분이 부활하신 그리스도시요 성자 하나님이심을 확인하는 순간이었다. 주님을 만난 바울은 뜨거운 심령을 주체할 수가 없었다. 그래서 그는 곧 다마스커스에서 외치기 시작했다. 예수님께서 그리스도시라고 말이다. 그러나 결과는 심각한 부작용이었다. 그곳의 유대인들이 바울을 죽이려 한 것이다. 성급하게 견성의 때에 뛰쳐나간 탓이었다. 얼마나 사태가 심각했던지 성문을 이용할 수도 없어서, 그곳 크리스천들이 밧줄에 매달아 내려준 광주리를 타고 도망가야만 했다.

그 길로 바울은 아라비아 광야로 가 그곳에서 3년 간이나 홀로 경건의 훈련을 쌓았다. 그 이후 그는 예루살렘으로 올라갔다. 사도들과 함께 주님의 복음을 전하고픈 열정 때문이었다. 그러나 그곳에서도 문제가 일어나기는 마찬가지였다. 그곳의 유대인들 역시 바울을 죽이려 들었던 것이다. 할 수 없이 예루살렘의 크리스천들이 바울을 설득하여 그를 다소로 내려보냈다. 행여 딴 곳으로 갈까 염려되어 몇 사람이 가이사랴까지 따라가서 그곳에서 바울을 다소로 보냈다.

바울이 되돌아간 다소는 바로 그의 고향이다. 이 세상에서 그 누구보다도 바울을 가장 정확하게 아는 그의 가족과 이웃이 있는 삶의 터전이었다. 그곳에서 바울은 무려 13년을 지내야만 했다. 그 기간 동안 하나님께서 그로 하여금 안팎으로 표리부동(表裏不同)하지 않는 크리스천의 삶을 살게 하셨다. 자신을 가장 잘 아는 사람들이 있는 삶의 터전에서 말이다. 이를테면 오도의 사람이 되게 하신 것이다. 그리고 마침내 그곳에서 그가 신실한 갈릴리 사람으로 성숙해졌을 때, 하나님께서는 그를 안디옥으로 불러내시고 땅 끝의 사람이 되게 하셨다. 그래서 그는 어디서나, 심지어는 날아오는 돌팔매질 속이나 지하 감옥 속에서도 변함 없이 신실한 크리스천일 수 있었다.

예수님의 삶의 터전은 나사렛, 곧 갈릴리였다. 갈릴리에 당신의 가족이 있었고 목수였던 당신의 일터가 있었다. 바로 그 갈릴리에서부터 예수님의 공생애가 시작되었다. 당신을 가장 잘 알고 있는 사람들 앞에서부터 그분은 그리스도의 생애를 시작하신 것이다. 그래서 그분은 예루살렘에서도 변함 없는 그리스도이실 수 있었다.

3년 전 제자들은 모든 것을 버리고 주님을 따라나섰다. 청운의 꿈을 품고서 말이다. 그러나 지금 그들은 빈손으로 갈릴리로 돌아가고 있다. 이루어진 것이라곤 아무것도 없었다. 여지없는 실패자의 형색이 아닐 수 없다. 그러나 그들은 결코 실패자가 아니었다. 부활하신 주님께서 그들을 갈릴리로 다시 돌려보내신 것은, 그들의 삶의 터전인 그곳에서부터 그들을 땅 끝의 사람으로 다시 세워 주시기 위함이었다.

누구보다도 나를 가장 잘 아는 자들이 있는 삶의 현장에서 크리스천으로 살아가지 않는다면, 교회에서 경건해 보이는 나의 모습은 꾸며진 연기일 수밖에 없다. 연기로는 결코 이 세상을 변화시키지 못한다. 세계적으로 흥행에 성공한 영화들이 많다. 수억 명에 달하는 관객들에게 큰 감동을 주며 손수건이 젖도록 울리기도 한다. 그러나 아무리 흥행에 성공했더라도 영화가 이 세상을 변화시키지 못하는 것은, 그 영화 속에 등장하는 배우의 일거수 일투족이 모두 꾸며진 연기이기 때문이다. 성령님께서는 신실함이 결여된, 인간의 연기를 통해서는 역사하지 않으신다.

이런 의미에서 우리는 모두 '갈릴리 사람'이 되지 않으면 안 된다. 내가 지금 두 발을 딛고 있는 삶의 현장에서부터 신실한 크리스천이 되어야만 한다. 바로 그곳이 땅 끝의 시발점이요, 그곳에서부터 사도행전의 막이 오른다.

우리의 갈릴리 - 일터

 인간에게 삶의 현장이라면 크게 일터와 가정이라는 두 축으로 이루어져 있다. 먼저 일터에 대하여 생각해 보자. 크리스천의 크리스천 됨, 크리스천의 신실함은 일차적으로 일터에서 행하는 일의 내용, 일을 추진하는 방법, 함께 일하는 동료에 의해 가려지는 법이다.
 미국에서 발간되는 '남가주 한국일보'에 지난 6년 동안 종교 칼럼을 게재하여 많은 크리스천에게 경각심을 불러일으켜 준 정숙희 기자가 있다. 그분 역시 크리스천이다. 다음은 그분이 작년 6월 달에 쓴 칼럼의 일부이다.

 ……그런데 장로나 권사, 집사라는 호칭을 교회 밖에서도 그토록 남용하는 직분자들이 직분에 맞게 살고 있는가는 도무지 회의적이다. 사회에서 교회직분을 은근히 과시하는 사람은 그것이 명예롭다거나 자랑할 만한 '계급'이라고 생각하기 때문이

다. 그러나 요즘 한인 사회에서 장로나 권사 등의 직분을 명예롭게 생각하는 사람들은 거의 없다. 교회가 신자들의 비위를 맞추느라 워낙 많은 숫자를 양산한 탓도 있지만 신앙으로 보나 인격으로 보나 자격 없는 사람들이 많기 때문이다. 또한 한국을 시끌벅적하게 만들었던 온갖 재정비리 스캔들로부터 시작해 사회에서 물의를 일으키는 사람들이 대개 교회의 중진들이라는 사실이 알려지면서 이제는 선량한 장로와 권사들이 직분을 부끄러워할 세상이 됐다.

두레마을 김진홍 목사의 자전소설 〈황무지가 장미꽃같이〉에 나오는 이야기다. 청년 시절 신학교를 중퇴하고 한 철공소에 입사했는데 그 사장은 장로로서 여러 곳에 교회를 세우고 많은 헌금을 하며 전도사업에 힘쓰는 모범 신앙인이자 기업인으로 알려진 사람이었다. 그런데 이 철공소의 동료직원들은 모두 "예수쟁이라면 신물난다"고 했다. 이유인즉 간부들이 모두 교회 중진인 이 회사의 노동자 임금은 같은 업종의 다른 회사들에 비해 10% 낮았고 작업 시간은 1시간 길었다. 더욱 나쁜 것은 매일 아침 전 종업원이 예배를 봐야 했는데 이 시간은 노동 시간에 포함되지 않는 점이었다. 이 때문에 30분 더 일찍 출근해야 하는 노동자들은 "자식새끼 낳아 예배당 보내면 개새끼다"라는 욕을 거침없이 내뱉었고 이들을 위해 노조를 만들려 했던 김 목사는 경영진에게 협박과 테러를 당하고 쫓겨났다.

신앙은커녕 양심과 윤리조차 실종된 크리스천 기업의 모습은 현재의 남가주 한인업계에도 드문 이야기가 아니다. 입만 열면 성경이야기를 하는 독실한 장로 사장이 직원들 보는 앞에서 거래처를 예사로 속이거나 탈세에 앞장서는 일은 평범한 이야기에 속한다.

얼마 전 한인타운에서 식당을 운영했던 목사 부부의 상상을 초월한 '절약 비리'를 한탄하는 글이 교계 신문에 실렸다. 식당 종업원들이 고발한 내용을 옮긴 이 글에 따르면 "손님 먹고 남은 반찬을 걷어 다른 손님상에 내어 주는 일은 항상 있는 일이며 어쩌다 남은 반찬을 버리려 하면 종업원을 야단치기 일쑤였다. 물값을 아끼려고 김치를 담글 때는 한 번 이상 헹구지 못하게 했으며 설거지통 물은 하루 한 번만 교체하게 해서 일하던 라티노 노동자들이 한국 사람을 더러운 민족으로 오해할 정도가 되었다"는 것이다.

LA의 한 업주는 가게에서 사람을 쓸 때 기독교인, 특히 들어와서 기도부터 하는 사람은 절대 안 쓴다는 직원채용의 원칙을 들려주었다. 왜냐하면 경험상 이런 사람 치고 일할 때 기독교의 가르침은커녕 상식을 지키는 사람이 너무도 없기 때문이란다. 이 업주는 또 마켓(시장) 보러갈 때 일요일 교회 끝날 시간대는 가능한 피한다고 했다. 왜냐하면 교인들은 장보는 매너마저 너무나 무례하고 질서가 없기 때문이란다.

이분의 지적은 꼭 크리스천에만 해당되는 이야기는 아니다. 대다수 양식 없는 한국인의 자화상이다. 그러나 사회의 빛과 소금이 되라는 가르침을 따르는 기독교인은 모범을 보여 주길 바라는 것이 세상 사람들의 기대다. "너희는 세상의 소금이라 소금이 짠맛을 잃으면 무엇을 하리요 밖에 내다버리어 밟힐 뿐이라"고 한 예수님의 말씀을 귀 있는 직분자들은 들어야 할 것이다.

우리는 이 칼럼에 등장하고 있는 인물들이 주일날 교회에서 예배 드리는 모습을 쉽게 상상해 볼 수 있다. 경건하고 거룩한 표정의 모습 말이다. 그러나 그들이 일터에서 그처럼 주님의 말씀을 등지고 살아가는 한 그들이 신실한 갈릴리의 사람, 참된 크리스천일 수는 없다.

일터에서 참되고 신실한 크리스천으로 살아가기 위해서는 무엇보다도 크리스천으로서 바른 직업관을 가지고 있어야 한다. 서두에 언급한 산과 물에 대한 불교도의 인식 발전단계는 크리스천의 직업관에도 그대로 적용된다.

주님을 알기 전엔, 직업은 직업이다. 직업이야말로 자신의 꿈과 야망을 성취할 수 있는 가장 확실한 방편이다. 그래서 사람들은 좀 더 좋은 직업을 얻기 위해 애쓴다. 재물은 말할 것도 없고 권력과 명예까지 뒤따르는 직업이라면 금상첨화다. 그러나 주님을 알고 나면, 직업은 더 이상 직업이 아니다. 영원한 진리의 말씀 앞에서 세상의 직업이란 아무 의미가 없어 보이는 것이다. 직업을 버리고 신학교를 가야 하는 것이 아닌가 고민하는 때가 바로 이때다. 그러나 이 단계가 지나면, 바꾸어 말해 믿음이 더욱 성숙해지면, 다시 직업은 직업이 된다. 이것은 첫번째 단계로의 회귀를 의미하지 않는다. 첫번째 단계에서의 직업이 자신의 욕망을 성취하기 위한 목적으로서의 직업인 반면, 이 단계에서의 직업은 주님의 뜻을 실천하기 위한 도구로서의 직업이다. 직업의 주체가 나 자신에서 주님으로 바뀐 것이다. 그러므로 이 단계에서는 모든 직업이 다 성직이 된다.

피카소는 92세의 나이로 타계하던 날 아침에도 침대에서 연필로 스케치를 한 것으로 알려져 있다. 구십 넘은 노인이 그것도 침대에서 스케치한 것이라면 뭐 그리 대단한 명작이겠는가? 그러나 그 스케치 역시도 엄연한 작품이다. 위대한 피카소의 스케치이기 때문이다. 크리스천이란 주님 안에서 거룩하다 인정받은 자들이다. 모든 크리스천이 성도라 불리는 까닭이 여기에 있다. 따라서 정말 하나님의 뜻을 따라 살아가는 신실한 크리스천이라면, 그가 무슨 일을 하든 그 직업은 성직이다. 그 직업을 수행하는 자가 거룩한 성도이기 때문이다.

사람들은 하나님의 말씀 전하는 일만을 거룩하게 여기는 경향이 있다. 과연 그것만이 거룩한 일인가? 지난 3년 동안 나는 제네바에서 혼자 지냈다. 밥 짓고 설거지하기, 빨래하고 청소하기, 다림질하기 등 모든 것을 혼자 해결해야만 했다. 만약 내가 말씀 전하는 것만을 거룩하게 여겨 그 이외의 일을 하지 않았다면, 말씀 전하는 일 자체가 불가능했을 것이다. 말씀을 전하기 위해서는 밥 짓고 빨래하는 것과 같은 여타의 일들이 수행되지 않으면 안 되었다. 그렇다면 말씀 전하는 일이나 밥 짓는 일이나 그 절대적 의미는 하나님 앞에서 똑같이 동일하다. 내가 나이 오십이 넘어 죽지 못해 단지 살기 위해 홀로 밥 짓고 설거지한다면 그보다 더 처량한 일이 없지만, 그것이 주님을 위한 것이라면 그보다 더 거룩한 일이 따로 있을 수 없다.

제네바의 3년 동안 혼자 가사를 꾸리다보니 어렵게 여겨지던 일들이 점점 익숙하게 되었다. 이를테면 처음엔 와이셔츠 한 장을 다리는 데 30분도 더 걸렸지만, 귀국하기 전엔 단 5분이면 충분할 정도로 전문가가 되었다. 그러나 3년이 다 가도록 어렵기만 한 일이 있었다. 머리를 깎는 일이었다. 제네바에 막 도착하여서는 스위스 사람들의 이발소와 미장원엘 갔었다. 그러나 그곳의 이용사나 미용사는 직모 머리카락을 다루어 본 경험이나 기술이 전혀 없었다.

서양인들은 100퍼센트 곱슬머리다. 따라서 머리를 어떻게 자르든 결과적으로 자연스런 웨이브가 지기 마련이다. 그러나 우리와 같은 직모는 조금만 잘못 잘라도 좌우균형이 비뚤어져 버린다. 그러니 이용사나 미용사가 힘들어할 수밖에 없다. 더욱이 나는 중고등학교 6년 동안 의무적으로 빡빡머리를 해야만 했던 세대에 속한다. 따라서 나의 머리카락은 서양인에 비해 훨씬 뻣뻣하다. 뒤나 옆머리를 고르느라 짧은 머리카락을 자를 때 그것이 튀어 이발사의 입 속으로 들어가는지 종종 퉤퉤 하고 뱉어낸다. 그게 미안해서 세 번을 끝으로 더 이상 스위스인 이발소나 미장원을 찾을 수가 없었다. 할 수 없이 면도날이 부착된 커터(cutter)를 구입하여 혼자 머리를 깎기 시작했다. 그러나 어릴 때부터 거울 사용에 익숙한 여자들과는 달리, 거울 앞에서 손거울을 비춰가며 뒷머리를 깎는다는 것은 여간 어려운 일이 아니었다. 결국 3년 동안 나는 머리를 깎을 때마다 모양이 이상하게 바뀌는, 어설픈 헤어스타일을 하고 다닐 수밖에 없었다.

그 경험을 통하여 나는 정말 귀한 사실을 깨닫게 되었다. 사람의 머리를 가꾸어 주는 직업은 참으로 귀한 직업이라는 깨달음이었다. 사람이 아무리 그럴듯해도 머리가 어수선하면 전체가 어수선해 보인다. 머리는 그만큼 중요하다. 그 중요한 사람들의 머리를 가꾸어 주는 일은 귀하기 그지없다. 단지 먹고살기 위해 남의 머리를 만진다면 따분할 수도 있지만, 하나님을 섬기는 마음으로 하나님의 형상인 사람의 머리를 가꾸어 준다면 그것은 말할 나위 없는 성직이다.

더욱이 베드로전서 2장 9절은 이렇게 증거하고 있다.

오직 너희는 택하신 족속이요 왕 같은 제사장들이요 거룩한 나라요 그의 소유된 백성이니 이는 너희를 어두운 데서 불러내어 그의 기이한 빛에 들어가게 하신 자의 아름다운 덕을 선전하게 하려 하심이라

본문은 모든 크리스천이 하나님 앞에서 제사장, 즉 성직자들임을 밝혀 주고 있다. 바로 이 구절로부터 종교 개혁의 핵심 중 하나인 '만인제사장' 설이 나왔다. 안수받은 목사나 신부만 성직자인 것이 아니다. 주님을 믿는 자는 모두 성직자이다. 그들이 모두 성도이기에 그들이 가진 직업이 성직이요, 그들의 직업이 성직이기에 그 당사자는 성직자일 수밖에 없는 것이다. 무엇을 위한 성직인가? 본문은 '우리를 어두운 데서 불러내어 그의 기이한 빛에 들어가게 하신 자의 아름다운 덕을 선전하기 위함'이라 밝혀 주고 있다. 죄와 사망으로부터 우리를 구원해 내신 주님의 사랑과 은총을 전하기 위함이라는 말이다.

그렇다면 기업인이란 기업을 통해 주님의 생명을 나누어 주는 성직자이다. 교육자는 교단에서 자신의 지식을 통해 주님의 진리를 일깨워 주는 성직자이다. 이용사나 미용사는 자신의 기술을 통해 주님의 사랑을 전해 주는 성직자이다. 구멍가게 주인은 자신의 가게를 통해 진리의 빛을 발하는 성직자다. 바로 이것이 크리스천이 지녀야 할 직업관이다. 크리스천이 이처럼 바른 직업관을 가지고 살아간다면, 정숙희 기자의 칼럼에 언급된 것과 같은 수치스런 일이 적어도 크리스천의 일터에서만은 일어나지 않을 것이다.

크리스천이 무슨 직업을 가지고 있든 그 직업을 성직으로 수행하

는 성직자가 되기 위해서는 반드시 마음에 새겨 두어야 할 몇 가지 사항들이 있다.

최고최대를 추구하는 것은 믿음이 아니다

많은 크리스천이 자신의 일터에서 최고최대를 목표로 삼고 있다. 그러나 그것은 어떤 경우에도 바른 믿음의 행위가 아니다. 하나님께서 당신의 뜻을 위하여 특정인을 최고최대의 자리에 앉혀 주셨다는 것과, 인간이 스스로 최고최대를 추구한다는 것은 결코 같은 말이 아니다. 인간이 최고최대를 목표로 삼았다는 것 자체가 이미 믿음을 벗어난 것이다. 최고최대를 이루기 위해서는 정도를 벗어나 수단과 방법을 가리지 않을 도리가 없다. 거짓과 불의한 짓도 서슴지 말아야 한다. 그래서 최고최대에 대한 추구와 신실한 믿음은 어떤 경우에도 동석하지 않는다.

영국 BBC TV에서 '로마황제'라는 다큐멘터리를 매주일 방영한 적이 있다. 역대 황제들의 실상과 허상을 다룬 내용도 탁월했지만, 프로그램이 끝날 때의 영상처리는 더욱 인상적이었다. 바닷가에 파도가 힘차게 밀려온다. 그리고 그 파도는 아주 느린 동작으로 밀려 나간다. 우렁차게 밀려왔던 파도가 모래 위에서 힘없이 물거품으로 서서히 사라져 버리는 것으로 '로마황제'는 끝난다. 그 얼마나 예리한 메시지인가!

로마황제의 자리란 최고최대의 상징이다. 그 최고최대의 자리를 차지하고 유지하기 위해 얼마나 큰 불의와 술수 그리고 살육이 자행되었던가? 그러나 그 결과는 모두 허망한 물거품이었다. 유럽에서는 가는 곳마다 로마제국의 유적과 조우하게 된다. 그러나 그 어디를 가 보아도 폐허 아닌 것이 없다. 그 이유가 무엇인가? 로마제국과 로마황제들은, 자신들이 궁극적 목표로 삼던 최고최대를 이루고 지키기 위해 거짓과 불의 위에 서 있었기 때문이다. 거짓과 불의를 바탕으로 삼는 것은 반드시 물거품처럼 사라지고 만다. 거짓과 불의 자체가 영원할 수 없는 까닭이다.

그러므로 크리스천이 자기 일터에서 신실한 크리스천으로 살아가기 위해서는 최고최대가 아닌, 영원한 가치를 추구해야만 한다. 크리스천의 목표는 언제나 최고최대가 아니라 영원이다. 오직 그때에만 최고최대를 지향하는 경제논리에서 탈피하여, 말씀을 좇아 성직을 수행하는 성직자의 역할을 다할 수 있다.

세계지도를 펴놓고 이스라엘을 찾아보면, 바로 그 지도 위에서도 하나님의 분명한 메시지를 읽을 수 있다. 이스라엘은 우리나라 경상남북도를 합친 정도의 크기에 지나지 않는다. 정말 볼품없는 규모다. 그 이스라엘을 중심으로 최고최대를 지향하던 제국들이 발흥했었다. 이집트제국, 아시리아제국, 바빌로니아제국, 페르시아제국, 헬라제국, 그리고 로마제국이었다. 그러나 그 최고최대의 제국들은 이미 물거품처럼 사라진 지 오래다. 반면 그 제국들에 비한다면 나라라고 부르기조차 민망스러울 정도로 작은 규모의 이스라엘은 어떠한가?

주전 586년 이스라엘은 바빌로니아의 침공으로 멸망당하고 말았다. 나라가 없어지고 만 것이다. 그러나 그로부터 2600년 후, 이스라엘은 예전의 영토에 예전의 국호로 다시 회복되었다. 이것은 인류 역사에 전무후무한 일이다. 마치 한국인들이 만주로 몰려가 1500년 전에 사라진 고구려의 간판을 다시 다는 것과 같은 일이다. 어떻게 그 불가능한 일이 가능했는가? 이스라엘이 영원하신 하나님 말씀의 바탕 위에 세워졌기 때문이다. 이스라엘 사람들이 위대해서가 아니라, 하나님의 언약의 영원하심으로 인함이었던 것이다.

그렇다면 최고최대를 추구할 것인가? 비록 보잘것없어 보일지라도 영원한 가치를 추구할 것인가? 이 질문에 대한 해답은 자명할 수밖에 없다. 그대가 지금 심혈을 기울여 행하고 있는 일의 결과가 허망한 물거품이 되기를 원치 않는다면, 그대는 지금부터 최고최대에의 유혹으로부터 자유하여야 한다. 그리고 분명히 알아야 한다. 영원보다 더 크고 더 높은 것은 있을 수 없다는 것과, 영원은 세속적 규모가 아니라 그 내용으로 가려진다는 것을 말이다.

성공이란 우상을 배격해야 한다

많은 크리스천들이 성공이란 우상을 섬기고 있다. 하여, 크리스천은 무엇을 하든 반드시 성공해야 된다는 그릇된 생각을 지니고 있다. 그러나 그것은 전적으로 틀린 생각이다. 크리스천은 크리스천이기 때문에 얼마든지 실패할 수 있으며, 그 실패를 겸허하게 수용하는 것이 믿음임을 잊어서는 안 된다.

예수님 당시 베다니에 살던 나사로란 이름의 청년이 갑작스런 병으로 죽게 되었다. 예수님과 특별히 친분관계를 맺고 있던 나사로의 누이들이 예수님께 사람을 보내어, 급히 오시어 오라비를 살려 주기를 청하였다. 그때 예수님의 반응이 어떠했는지를 요한복음 11장 4절이 이렇게 밝혀 주고 있다.

예수께서 들으시고 말씀하셨다. "그 병은 죽을 병이 아니다. 그
것은 오히려 하나님의 영광을 드러낼 병이다. 이 일로 말미암아
하나님의 아들이 영광을 받게 될 것이다."(표준새번역)

지금 젊디젊은 청년이 죽음을 목전에 두고 있다면 그 인생이야말
로 꺾이고 실패한 인생이라 할 수 있다. 그런데도 주님께서는 태연
하게 그것은 하나님과 당신의 영광을 위함이라 말씀하셨다. 도대체
하나님께서는 피조물을 병들어 죽게 만든 뒤에, "그것 봐. 너와 나는
이처럼 다르지?"—이렇게 상대적인 영광을 취하는 옹졸한 분이시란
말인가? 결코 그렇지 않다. 주님께서 말씀하신 '영광'이란 상대의
패배를 볼모로 하여 승자가 얻는 것과 같은 상대적인 영광을 의미하
지 않는다. 주님께서 말씀하신 영광—그리스어로 '독사'(doxa)는 동
사 '도케오'(dokeo)에서 파생되었는데, 그 속에는 세 가지 깊은 의미
가 담겨져 있다.

첫째 의미는 '생각한다'는 것이다. 사람들이 아침부터 저녁까지
분주하게 뛰어다니지만 생각하며 살지 않는다. 생각 없이 이리저리
단지 욕망에 이끌려 다닐 뿐이다. 그러나 일단 인생이 꺾이면, 자신
의 계획이 무산되면, 그제야 멈추어 생각하게 된다.

두번째 의미는 '생각하되 반드시 바른 생각을 한다'는 뜻이다. 따
지고 보면 사람들이 생각 없이 사는 것은 아니다. 실은 쉴 틈 없이
생각하기는 한다. 문제는 그 모두가 욕망에서 비롯된 부질없는 생각
들일 뿐이라는 것이다. 생각하는 것은 어렵지 않지만 바른 생각을
하는 것은 결코 쉽지 않다. 그러나 실패의 쓴잔을 마시게 되면 자신
의 인생에서 무엇이 잘못 되었는지, 무엇을 교정해야 하는지, 비로

소 바른 생각을 하기 시작한다. 나는 이제껏 중병으로 앓아누운 이들이, "완쾌되기만 하면 멋지게 한탕 해치우겠다"고 말하는 경우를 본 적이 없다. 한결같이 건강이 회복되면 바르게 살리라 결심하는 것을 보았을 뿐이다.

'도케오'의 마지막 의미는 '찬양한다'는 뜻이다. 사람들은 자신의 능력이나 재능 그리고 수완으로 살아간다고 생각한다. 그래서 일이 잘되면 모두 자신의 공적이 된다. 그러나 실패를 경험하고 나면 자신의 능력으로 되는 일이란 아무것도 없음을 깨달을 뿐 아니라, 자신의 심장이 지금 뛰고 있는 것마저도 하나님의 은혜임을 고백하면서 중심으로 하나님을 찬양하게 된다. 결과적으로 그의 일거수 일투족이 하나님의 영광을 드러내는 신실한 삶이 되는 것이다. 그래서 크리스천은 크리스천이기 때문에 반드시 성공하는 것이 아니라, 오히려 크리스천임으로 인해 얼마든지 실패할 수 있다. 그리스도 안에서의 실패는 그리스도 밖에서의 성공보다 훨씬 유익한 까닭이다.

많은 크리스천들이 큰돈을 벌어 그 돈으로 하나님께 영광돌리는 일을 하겠다고 한다. 그러나 그대들은 분명히 알아야 한다. 하나님께서는 그대들의 돈을 필요로 하지 않으신다. 만약 하나님께서 인간의 돈 자체가 필요하시다면 재벌이나 은행장만을 상대하실 것이다. 이 세상 만물이 모두 하나님의 것이거늘 어찌 하나님께서 그대의 돈 자체를 필요로 하시겠는가? 하나님께서 필요로 여기시는 것은 그대의 돈이 아니라, 정직하게 일하고서 주어진 몫에 감사하며 그 몫을 바르게 쓸 줄 아는 그대의 중심이다. 그 중심만이 이 세상에 주님의 빛을 발하는 진리의 등불일 수 있다.

바로 이것이 그대가 주님 안에서 실패할 수 있는 이유이다. 실패를 통해 그런 사람으로 빚어져야 할 필요가 있다면 말이다. 그래서 참된 크리스천은 성공이란 우상에 현혹당하지 않는다. 실패를 두려워하거나 실패로 인해 절망하지도 않는다. 오히려 실패를 통해, 주님께서 맡기신 성직을 바르게 수행하는 성숙한 성직자가 되어 가는 기쁨을 누리게 된다. 그렇기에 크리스천의 실패는 진정한 의미에서 실패일 수가 없다.

크리스천의 승패는 결코 세상의 경제논리에 의해 판가름나지 않는다. 만약 그렇다면, 로마의 지하 감방에 갇혔다가 끝내 비참하게 참수형을 당한 바울이야말로 세상에서 가장 어리석은 실패자일 것이다. 크리스천의 승패는 오직 하나님 앞에서 하나님의 논리, 즉 말씀의 법칙에 의해 결정될 뿐이다.

> 사람이 내 말을 듣고 지키지 아니할지라도 내가 저를 심판하지 아니하노라 내가 온 것은 세상을 심판하려 함이 아니요 세상을 구원하려 함이로라 나를 저버리고 내 말을 받지 아니하는 자를 심판할 이가 있으니 곧 나의 한 그 말이 마지막 날에 저를 심판하리라(요 12:47-48)

매사에 '왜'를 스스로 물어야 한다

종종 크리스천 기업인들로부터 거짓말을 해도 되느냐는 질문을 받는다. 한국적인 상황에서 기업을 하려면 어쩔 수 없이 거짓말을 하게 되는 경우가 있는데, 거짓말을 안 하자니 일이 성사되지 않거나 몫이 줄어들까 두렵고, 시치미를 떼고 거짓말을 하자니 신앙 양심이 괴롭다는 것이다. 나는 그때마다 그분들에게 항상 같은 답변을 드렸다. 거짓말을 해야 할 경우가 생긴다면, 거짓말을 할 것인지 말 것인지를 구별하려 하지 말고, '왜' 거짓말을 해야 하는지 그 이유를 생각해 보라고 말이다.

성경에는 거짓말을 하고서 오히려 존귀하게 된 사람이 있다. 여리고 성의 기생 라합이다. 그는 이스라엘 정탐꾼을 자기 집 위에 분명히 숨겨 주었음에도 수색대에게 모른다고 딱 잡아떼었다. 그러나 하나님께서는 한 번도 그녀의 거짓말을 탓하신 적이 없다. 오히려 그녀는 그 거짓말 덕분에 마태복음 1장에 나오는 예수님의 족보에 오르는, 인간으로서는 가장 큰 영광을 얻었다. 그 이유가 무엇일까?

사람들은 자신의 욕망, 자기 주머니를 위해 거짓말을 하기 마련이다. 그러나 라합은 구차하게 그녀의 돈주머니를 위해 거짓말을 한 것이 아니었다. 하나님의 사람들을 살리기 위함이었다. 더욱이 그녀는 그들을 살리기 위해 자신의 목숨을 걸어야만 했다. 그래서 하나님께서는 그녀의 행위를 단순히 정직과 거짓의 차원에서 판단하지 않으셨다. 이것을 좀더 구체적으로 생각해 보자.

동구 공산권 사회가 붕괴된 데에는 여러 가지 사회적 요인이 복합적으로 작용하였다. 그러나 그 중에서도 교회가 가장 큰 역할을 감당했다는 것은 이미 잘 알려진 사실이다. 헝가리, 체코, 루마니아와 같은 나라에서 민중봉기의 진원지는 모두 교회였다. 공산 독재정권 하에서 교회가 그 같은 역할을 행할 수 있었던 데에는 성경 밀반입 선교사들의 공이 가장 컸음도 널리 알려져 있다. 그들이 목숨을 걸고 성경을 밀반입하여 배포함으로써 깨어 있는 크리스천들이 철의 장막 속에 존재할 수 있었던 것이다.

성경 밀반입 선교사들이 자동차를 이용하든 아니면 비행기를 이용하든, 공산국가에 입국하기 위해서는 반드시 세관을 통과하여야만 한다. 그리고 당시 성경은 반입금지 품목이었다. 누구든 반입금지 품목을 소지하고 있을 때는 반드시 세관에 신고해야 한다는 것은 세계 어느 나라에서나 동일하다. 지금 선교사의 겨드랑이와 허리 그리고 사타구니 속에는 쪽복음서들이 감춰져 있다. 그러나 선교사는 세관원에게 그 사실을 신고하지 않는다. 자신이 지금 성경을 밀반입하고 있음을 정직하게 말하지 않는 것이다. 그렇다면 그는 지금 거짓말을 하고 있는 것인가?

사람들이 세관을 통과하면서 신고해야 할 것을 신고하지 않는 목적은 자기 주머니를 위함이다. 마땅히 물어야 할 세금을 내려 하지 않는 것이다. 그래서 그 어떤 명분을 붙여도 그것은 거짓말이다. 그러나 성경 밀반입 선교사들은 자신의 주머니를 위해서 지니고 있는 성경을 신고하지 않은 것이 아니다. 공산 사회에서 처참하게 죽어가는 사람들의 영혼과 생명을 살리기 위함이었다. 자신의 돈주머니와는 아무 상관도 없는 그 일을 위해 자기 생명을 걸면서 말이다. 그래서 나는 확신한다. 하나님께서 그들을 거짓말쟁이로 정죄치 않으실 것임을 말이다. 오히려 라합에게 그렇게 하셨던 것처럼, 타인의 생명을 위해 자신의 생명을 기꺼이 걸었던 그들을 칭찬해 주실 것이다.

사랑하는 청년들이여!

거짓말을 할 것인가 말 것인가 구별하려 하기 전에, 거짓을 말하지 않을 수 없는 경우라 여겨진다면 왜 거짓말을 해야 할 것인지를 먼저 생각하라. 아무리 그럴 듯한 명분이라도 그 거짓의 궁극적 목적이 나의 돈주머니를 위한 것이라면, 칼로 무를 자르듯 단호히 거짓을 배격하라. 그렇지 않을 경우 하나님께서는 반드시 그 거짓의 대가를 치르게 하실 것이다. 그러나 그 거짓이 사람을 살리기 위함이라면, 더욱이 그것을 위해 자기 목숨마저 걸어야 한다면, 라합이나 성경 밀반입 선교사들처럼 기꺼이 그 길을 택하라. 하나님께서는 도리어 그대들을 존귀히 여겨 주실 것이다.

매해 봄마다 제네바에서는 '자동차 전시회'가 개최된다. 세계 모든 나라의 자동차가 다 출품되고, 전시회 기간 동안에는 스위스와 유럽 전역에서 모여 든 사람들로 연일 인산인해를 이룬다. 물론 우리나라의 자동차들도 어김없이 전시된다. 스위스는 자동차 생산국이 아니다. 그럼에도 제네바의 전시회가 이처럼 성황을 이루는 것은, 매년 유럽에서 제일 먼저 개최되는 자동차 전시회기 때문이다.

전시회에 출품된 차들은 저마다 특성과 성능을 자랑하고 있다. 그런데 최고속력을 보면 시속 220킬로미터 이하의 자동차가 없다. 심지어 시속 250-300킬로미터의 속력을 자랑하는 차들도 있다. 세계 어느 나라 치고 속도제한이 없는 나라는 없다. 한국은 100킬로미터, 스위스 120킬로미터, 프랑스는 130킬로미터이다. 미국 역시 100킬로미터 정도다. 흔히 독일의 고속도로엔 속도제한이 없는 것으로 알고 있다. 그러나 전국 고속도로의 전 구간이 다 그런 것은 아니다. 무제한 달릴 수 있는 구간이 정해져 있을 뿐, 그 이외의 구간에는 구간 사정에 따라 다 속도제한 표지가 붙어 있다.

그렇다면 여기에서 '왜'를 묻지 않을 수 없다. 이처럼 온 세계의 고속도로는 속도를 제한하고 있는데, 왜 시속 220, 250, 심지어는

300킬로미터의 자동차를 만들어야 하는가? 왜 그것을 자랑하고 있는가? 극단적으로 말한다면 속도가 제한되어 있는 고속도로에서 모두 범법자가 되고, 사고 유발자가 되라는 것이 아닌가? 실제로 제한속도를 넘는 과속으로 인해 전 세계에서 매일 죽어 가는 사람의 숫자는 엄청나다. 왜 사람을 죽이면서까지 제한속도를 두 배나 초과하는 자동차를 만들어야 하는가? 우리는 '왜'를 자문해야 한다.

청소년들이 즐기는 컴퓨터 게임 내용을 보면 섬뜩하다. 총을 쏘면 맞은 자의 가슴에서 피가 튀고 칼을 휘두르면 상대의 목이 떨어져 나간다. 그러고서도 그 청소년들이 평화의 사람들이 되기를 바란다면 그것은 어불성설이다. 그토록 잔인한 게임 소프트웨어를 개발하는 자가 대체 누구인가? 백치나 천치인가? 아니다. 둘째가라면 서러워할 만큼 머리가 좋은 엘리트들이다. 그들이 왜 그런 것을 개발하고 있는가? 먹고살기가 어려워 입에 풀칠하기 위함인가? 그것도 아니다. 그들은 누구보다도 더 많은 수입을 올리는 자들이다. 그런데도 왜 그런 일을 하고 있는가? 단지 더 많은 돈을 벌기 위함이다. 왜 선량한 청소년들의 심성을 황폐화시키면서까지 더 많은 돈을 벌어야 하는가? '왜'를 자문하지 않으면 안 된다.

오늘날 서구유럽의 축산산업은 괄목할 발전을 거듭하고 있다. 구체적인 예를 들면, 20년 전에는 돼지가 하루에 650그램 자란 데 반해 오늘날엔 하루에 900그램씩 자란다. 돼지농장의 주인이 시장에 돼지를 출하할 수 있는 기간을 삼분의 일 이상 단축한 것이다. 바꾸어 말하면 돼지 농장 주인의 수입이 20년 전에 비해 삼분의 일 이상 늘어난 것이다. 젖소는 40년 전에 비해 한 마리 당 1년에 100리터의 우유를 더 생산하고 있다. 젖소 1천 두를 보유하고 있는 농장주인의 경우 1년에 10만 리터의 우유를 더 얻게 된 것이다. 좀더 쉽게 설명하면 1년에 1리터짜리 우유를 무려 10만 병이나 더 얻고 있다는 말이다. 실로 엄청난 발전이 아닐 수 없다. 문제는 이 같은 축산업의 발달이 해당 가축의 유전적 변형을 초래하고 말았다는 사실이다. 그래서 내가 스위스를 떠날 즈음, 유럽의 언론들은 '과연 우리의 식탁은 안전한가' 라는 제목의 특집을 앞다투어 보도하였다.

이와 같은 일이, 식량이 부족하여 엄청난 사람들이 죽어가고 있는 아프리카에서 일어났다면 충분히 이해할 수도 있다. 그러나 유감스럽게도 이것은 세계 제일 선진부국들이 모여 있는 서구유럽에서 일어나고 있는 일이다. 그들에게 먹고살 것이 없어서가 아니라 단지 더 많은 돈을 벌기 위함이다. 하나님께서 하루에 650그램씩 자라게 만드신 돼지를, 왜 하루에 900그램씩 자라도록 유전적 변형을 시키면서까지 돈을 벌어야 하는가? 하나님께서 만드신 젖소를 유전적으로 변형시켜 가면서까지 왜 더 많은 돈을 벌어야 하는가? 우리는 '왜'를 묻지 않으면 안 된다.

이처럼 매사에 말씀의 거울 앞에서 '왜'를 스스로 물어야만 한다. 그때에만 자기가 행하는 일이 자신을 타락시키는 것으로부터 자신을 지킬 수 있고, 나아가 그 일이 사람에게 유익을 주는 성직이 될 수 있다.

반드시 밑가지가 되어야 한다

이미 제2부에서 살펴본 것처럼, 크리스천이 무슨 일을 하며 무슨 직업을 지니든지 그 궁극적 목적은 이 세상을 위한 밑가지가 되기 위함이다.

스위스에서 거하던 3년 동안 방학 때마다 가족들이 나를 찾아왔다. 온 가족이 함께 지내는 한 달이 후딱 가버리면, 나는 방학 동안 가족들이 남겨 놓은 삶의 흔적들을 그리며 그 다음 방학이 오기까지 6개월을 버티곤 하였다. 이 사실을 안 가족들이, 그 다음부턴 떠나갈 때 가능한 많은 흔적들을 남겨두고 갔다. 옷장이나 서랍, 심지어는 우체통에까지 사랑의 쪽지들을 넣어두는 것이었다. 그래서 어느 날 불현듯 발견하게 되는 그 쪽지들은 외로움을 극복하게 해 주는 사랑의 묘약이었다.

작년 1월, 겨울방학을 나와 함께 지낸 가족들이 한국으로 돌아간 직후였다. 당시 초등학교 5학년이었던 셋째아이의 쪽지를 거실에서 발견하였다. 노란색 쪽지에 먼저 세계지도를 그리고, 그 위에 '제네바 아빠의 집'과 '서울 우리 집'을 크게 표시해 두었다. 몸은 멀리 떨어져 있어도 마음만은 항상 함께 있음을 나타내고자 함이었을 것이다. 바로 그 지도 아래에는 다음과 같은 내용의 글이 적혀 있었다.

> 시간이 매정하게도 빨리 가네요. 어제 온 것 같은데 벌써 헤어지다니…… 마지막 겨울인데 또 실망시켜 드려서 죄송합니다. 여름방학 땐 더욱 점잖아진 모습으로 다시 올게요. 그동안 건강하시고, 열심히 잘 먹고 잘 사세요.

이렇게 써 놓고 보니 자기가 보기에도 이상했던 모양이다. "열심히 잘 먹고 잘 사세요"란 말 뒤에 괄호를 치고 이런 말을 덧붙여 놓았다.

열심히 잘 먹고 잘 사세요. (이건 절대로 욕이 아닙니다)

　잘 먹고 잘 살라는 말 그 자체는 좋은 덕담이다. 사람들이 열심히 땀 흘리며 애쓰는 것은 따지고 보면 잘 먹고 잘 살기 위함이다. 따라서 잘 먹고 잘 살라는 말은 더 없이 좋은 덕담이어야 한다. 그런데 셋째 아이는 이 덕담을 써놓고도 그 말이 욕이 아님을 굳이 강조하고 있다. 세상에서는 이 말이 욕으로 비쳐지고 있음을 그 아이가 아는 탓이었다. 실제로 누군가가 누군가에게 "잘 먹고 잘 살아라"고 말을 했다면, 그 두 사람의 관계는 금방 험악해지고 말 것이다.
　그렇다면 덕담이어야 할 이 말이 언제부턴가 욕으로 간주되고 있는 이유가 무엇인가? 두말할 것도 없이 저마다 혼자만 잘 먹고 잘 살려 하기 때문이다. 혼자 잘 먹고 잘 살기 위해 수단과 방법을 가리지 않는 탓이다. 오직 저 혼자 잘 먹고 잘 살기 위해 양심을, 사람을, 바른 길을, 헌신짝처럼 내팽개쳐 버리는 까닭이다. 따지고 보면 인간의 모든 다툼과 분쟁은 혼자 잘 먹고 잘 살려는 데서부터 파생되고 있다. 그러니 잘 먹고 잘 살라는 말이 칭찬이나 덕담이 될 도리가 없다. 그 속엔 단지 노골적인 비속어가 들어 있지 않을 뿐, 욕 중에서도 상욕(上辱)이 아닐 수 없다.

　크리스천이란 혼자 잘 먹고 잘 살려는 자가 아니라, 더불어 바르게 잘 먹고 잘 살기 위해 스스로 밑가지가 되는 자다. 자신의 재능과 힘 그리고 모든 가능성을 총동원하여 한 사람이라도 더 많은 사람을 떠받쳐 주는 밑가지가 되는 것이다. 그렇기에 크리스천은 누구보다도 자기 의무에 충실한 자다. 밑가지란 위에 있는 그 어떤 가지보다도 더 튼튼한 가지이고, 자기 의무에 충실하지 않고서는 튼튼한 밑가지가 될 수 없는 까닭이다.

우리의 헌법은 국방, 납세, 교육, 근로를 국민의 4대 의무로 규정하고 있다. 이 4대 의무야말로 종교인이든 아니든 상관없이, 국가와 민족을 위한 밑가지로 살아야 할 국민 각자가 기꺼이 감수해야 할 신성한 의무이다. 그렇다면 자신의 정체성을 밑가지로 규정하고 있는 크리스천은 누구보다도 이 의무에 투철하지 않을 수 없다.

먼저 국방의 의무에 대하여 생각해 보자. 국방의 의무란 젊은 시절 일정한 기간 동안 나라와 민족을 지켜 주는 밑가지가 되기 위한 의무이다. 대한민국이란 공동체를 수호하고, 그 공동체의 구성원인 국민의 생명과 재산을 지키는 밑가지가 된다는 것은 참으로 고귀하고 신성한 의무가 아닐 수 없다. 그런데도 온갖 불의한 방법으로 이 의무를 기피하는 자는 수없이 많다. 그 속에 크리스천 청년마저 포함되어 있다는 데에 우리의 비극이 있다. 40일 동안 새벽기도를 했더니 아들이 신체검사에서 불합격되어 병역이 면제되었음을 간증하는 부모가 있다. 하나님께 간구했더니 좋은 후방으로 배치되었다고 자랑하는 청년도 있다. 불의한 방법으로 병역을 기피하기 위해 크리스천 부모와 아들이 거리낌없이 공범이 되는 경우도 허다하다. 나는 그들에게 묻고 싶다. 그대들이 과연 크리스천이냐고 말이다. 그들이 기도 시간에 국가와 민족 운운하는 것은 그야말로 가증스런 거짓일 수밖에 없다.

납세의 의무란 우리가 살고 있는 이 사회를 유지하기 위해 경제적으로 밑가지가 되는 것이다. 부강한 나라란 두말할 것도 없이 납세자로부터 거두어진 세금이 많은 나라이다. 그 돈으로 군대를 유지하며 도로를 닦고 국가를 경영하는 까닭이다. 그런데 소위 선진국 대열에 합류하기를 원하는 나라 중에 우리 민족만큼 납세의무를 고의적으로 기피하는 민족은 없을 것이다. 국내에서 탈세란 공공연한 관행이다. 외국에서도 마찬가지다. 미국, 남미, 유럽, 호주 등지에서 가장 탈세가 심한 민족으로 언제나 한인이 꼽히고 있다는 것은 어제 오늘의 이야기가 아니다. 여기에 사회생활을 시작하지 않은 청년들은 과연 예외인가?

스위스에 있는 동안 현지 대학생들이 방학 동안 아르바이트로 번 돈에 대해 스스로 세금을 내는 것을 보았다. 수입이 있는 한 세금을 내는 것은 자신이 속한 국가를 유지하기 위한 국민의 당연한 의무로 여기는 까닭이다. 그렇다면 한국의 대학생들은 어떤가? 그대들은 아르바이트로 번 돈에서 세금을 납부해 본 적이 있는가? 아니 세금을 납부하려는 생각이라도 해본 적이 있는가? 대학생들 중에는 전공에 따라 월 200-300만 원의 아르바이트 수입을 올리는 학생도 적지 않은 것으로 알려지고 있다. 그러나 나는 아직까지 대학생 중에서 자기 수입에 대해 자진하여 세금을 낸 학생이 있다는 말을 들어본 적이 없다. 그렇다면 현행 세법이 정하고 있는 면세점 이상의 수입을 올리고 있는 대학생들 역시 모두 탈세범인 셈이다. 이렇듯 자기 소득에 대해서는 납세의 의무를 생각조차 하지 않고 있는 젊은이들이, 탈세를 관행으로 삼고 있는 기성세대를 과연 비판할 수 있겠는가? 아니, 그대 젊은이들이 기성세대가 되었을 때 납세의 의무를 다한다는 보장이 어디에 있는가?

그대 청년들이 정녕 신실한 크리스천이 되기를 원한다면, 거짓과 불의가 횡행하는 이 사회를 새롭게 하는 내일의 역군이 되기를 원한다면, 지금부터 시작하여 평생토록 납세의 의무를 기꺼이 수행하는 밑가지가 되어야 한다. 크리스천에게 세금보다 더 큰 사회와의 나눔은 없다. 이 큰 나눔을 외면한 채 탈세한 돈으로 고아원이나 양로원에 인심 쓰겠다는 것은 어떤 경우에도, 말씀 안에서 이 사회의 밑가지여야 할 크리스천이 취할 자세는 아니다.

교육의 의무란 지식으로 이 사회의 밑가지가 되기 위함이다. 크리스천에게 지식의 습득이란 자기 자신을 더 높이기 위한 수단이 아니라, 더 큰 봉사를 행하는, 더 아래쪽의 밑가지가 되기 위한 수단이다. 봉사와 무관한 지식의 습득은 많아지면 많아질수록 사람을 분리시킨다는 사실을 잊어서는 안 된다. 쉽게 말하면 석사학위를 가진 자는 학사와는 말이 통하지 않고, 박사는 석사와, 교수는 시간강사와 대화가 안 된다는 식이다. 그러니 지식의 습득이 많아질수록 분리와 분열이 수반되지 않을 수 없다. 그러나 밑가지를 지향하는 바탕 위에서 습득되는 지식은, 많은 사람들을 진리 안에 한데 어울러 조화를 이루게 하는 생명의 원동력이 된다. 사도 바울이 그 좋은 예다.

유대 최고 석학이었던 가말리엘의 문하생인 바울 역시 높은 지식의 소유자였다. 그리고 그의 모든 지식은 오직 그 자신의 입신양명(立身揚名)을 위한 수단이었다. 자연히 그는 하나님의 이름으로 자신과 다른 종교적 지식을 지닌 사람들을 분리시키고 분열시키는 것을 자신의 사명으로 삼았다. 그러나 그가 주님 안에서 진정한 크리스천으로 거듭나 이 세상을 위한 밑가지의 삶을 시작했을 때, 그가 소유하고 있던 모든 지식은 그리스도 안에서 수많은 사람들을 통합시키는 생명의 원동력이 되었다. 이미 알고 있는 바와 같이 신약성경의 무려 사분의 일이 사도 바울 한 사람에 의해 기록되었다. 그 모든 기록의 치밀한 논리와 구성 그리고 수려한 문장력은 그가 얼마나 높은 학문의 소유자였는지를 여실히 보여 주고 있다. 그리고 그의 그 모든 기록들은 2천 년이 지난 오늘까지도 사람을 분리·분열시키기는커녕, 오대양 육대주의 전혀 다른 사람들을 그리스도 안에서 한데 어우러지게 해 주고 있다.

지식습득의 궁극적인 목적이 나 자신을 위함이냐, 아니면 타인을 위한 밑가지가 되기 위함이냐에 따라 그 결과는 이처럼 달라지게 된다. 그 어느 때보다 지식습득에 열심이어야 할 청년들이 어느 쪽을 선택해야 할 것인지는, 참된 크리스천으로 살기 원하는 자에게는 너무나도 자명할 것이다.

근로의 의무 또한 근로를 통한 밑가지가 되기 위함이다. 여기에서의 근로란 육체적 근로를 포함하여 인간이 행하는 사회 활동의 통칭이다. 무슨 일을 하든 그 일의 목적이 자기 자신, 자신의 주머니를 위한 것이라면, 비록 지금은 그 일에 만족한다 할지라도 머지않아 그것은 불만의 원인이 될 것이다. 이 세상에는 언제나 상대적으로 더 크고 더 좋아 보이는 일과 직업이 있기 마련이기 때문이다. 그러나 나의 일이 하나님의 피조세계를 유지하고 누군가의 삶을 받쳐 주는 밑가지가 되기 위함임을 깨닫는 순간부터, 그 일은 절대적인 가치와 보람을 지니게 된다. 절대적인 가치와 보람은 오직 절대자이신 하나님과의 관계로부터만 생성되는 법이다.

단지 먹고살기 위해 청소해야 한다면 그것은 참으로 따분할 일일 수 있다. 그러나 하나님께서 창조하신 이 세상의 일부를 청결케 하기 위해 청소하고, 그 속에 사는 사람들에게 좀더 깨끗한 환경을 제공하기 위해 빗자루를 들었다면 그는 성직자요 그의 일은 거룩한 성직이다. 자기의 주머니를 위해 기업을 꾸려간다면 자기 회사보다 더 큰 기업주 앞에서는 비굴해지거나 열등감을 가질 것이다. 그러나 이 사회의 밑가지가 되기 위해 청지기의 정신으로 기업을 경영하는 자라면 그는 누구 앞에서도 당당할 것이다. 그가 행하는 일의 절대적 가치와 보람은 결코 상대적일 수 없기 때문이다.

이 세상 모든 사람에겐 일터가 있게 마련이다. 그러나 그 일터가 단순히 먹고살며 더 많은 이윤을 추구하기 위한 인간의 집단인가, 아니면 하나님의 뜻을 이 땅에 심어 가는 하나님의 통로인가? 이것은 하나님께 속한 문제가 아니다. 철저하게 그 일터를 이끌어 가는 사람들의 문제이다. 이것이 바로 그대 청년들이 먼저 갈릴리 사람이 되어야만 하는 까닭이다. 자신이 성직자요, 자신이 행하는 일이 성직이어야 함을 아는 갈릴리 사람 말이다.

만약 이 시대의 청년들이 먼저 갈릴리 사람이 되지 않는다면, 그것은 생각하는 것만으로도 끔찍한 일이다. 그대들이 주역이 되어 있을 미래에도 한국 사회는 언제나 불의와 거짓이 판을 치고 있을 것이며, 크리스천이란 그대들 역시 그 속에서 공범자들이 되어 있을 것이니 말이다. 마치 오늘도 예배당에서 거룩하게 예배드리고 있는 크리스천의 상당수가 거짓된 이 사회의 공범이면서도, 그 사실을 자각치도 못하는 것처럼 말이다.

우리의 갈릴리 - 가정

일터와 더불어 인간 삶의 현장의 또 다른 축인 가정에 대하여 생각해 보자.

가정이란 두말할 것도 없이 크리스천이 사랑을 실천하는 일차적인 마당이다. 가족에겐 아무렇게나 함부로 대하면서 멀리 있는 타인을 사랑하겠다는 것은 어불성설이다. 가정에서부터 진정한 사랑이 시작되는 까닭이다. 가장 가까이 있는 가족을 사랑할 줄 아는 자가 멀리 있는 사람도 사랑할 수 있다. 그러므로 가족을 사랑하지 못하는 자가 타인을 사랑하겠다는 것은 단지 육감적인 정염(情炎)이거나, 이기심 또는 연기 이외에 아무것도 아니다. 내 속에서 참된 사랑이 샘솟고 있다면, 그 사랑이 가장 가까이에 있는 가족을 먼저 적셔 주는 것은 너무나도 당연한 일이다.

사랑이란 무엇인가? 여기서는 믿음이란 관점에서 생각해 보자. 사랑과 믿음은 구별되지 않는다. 그 두 단어는 그리스도 안에서 동의어이기 때문이다. 사랑하지만 믿지는 않는다거나, 믿지만 사랑하지는 않는다는 것은 성립되지 않는다. 사랑하면 믿게 마련이고, 믿는 것은 사랑하기 때문이다. 주님께서 추악한 죄인에 지나지 않는 우리를 사랑해 주시는 것은 우리를 믿어 주시기 때문이요, 우리를 믿으시기 때문에 당신의 다함없는 사랑을 베풀어 주시는 것이다. 하나님에 대한 우리의 사랑보다 우리에 대한 하나님의 사랑이 더 크심은, 하나님을 향한 우리의 믿음보다 우리를 향한 하나님의 믿음이 더 크시기 때문이다.

중요한 것은 사랑이 믿음임을 아는 사람만 사랑할 수 없을 것 같은 상황 속에서도, 오직 믿기 때문에, 상대방의 행동과는 상관없이 그에 대한 자신의 역할을 다할 수 있다는 점이다. 주님의 부르심을 받은 뒤에도 우리가 얼마나 자주 주님을 배신하였는가? 그러나 주님께서는 우리를 끝까지 믿으시기 때문에 우리의 행위와는 상관없이, 그리스도로서 당신의 역할을 다해 주고 계시는 것이다. 제2부에서, 요한복음 15장의 '포도나무 비유'에 근거하여 사랑한다는 것은 '옆가지'와 '밑가지'가 되어 주는 것이라 했다. 그 또한 사랑과 믿음의 바탕 위에서만 가능한 일이다.

가정이란 이처럼 서로 사랑하고, 사랑하기에 믿으며, 믿기에 먼저 각자 자기 역할을 다하는 첫번째 실천장이다.

남편과 아내

부부란 본래 남남이었던 사이다. 전혀 타인이었던 두 사람이 어찌 믿음 없이 한평생을 살아갈 수 있겠는가? 신혼여행이 끝나고 보니 내가 생각했던 사람과 다른 남자일 수 있다. 살다보니 나의 기대에 어긋나는 여자일 수도 있다. 그럴지라도 믿어야 한다. 먼저 그 결혼을 이루어 주신 분이 하나님이심을 믿고, 하나님을 믿기에 자신의 남편과 아내가 천생배필임을 믿어야 한다. 이 사실을 믿을 때에만 남편과 아내로서 자신의 역할에 충실할 수 있고, 그 같은 삶을 통해 그 두 사람을 짝지어 주신 하나님의 역사가 그들을 통해 일어나는 것이다.

성경에는, 도저히 믿을 수 없는 상황에서 서로 믿었던 부부의 이야기가 등장하고 있다. 마리아와 요셉이 그 주인공이다. 요셉은 어느 날 자신의 약혼녀인 마리아가 임신했다는 사실을 알게 되었다. 자신과는 아직 동침한 적이 없으니 약혼녀가 불륜을 저질렀음이 분명했다. 이에 마태복음 1장 19절은, 요셉은 의로운 사람이어서 마리아와의 관계를 가만히 끊으려 했음을 밝혀 주고 있다. 요셉은 정말 의로운 사람이었다. 일반적으로 이런 상황에서는 가능한 시끄럽게 끊는 것이 인지상정이다. 시끄럽게 청산할수록 파혼의 책임이 전적으로 부정한 상대에게 있음과 자신의 결백이 드러나기 때문이다. 그런데도 요셉은 마리아와의 관계를 조용히 정리하려 하였다. 자칫 아이만 배게 하고 약혼자를 내팽개쳐 버린 무책임한 인간으로 자신이 오해받을 수 있을 텐데도 말이다. 그날 밤 요셉의 꿈속에 천사가 나타났다. 그리고 마리아의 태 중에 있는 아이는 성령으로 잉태된 하나님의 아들임을 알려 주면서, 마리아 데려오기를 주저하지 말라고 명하였다.

만약 이와 똑같은 일이 우리에게 일어났다고 상상해 보자. 결혼날짜까지 잡은 약혼자가 느닷없이 임신을 하였다. 파혼을 결심한 밤

꿈속에 천사가 나타났다. 그 아이는 하나님의 아이이니 예정대로 약혼자를 아내로 맞아들이라는 것이다. 그렇다면 어떻게 하겠는가? 거의 모든 사람이 '개꿈'으로 치부해 버리고 말 것이다. 약혼자가 남의 아이를 가진 것은 현실이요, 꿈은 그야말로 꿈이기 때문이다. 그런데도 요셉은 그 꿈을 믿었다. 하나님을 믿었고, 하나님을 믿기에 약혼녀 마리아의 순결을 믿었다. 아이를 밴 여인의 순결을 말이다. 참으로 놀라운 일이다.

연예인교회(지금의 예능교회)가 태동될 때의 이야기다. 몇몇 연예인들이 모여 성경공부를 하는데, 그날의 내용이 마태복음 1장, 그러니까 처녀 마리아가 예수님을 잉태한 사건이었다. 참석자 중의 한 사람이 사사건건 물고 늘어졌다. 어떻게 처녀가 혼자 아이를 낳을 수 있느냐, 그게 말이나 되는 일이냐, 성경의 모든 것을 다 믿어도 어떻게 이런 황당무계한 이야기를 믿을 수 있느냐—이렇게 물고 늘어지니 성경공부가 더 이상 진행될 수가 없었다. 마침내 참다 못한 구봉서 성도님(현재 장로님)이 그를 향해 이렇게 말했단다.

"아니, 제 서방이 믿는다는데 왜 네가 난리야?"

정말 정곡을 찌른 말이다. 세상 사람이 다 못 믿겠다고 해도 요셉은 믿었다. 세상 사람은 다 믿어도 요셉만은 도저히 못 믿을 현실인데도 말이다. 요셉만은 임신한 마리아의 순결을 믿었기에 요셉은 마리아에 대한 자신의 역할을 다할 수 있었다. 마리아를 자기 집에 데리고 온 뒤에도 아이를 낳을 때까지 동침하지 아니함으로써 그녀의 순결을 계속 지켜 주었고, 아이를 낳은 뒤엔 자기 아이가 아님에도 자기 아들처럼 양육해 주었다.

그렇다면 이처럼 끝까지 서로 믿었던 요셉 마리아 부부의 삶을 통해 성경이 주는 메시지는 무엇인가? 어떤 경우에든 끝까지 믿고 서로 자신의 역할을 다하는 부부를 통해 그리스도 생명의 역사가 일어난다는 것이다. 그래서 부부지간은, 이 세상 그 어떤 관계보다 더 소중하고 귀하다.

부부가 서로 상대를 믿는 것 못지 않게 중요한 것이 있다. 상대가 자신을 믿도록 스스로 행동하는 것이다. 바꾸어 말해 진정으로 사랑한다면 불신당할 행동을 하지 않는 것이다.

1980년까지 우리나라에는 매일 밤 통행금지가 있었다. 청년들에게는 생소한 이야기겠지만, 밤 12시가 되면 일제히 통행이 금지되었다가 다음 날 새벽 4시에 통금이 해제되곤 했다. 그때까지만 해도 술독에 빠져 살던 나는 술을 마시다가 귀가 시간을 놓쳐 버리기가 일쑤였다. 그런 날은 어쩔 수 없이 이튿날 새벽, 통행금지가 해제되고서야 귀가할 수밖에 없었다. 꼬박 밤을 지새우다 문을 열어 주시는 어머님께 미안하여 그때마다 새벽녘 귀가의 변을 적당하게 둘러대었다. 당시 새벽에 귀가하는 남자가 대개 그랬듯이, 나 역시도 초상집에서 밤을 새웠다는 거짓말을 제일 많이 했다. 당시 내 친구나 동료의 부모님들 치고 나의 어머님 앞에서 돌아가시지 않은 분이 없었다. 심지어 어떤 분은 나의 착각으로 두세 번씩 돌아가시기도 했다.

그날 새벽에도 또 초상집 핑계를 대었다. 그런데 그날따라 나의 말을 다 듣고 난 어머님께서 이런 말씀을 하시는 것이었다.

이 다음에 네가 결혼을 하거든, 네 처에겐 어떤 경우에도 거짓을 말해서는 안 된다. 만약 피치 못할 경우에 어쩔 수 없이 거짓

삶-그 현장성 257

말을 했다면, 넌 반드시 그 거짓말이 참말이 되도록 해야 한다.

그 말씀을 듣는 나는 부끄러움에 어쩔 줄을 몰랐다. 어머님 말씀은, 내가 아무리 그럴 듯하게 둘러대고 있어도 그게 다 거짓말인 줄 알고 계신다는 의미였으니 말이다. 당신의 몸으로 낳으시고 당신의 품으로 키우시고 한평생 함께 사셨으니, 내가 말하는 표정이나 눈빛만 보시고서도 어찌 그 말의 진위 여부를 분간치 못하시겠는가? 여하튼 평소에 어머님을 멋지게 속이고 있다는 착각 속에서 살던 나는, 어머님 앞에서 그날 새벽보다 더 부끄러웠던 적이 없었다.

그런데 어머님의 말씀 중 마지막 부분의 의미를 전혀 이해할 수 없었다. 당신에겐 거짓말을 할지라도 결혼하여 아내에겐 절대로 그런 유치한 짓을 말라면 족할 텐데, 왜 어쩔 수 없이 아내에게 거짓말을 했다면 반드시 그 거짓말이 참말 되게 하라 하셨는지, 그 의미를 도대체 이해할 수가 없었던 것이다. 하지만 부끄러움에 몸 둘 바를 알지 못했던 그 순간엔 그 의미를 여쭐 마음의 여유가 없었다. 그 뒤 결혼하여 아내와 오랜 세월을 함께 살아오면서 어머님 말씀의 의미를 비로소 깊이 깨닫게 되었다.

사람들은 자신의 이로움을 위해 거짓말을 한다. 나쁜 짓을 하고서도 하지 않았다고 시치미를 떼든가, 할 수 없는 일을 할 수 있다고 거짓으로 답하는 등의 예가 모두 자기의 이로움을 위함이다. 이것은 부부 사이에서도 마찬가지다. 따라서 어쩔 수 없이 아내에게 거짓말을 하게 되었다면, 그 이후로 그 거짓말이 참말이 되게끔 살라는 말씀이었다. 이를테면 밖에서 나쁜 짓을 하고서도 하지 않은 것처럼 거짓말을 했다면, 그 이후로는 정말 그 나쁜 짓을 다시는 되풀이하지 말라는 말씀이었다. 할 수 없는 것을 할 수 있다고 거짓으로 말했다면, 그것을 진짜 할 수 있는 사람이 되라는 말씀이었다. 한마디로 부부지간에 지켜야 할 가장 중요한 덕목은 신뢰이므로, 어떤 경우에도 아내 앞에서 신뢰를 상실할 짓은 절대로 하지 말라는 것이 어머님 말씀의 진의였던 것이다. 그래서 나는 지금도 아내에게 숨기는 것이 아무 것도 없다. 물론 아내도 내게 마찬가지다.

부부가 서로 믿는 것은 대단히 중요하다. 그러나 서로 믿도록 행동하는 것은 더 중요하다.

부모와 자식

부모와 자식 사이가 사랑의 관계란 것 역시 믿음의 관계를 의미함은 물론이다. 사랑의 속성이 위에서 아래로 향하는 내리사랑이고 보면, 믿음 또한 자식을 향한 부모의 믿음이 선행되어야 함은 두말할 나위가 없다.

자식이 내 품에 안겨 있을 땐 그저 귀엽기만 하다. 그러나 그 아이가 자기 발로 걷기 시작하면, 부모의 생각과 전혀 다른 행동으로 인해 실망하고 한숨짓는 일들이 허다하다. 그러나 그 어떤 경우에도 믿어야 한다. 자식의 행동거지가 설령 자신의 기대에 턱없이 못 미친다 해도, 하나님께서는 자식으로 하여금 그와 같은 과정을 거치게 하심으로 가능성의 그릇을 키워 주고 계심을 말이다.

미국에서 모범적인 신앙생활을 하고 있는 크리스천이 있다. 그분이 오래 전 자식을 얻었을 때의 심경을 기록한 글이 있다.

제 아이가 태어날 때는 제가 거듭난 크리스천이 되기 전이었습니다. 바르게 살고 싶은 마음과, 그와는 동떨어진 현실의 삶 사이에서 말할 수 없는 마음고생을 하고 있을 때였습니다. 그 와중에 아이가 태어났고, 3일째 되는 날 아내와 아이는 병원에서 퇴원하게 되었습니다. 퇴원 수속을 위해 병원으로 갈 때부터 이상하게도 제 가슴이 미어지는 것 같았습니다. 시내에 위치해 있던 병원을 나서면, 당시 제 집으로 향하는 고속도로 입구가 있었습니다. 그러나 아내와 아이를 태운 제 차가 고속도로가 아닌 국도를 달리고 있다는 사실을 한참 후에야 깨닫게 되었습니다. 그것은 전혀 제가 의도한 일이 아니었습니다. 마침 그 국도를 따라가면 제가 다니던 교회가 있었습니다. 갑자기 제 마음속 깊은 곳으로부터 아이를 데리고 교회에 들어가 기도해야겠다는 생각이 불일 듯 일어났습니다. 아직 산후 조리가 끝나지 않은 아내는 차에서 기다리기로 하고, 저는 아이를 품고 교회 안으로 들어갔습니다. 그날은 주중인데다 시간마저 아침 10시경이어서 교회 안에는 아무도 없었습니다. 저는 강대상 옆에 아이를 내려놓고 무릎을 꿇었습니다. 그 순간 뜨거운 눈물이 하염없이 흘렀습니다. 나 같은 죄인에게 이 귀한 생명을 허락하여 주신 하나님을 향한 감사의 눈물이었습니다.

이렇게 하여 아이가 이 세상에 태어나 처음 들어간 곳은 집이 아니라 교회였습니다. 그 이후로 저희 내외는 저희 아이가 이 마지막 때 하나님의 귀한 도구로 쓰임받기를 기도해 오고 있습니다. 그리고 하나님께서 저희 아이의 일평생을 구체적으로 주관하여 주실 것을 확신하고 있습니다.

자식을 처음 얻은 아비의 감격, 그리고 사랑하는 자식에 대한 부모의 믿음이 생생하게 나타나 있는 글이다. 그런데 특기할 사실은 이분의 자식이 한동안 정상적인 길을 걷지 않았다는 것이다. 정상적인 길을 가지 않았다고 해서 악인이나 범법자가 되었다는 의미가 전혀 아니다. 일반적으로 초등학교를 졸업하면 중학교로 진학하고, 중학교 졸업자는 고등학교로 진학하기 마련이다. 이것이 청소년들이 나아가는 정상적인 길이다. 어떤 부모든 정상적인 부모라면 자기 자식이, 모두가 당연한 듯 가고 있는 이 정상적인 길에서 벗어난다는 것은 상상치도 않을 것이다. 그러나 그분의 자식은 자신이 경험하고 싶은 다른 세계를 위해 그 정상적인 길에서 한동안 벗어났다. 중요한 것은, 그럼에도 그 부모들은 끝까지 자식을 믿었고, 자식을 믿었기에 부모의 역할에 충실했다는 사실이다. 크리스천 부모답게 자식을 위해 말씀 안에서 변함 없는 자식의 후원자가 되어 준 것이다. 그 믿음의 부모 밑에서 자란 자식이 경험한 다른 세계의 체험이 어찌 보배보다 더 귀한 삶의 자양분이 되지 않겠는가?

나는 그분의 자식이 누구보다도 훌륭한 이 시대의 일꾼이 될 것을 믿어 의심치 않는다. 자식에게 부모의 믿음보다 더 큰 인생의 원군은 없기 때문이다.

누가복음 15장에는 탕자와 아버지에 관한 이야기가 나온다. 두 아들 중 막내였던 탕자는 아버지에게 아버지 재산의 절반을 요구한다. 흡사 그것이 자신의 권리인 것처럼 말이다. 아버지는 두말 없이 아들의 요구를 들어주었다. 아들은 그 재산을 지니고 마치 세상을 온통 얻은 것처럼 아버지 곁을 떠나갔다. 멀어져 가는 아들의 등뒤를 보고 있는 아버지는 다 알고 있다. 자식이 그 막대한 재산으로 허랑방탕한 인생을 살다가 끝내 파산하고 말 것이란 사실을 말이다. 동시에 아버지는 굳게 믿고 있다. 그 과정을 겪은 후에야 자식이 바른 심성을 회복하고 돌아올 것을 말이다.

그 증거가 있는가? 물론 있다. 아들이 떠난 후 아버지가 날마다 아들을 기다리고 있었다는 것이 증거다. 돌아올 줄을 믿었기에 기다렸던 것이다. 아버지가 예상한 대로 방탕의 늪 속에 빠져 살던 아들은 망할 대로 망해 빈털터리가 되고 말았다. 돼지가 먹는 먹이도 먹을 형편이 못 됐으니 인간이라 불릴 수도 없을 만큼 비참한 처지였다. 그제야 비로소 자식은 마음을 고쳐먹고 아버지를 향해 돌아섰다. 그것이야말로 그릇된 삶에서부터 돌아선 회개의 길이었다.

그리고 누가복음 15장 20절은 부자지간의 상봉을 이렇게 전해 주고 있다.

> 이에 일어나서 아버지께로 돌아가니라 아직도 상거(거리)가 먼데 아버지가 저를 보고 측은히 여겨 달려가 목을 안고 입을 맞추니

아직도 거리가 먼데 아버지가 먼저 아들을 알아보았다. 이상하지 않은가? 아버지는 여전히 부잣집 주인이다. 아들이 떠날 때와 비교하여 그 외모에 변한 것이 있을 리 없다. 그러나 아들은 정반대다. 나갈 때는 부잣집의 귀한 아들이었으나 지금은 짐승먹이로도 배를 채우지 못한, 피골이 상접한 거지 이하의 몰골이다. 그렇다면 아버지가 짐승보다 못한 몰골로 나타난 아들을 알아보는 것보다, 아들이

전혀 변치 않은 아버지를 알아보는 편이 훨씬 쉬웠을 것이다. 그러나 아들은 전혀 아버지를 알아보지 못했다. 아버지를 버리고 나갔던 자신을 아버지가 동구 밖에서 기다리고 있으리라고는 상상치도 못했던 것이다. 그러나 먼 거리에도 불구하고 아버지는 한 눈에 자기 아들을 알아보았다. 반드시 돌아올 줄을 믿고 날마다 기다려 온 까닭이었다. 끝까지 아들을 믿었기에, 그 몰골로 되돌아온 아들을 꾸짖거나 내쫓지 않고 사랑으로 아버지의 역할을 다해 주었다. 아버지의 그 사랑과 믿음을 힘입어 그 아들이 거듭났을 것임은 의심의 여지가 없다.

알까자르 성의 모스까르도와 루이스

부모가 자식을 사랑한다는 것은 어떤 경우이든 자식을 믿는 것을 뜻한다. 그러나 자식을 믿는 것보다도 더 중요한 것은 자식이 주저 없이 믿을 만한 부모가 먼저 되는 것이다. 자식은 결국엔 부모를 닮기 마련이므로, 자식이 신뢰할 만한 삶을 부모가 사는 한, 자식에 대한 부모의 믿음은 헛되지 않을 것이다. 그 부모의 삶을 도구 삼아 주님께서 친히 책임져 주실 것이기 때문이다. 그러나 자식으로부터 신뢰받을 삶을 살지는 않으면서 무조건 자식을 믿기만 하겠다는 것은 자식을 방기(放棄)하는 것과 마찬가지다.

스페인의 수도 마드리드 남쪽 72킬로미터 지점에 위치한 고도 똘레도(Toledo)에는 유명한 알까자르(Alcazar) 성이 있다. 이 성은 1936년 스페인 내전이 발발했을 때 좌파민주주의를 추구하던 공화파와, 프랑코를 중심으로 한 민족파 간의 최대 격전지였다. 병력, 무기 등에서 월등한 공화파가 모든 면에서 우세하였다. 알까자르 성 안에

완전 포위당한 민족파는 전원 옥쇄(玉碎)할 각오를 가지고 모스까르도(Moscardo) 대령의 일사불란한 지휘 아래, 항복은커녕 70일 동안이나 성 안에서 하루 한끼로 버티며 결사항전으로 대응하였다.

성의 함락이 결코 쉽지 않다는 사실을 확인한 공화파의 지휘관은, 마침 성밖에 살고 있던 모스까르도 대령의 아들 루이스를 인질로 체포하였다. 그리고 성 안에 있는 모스까르도 대령에게 전화를 걸어, 당장 항복하지 않으면 아들을 죽이겠다는 최후통첩과 동시에 아들 루이스를 바꿔 주었다.

당시 모스까르도 대령이 성 안에서 지휘본부로 사용하던 방에는, 지금도 모든 집기가 그때 그대로 진열되어 있다. 그리고 모스까르도 대령이 공화파 대장과 자신의 아들 루이스와 나누었던 통화 내용이 문자로 벽에 기록되어 있을 뿐 아니라, 녹음기의 스피커를 통하여 음성으로도 흘러나오고 있다. 대한무역진흥공사 마드리드 지사에서 근무하시는 분들이 스페인어를 우리말로 옮긴 번역문도 걸려 있는데, 그 내용은 다음과 같다.

> 공화파 대장 : 지금 발생하고 있는 학살과 범죄행위에 대한 책임은 바로 당신들에게 있소. 명령하건대 10분 이내에 항복하시오. 만약 거부할 경우, 지금 나의 수중에 잡혀 있는 당신의 아들 루이스를 총살하겠소.
>
> 모스까르도 : 알고 있소.
>
> 공화파 대장 : 나의 말이 거짓이 아님을 입증하기 위해, 지금 당신 아들에게 이 전화를 바꿔 주겠소.
>
> 루이스 : 아버지!

모스까르도 : 그래 얘야! 어떠니?

루이스 : 괜찮아요. 그런데 만약 아버지께서 투항하지 않으면 저를 총살시키겠대요.

모스까르도 : 그럼 너의 영혼을 하나님께 맡기거라. 그리고 '스페인 만세'를 힘차게 외치고 애국자답게 죽거라.

루이스 : 아버지! 저의 마지막 힘찬 키스를 아버지께 드립니다.

모스까르도 : 루이스야! 나도 이별의 강한 키스를 너에게 보낸다.

이것이 이 세상에서 아버지와 아들 간에 나눈 마지막 작별인사였다. 아들 루이스는 아버지의 말을 좇아 하나님께 기도를 드린 다음, 당당하게 "스페인 만세"를 부르면서 장렬한 최후를 맞았다. 그리고 의연한 루이스의 죽음을 계기로 전세는 역전되어, 성 안에 갇혀 있던 민족파가 대승을 거두었다.

그렇다면 생각해 보자. 평소에 아버지 모스까르도의 삶이 아들 루이스 보기에 형편없었던들, 과연 그 상황 속에서 아들이 아버지의 말을 좇아 죽을 수 있었겠는가? 장성한 루이스는 형편없는 아버지의 명령과는 달리 도리어 자기 목숨을 지키기 위해 적군의 협조자가 되었거나, 아니면 겁에 질려 무책임한 아버지를 원망하며 비굴하게 죽어갔을 것이다. 루이스가 아버지의 명을 좇아 끝까지 당당하고 장렬하게 죽을 수 있었던 것은 전적으로 아버지를 신뢰함이었고, 그 신뢰의 밑바탕은 신뢰할 수밖에 없는 아버지의 평소 삶이었을 것임은 두말할 나위가 없다. 다시 말해 죽음에 직면한 아들을 흔들림 없이 잡아 주었던 아버지의 말의 무게는, 바로 아버지 자신의 흔들림 없는 삶으로부터 나온 것이었다.

　스위스에서 맞는 첫 여름휴가 때, 나를 찾아온 가족들과 함께 알까자르 성을 방문하였다. 모스까르도 대령의 지휘본부에서 아버지 모스까르도와 아들 루이스 간의 마지막 대화 내용을 읽고 들은 다음, 성을 나서면서 네 명의 아들들에게 물었다. 만약 우리에게 그와 똑같은 상황이 발생했을 경우, 아빠가 너희들에게도 모스까르도 대령과 똑같은 내용의 말을 한다면 너희들은 어떻게 하겠느냐고 말이다. 나의 질문에 대답하는 아들은 단 한 명도 없었다. 모두 침묵으로 일관하였다. 그러나 나는 아이들의 대답을 재촉하지 않았다. 그 질문에 대한 대답은 그들에게 있는 것이 아니라, 그들 앞에서 아버지로 살아가는 내 자신의 삶 속에 있음을 알고 있기 때문이었다.

　나는 굳게 믿고 있다. 만약 내가 내 자식들 보기에 신뢰할 수밖에 없는 크리스천 아버지의 삶으로 일관한다면, 루이스와 같은 상황 속에서 내 아들들 역시 자신들의 영혼을 하나님께 부탁드리고 조국을 위해 의연하게 최후를 맞이할 것을 말이다. 그것은 전적으로 나의 문제다.

모리아 산의 아브라함과 이삭

　성경을 읽을 때 문자로만 읽는 것이 아니라, 그 내용을 머릿속에서 영상으로 그려본다면 얼마나 감동적인 그림이 많은지 모른다. 나를 가장 감동시키는 그림 중의 하나는 아버지 아브라함이 아들 이삭을 하나님께 바치는 장면이다.

　하나님께서는 아브라함에게 100세에 얻은 아들 이삭을 번제(燔祭)로 바치라고 명령하셨다. 번제란 제물을 잡고 각을 떠서 제물 안팎으로 단 한 조각도 남김없이 모두 불에 사르는 제사이다. 다른 제물도 아닌 아들을, 눈에 넣어도 아프지 않을 친아들을 그처럼 제물로 잡아 하나님께 불살라 바치라는 것이다. 생각만 해도 끔찍한 일이다. 그러나 아브라함은 하나님께 단 한 마디의 이의도 제기하지 않았다. 그는 하나님의 명령에 순종하기 위해 아들 이삭을 데리고 집을 나섰다. 그것은 아브라함이 비정하게도 자식마저 잡아가며 자기 홀로 하나님의 복을 받고 부귀영화를 누리기 위함이 아니었다. 하나님을 믿는 믿음 때문이었다. 이때 그가 믿었던 믿음의 내용이 무엇이었는지를 히브리서 11장 17절이 이렇게 밝혀 주고 있다.

> 아브라함은 시험을 받을 때에 믿음으로 이삭을 드렸으니 저는 약속을 받은 자로되 그 독생자를 드렸느니라 저에게 이미 말씀하시기를 네 자손이라 칭할 자는 이삭으로 말미암으리라 하셨으니 저가 하나님이 능히 죽은 자 가운데서 다시 살리실 줄로 생각한지라 비유컨대 죽은 자 가운데서 도로 받은 것이니라

하나님께서 가나안 땅을 이삭에게 주시리라 약속하셨기에 이삭이 죽지 않을 것을 아브라함은 믿었던 것이다. 만약 이삭이 죽는다면 신실하신 하나님의 약속이 이루어질 수 없고 그것은 곧 하나님이 거짓된 분임을 의미하는 것이기에, 거룩하신 하나님께 그런 일은 일어날 수 없음을 그는 확신하고 있었다. 하나님께서 당신의 약속을 위해 이삭을 결코 죽이지 아니하실 것이요, 제단에 누운 아들 이삭을 향해 내리치는 자신의 칼을 맞고 행여 이삭이 죽는 경우가 발생하더라도, 하나님께서 반드시 이삭을 다시 살려 주실 것을 굳게 믿었던

것이다.

아버지 아브라함의 믿음은 그렇다 치고 아들 이삭은 어떻게 되는 것인가? 아브라함이 이삭을 데리고 하나님께서 지정하신 모리아 산으로 오를 때, 이삭은 제물을 불사를 나뭇더미를 어깨에 지고 있었다. 그때까지만 해도 이삭은 자기 자신이 번제물이 된다는 것은 상상치도 못하고 있었다. 당시 이삭의 나이는 대개 10-15세 정도로 추정되고 있다. 그 정도의 나이가 아니고는 나뭇더미를 지고 산을 오르지 못할 것이기 때문이다. 그 추정대로라면 아브라함의 나이는 115세가 된다. 마침내 모리아 산 정상에 올라 아버지가 하나님께 각을 떠서 바치려는 제물이 자기 자신임을 알았을 때, 만약 이삭이 놀라 도망쳤더라면 아브라함이 이삭을 잡는다는 것은 불가능했을 것이다. 15세 소년의 뜀박질을 115세의 노인이, 그것도 산 위에서 어떻게 당할 수 있겠는가?

그러나 이삭은 자신이 제물임을 알고 난 뒤, 두말 않고 제단 위에 누웠다. 이삭 역시 믿었던 것이다. 대체 누구를 믿었단 말인가? 그때 이삭의 나이가 10-15세 정도였음을 감안한다면 그가 믿었던 것은 눈에 보이지 않는 하나님이 아니라, 눈에 보이는 자기 아버지 아브라함이었을 것임을 알게 된다. 아버지 아브라함을 믿기 때문에, 아버지 아브라함이 믿는 하나님 또한 믿을 수 있었던 것이다. 그렇다면 우리는 머릿속에 그려 볼 수 있다. 아버지 아브라함이 사랑하는 아들 이삭의 눈을 들여다보며 말하는 모습을 말이다.

사랑하는 아들 이삭아!
하나님께서 지금 너를 제물로 바치라시는구나. 아버지는 하나님께 순종하기 위해 너를 제단에 눕혀 놓고 너를 잡을 것이다. 그러나 너는 절대로 죽지 않을 것이다. 하나님께서 가나안을 네게 주시리라 약속하셨기 때문이다. 만약 아버지가 내리치는 칼에 네가 찔려 죽을지라도, 하나님께서 반드시 너를 다시 살려 주실 것을 믿어라.

어린 아들은 아버지의 말을 믿고 아버지의 말에 따라 제단에 드러 눕는다. 그리고 아버지가 자기 가슴팍을 향해 높이 치켜든 칼을 보고도 전혀 두려워하지 않는다. 아버지를 전적으로 신뢰했기 때문이다. 아버지가 아들을 믿고, 아들이 아버지를 믿는 이 장면은 얼마나 가슴 뭉클한 감동인가? 그러나 아들 이삭이 보기에 평소 아버지 아브라함이 신뢰할 만한 삶을 전혀 살지 않았다면, 그날 그 모리아 산에서 이삭이 아버지의 말을 듣고 그 제단 위에 주저 없이 누웠을 까닭이 없다. 아들 이삭이 아버지의 말을 믿고 기꺼이 제물의 자리에 자신을 내던질 수 있었던 원동력은, 두말할 것도 없이 아버지 아브라함의 신실했던 삶에 있었다.

이처럼 부모와 자식 간을 연결해 준 깊은 상호신뢰의 띠로 인해 그들이 다 같이 '믿음의 조상'이 될 수 있었다는 것—바로 이것이 성경이 우리에게 주는 교훈이다.

형제 자매

형제자매지간 또한 믿음의 관계이어야 함은 예외일 수가 없다.
이 세상에는 60억에 달하는 사람들이 살고 있지만, 그 많은 사람들 중에 친형제가 되는 사람들은 단 몇 명에 지나지 않는다. 요즈음 처럼 자녀를 적게 낳는 시대엔 고작 한두 명일 뿐이다. 그렇다면 같은 부모 밑에서 친형제로 태어난다는 것은 참으로 신비스런 하나님의 섭리임에 틀림없다. 그 신비스런 섭리에 따라 관계 맺어진 친형제자매를 믿지 않고 대체 누구를 제대로 믿을 수 있겠는가? 적지 않은 크리스천들이 자신의 친형제와 남남처럼 살고 있다. 아예 원수지간이 된 경우도 허다하다. 그러나 어떤 경우에도 그것은, 60억 인구 중에서 그들을 친형제 되게 하신 하나님의 뜻일 수 없다.

마태복음 13장 55-56절에는 예수님의 형제자매들이 소개되어 있다.

> 이는 그 목수의 아들이 아니냐 그 모친은 마리아, 그 형제들은 야고보, 요셉, 시몬, 유다라 하지 않느냐 그 누이들은 다 우리와 함께 있지 아니하냐 그런즉 이 사람의 이 모든 것이 어디서 났느뇨

예수님께서는 성령에 의해 처녀 마리아의 몸에서 태어나셨다. 사람의 아들이시면서도 동시에 사람의 아들이 아니신 것이다. 예수님의 탄생 후, 예수님의 모친 마리아가 남편 요셉과의 사이에서 여러 명의 자식을 두었음을 본문이 밝혀 주고 있다. 예수님께서 사람의 자식이 아니시라는 관점에서 그들은 예수님과 무관한 이들이다. 그러나 예수님께서 마리아의 몸에서 태어나신 만큼 그 양편의 아버지가 하나님과 인간으로 구별된다 할지라도, 어머니 마리아의 입장에

서 본다면 그들과 예수님은 분명 자신의 배에서 태어난 친형제자매 간이다. 그리고 본문에 의하면 예수님의 첫번째 동생이름은 야고보 이다.

예수님께서 그리스도의 공생애를 시작하시자, 야고보를 비롯한 예수님의 동생들은 선뜻 예수님을 믿지 못하고 의아스럽게 생각하였다. 그도 그럴 것이 자신들과 함께 살던 형님이 어느 날 갑자기 스스로 성자 하나님을 칭하니, 오히려 그 말을 믿지 못하는 것이 자연스러운 일이었다. 공생애를 시작하신 지 3년 만에 주님께서는 십자가에 못박혀 죽으시고, 사흘째 되는 날 죽음을 깨트리시고 부활하셨다. 그리고 부활하신 주님께서 당신의 부활을 여러 사람들에게 직접 나타내 보이신 바, 그 대표적인 증인들의 이름이 고린도전서 15장에 나타나 있다.

> 장사 지낸 바 되었다가 성경대로 사흘만에 다시 살아나사 게바에게 보이시고 후에 열두 제자에게와 그 후에 오백여 형제에게 일시에 보이셨나니 그 중에 지금까지 태반이나 살아있고 어떤 이는 잠들었으며 그 후에 야고보에게 보이셨으며 그 후에 모든 사도에게와 맨 나중에 만삭되지 못하여 난 자 같은 내게도 보이셨느니라(4-8절)

본문에서 제일 먼저 이름이 나오는 게바란 곧 베드로이다. 그리고 '맨 나중에 본 나' 란 고린도전서를 기록한 사도 바울이다. 다른 제자들은 '제자' 혹은 '사도' 라고 집단적으로 불리는 데 반하여 유독 베드로와 바울이 그들과 구별되어 개별적으로 기록되어 있음은,

그들이 초대 교회의 가장 대표적인 인물들이었음을 감안하면 충분히 이해할 수 있다. 그런데 우리를 놀라게 하는 것은 그 사이에 야고보란 이름이 등장하고 있다는 사실이다. 이 야고보는 예수님의 제자 중 한 사람이었던 야고보가 아니다. 제자 야고보는 본문의 '열두 제자' '모든 사도'라는 집단 명칭 속에 이미 포함되어 있기 때문이다.

본문에서 베드로 그리고 바울과 함께 특별히 이름이 기재되어 있는 야고보는, 바로 예수님의 동생 야고보이다. 그렇다면 이것은 무엇을 의미하는가? 예수님께서 그리스도시라는 사실에 대해 끝내 의구심을 떨쳐 버리지 못하던 동생을 주님께서 개별적으로 찾아가시어, 부활하신 당신이 곧 그리스도심을 친히 증명해 보여 주신 것이었다. 동생은 형님을 곧이곧대로 믿지 못했지만, 그러나 예수님께서는 동생을 끝까지 믿어 주신 것이었다. 동생이 당신의 그리스도 되심을 믿는 믿음 위에 바로 설 것을 말이다.

사도행전 15장에 따르면, 예루살렘에서 기독교회 최초의 지도자 회의가 열렸을 때 베드로나 바울이 아닌 야고보가 최고 지도자의 역할을 수행하고 있음을 알게 된다. 그 야고보가 예수님의 제자 야고보가 아닌 것은, 제자 야고보는 이미 사도행전 12장에서 헤롯의 손에 참수형을 당했기 때문이다. 그 야고보는 바로 예수님의 동생 야고보였다. 야고보는 그에 그치지 않고 신약성경 야고보서도 기록하였다. 야고보서가 무엇보다도 '행함'을 강조하고 있다는 것은 결코 우연이 아니다. 예수님께서 믿으셨던 대로, 예수님의 동생 야고보는 이미 믿음의 용장으로 우뚝 서 있었던 것이다.

이처럼 예수님께서는 형제를 사랑한다는 것은 형제를 믿는 것이요, 그 믿음의 결과가 얼마나 아름다운지를 당신의 삶으로 친히 보여 주셨다.

맺음말

우리 삶의 현장인 일터와 가정을 '갈릴리'로 가꾸어 갈 때, 언제 어디서든 우리가 두 발 딛고 있는 바로 그곳에서 우리는 생명의 도구로 쓰임받게 된다. 주님께서 갈릴리 된 우리의 삶을 통해 친히 역사하시는 까닭이다.

지구는 평면이 아니다. 만약 지구가 평면이라면 땅 끝이란, 지금 내가 서 있는 곳과 정반대 편일 것이다. 그러나 지구는 둥글다. 그러므로 내 삶의 현장과 땅 끝은 구별되지 않는다. 내 삶의 현장에서 한 방향으로 계속 나아가면 지금 내가 서 있는 곳이 바로 땅 끝이기 때문이다. 그래서 갈릴리와 땅 끝은 별개의 것이 아니다. 더욱이 갈릴리란 히브리어의 뜻은 '고리'라는 말이다. 즉 갈릴리는 땅 끝을 건져 올리는 고리다. 다시 말하면, 그 삶의 터전을 갈릴리로 일군 사람은 어디에 있든, 자신이 두 발 딛고 서 있는 바로 그곳에서 땅 끝을 건져 올리는 땅 끝의 사람이 된다는 의미이다.

감리교를 창시한 존 웨슬리는 본래 영국 국교인 성공회의 목사였다. 그는 32세 되던 해에 땅 끝에 대한 뜨거운 열정을 품고 대서양을 건너 미국 선교에 나섰다. 그러나 그가 선교지로 삼았던 조지아에서의 사역은 그의 기대와는 달리 많은 사람들의 적대감을 불러 일으켰다. 그 결과 젊은 청년 웨슬리에게 되돌아온 것은 깊은 좌절과 영적 무력감뿐이었다. 설상가상으로 명예훼손죄로 고발까지 당한 가운데, 미국을 향해 떠난 지 2년 만에 영국으로 철수하고 말았다. 청년 웨슬리로서는 처참한 실패였다. 결과적으로 그 역시 견성의 때에 뛰어나간 셈이었다.

　그 이후 웨슬리가 본격적인 회심을 통해 감리교를 창시하기까지에는 몇 가지 결정적인 동기들이 있었는데, 그 중의 하나가 모라비안 형제단원들과의 만남이다. 모라비안 형제단이란, 보헤미아의 개혁자 존 후스의 신앙을 계승하는 자들이 보헤미아 동부 모라비아에서 결성한 신앙 집단이다. 그들은 가톨릭의 막심한 박해로 인해 사방으로 뿔뿔이 흩어졌으나, 웨슬리 당시 독일의 귀족 진젠도르프 백작의 후원 아래 다시 결성되어 왕성한 활동을 하고 있던 중이었다.

　웨슬리는 대서양을 건너 미국으로 향하는 배에서 모라비안 형제단원 몇 명을 만났다. 그날은 웨슬리가 탄 배가 큰 폭풍에 휩싸여, 모든 승객이 목전에 임박한 죽음을 의식하며 절망에 빠져 있었다. 웨슬리라고 해서 예외일 수가 없었다. 그 역시 죽음의 공포에 떨고 있었다. 그 절체절명의 순간, 그는 실로 놀라운 광경을 목격하였다. 몇 명의 청년들이 마치 아무 일도 없다는 듯 태연하게 기도하고 있는 것이었다. 바로 모라비안 형제단원들이었다. 그것은 웨슬리에게 커다란 충격이었다. 참된 신앙이 무엇인지를 비로소 깨달았던 것이다. 그리고 자신에 대해 말할 수 없는 수치심을 느꼈다. 그들에 비추어 볼 때 자신은 하나님을 믿는다고 말할 수조차 없었던 것이다.

미국 선교에서 실패하고 영국으로 돌아온 뒤에도 웨슬리의 뇌리에서는, 참된 신앙의 모습이 어떠해야 하는지를 폭풍 속에서 보여준 모라비안 형제단원들을 잊을 수 없었다. 그래서 영국에서 모라비안 형제단과 접촉해 보기도 하였지만, 그것만으로는 만족할 수가 없었다. 그는 독일로 건너가 모라비안 형제단의 후원자이자 지도자였던 진젠도르프 백작을 직접 만나 그들의 신앙을 배웠다. 물론 웨슬리가 모라비안 형제단의 신앙 방법을 모두 수용했던 것은 아니지만, 그의 본격적인 회심에 폭풍 속에서 만났던 모라비안 형제단원들이 이처럼 결정적인 역할을 하였음은 분명한 사실이었다. 즉 그들은 그날 그들이 그들의 두 발을 딛고 있던 현장—바로 그 배 위에서 땅 끝의 웨슬리를 건져 올리는 주님의 도구가 되었던 것이다. 그들에게 그들이 서 있는 현장과 땅 끝은 구별되지 않았다. 그리고 그들의 영향을 받았던 웨슬리는 그 자신의 삶의 현장이었던 영국에서, 한국을 포함하여 땅 끝을 건져 올리는 위대한 크리스천이 되었다. 웨슬리에게도 삶의 현장과 땅 끝은 별개의 것이 아니었다. 그들은 모두 진정한 갈릴리 사람들이었던 것이다.

중요한 것은 이처럼 웨슬리에게 절대적인 영향을 미쳤던, 폭풍 속에서 웨슬리가 만났던 모라비안 형제단원의 이름이 역사에는 기록되어 있지 않다는 사실이다. 이 땅에서 위대한 웨슬리를 건져 올리는 주님의 '고리'였던 그들은 이 세상에서는 익명의 존재들이다. 그러나 우리는 알게 될 것이다. 우리가 이 세상을 떠나 주님 앞에 서는 날, 그 위대한 주님의 '고리'들이 구체적으로 누구였는지를 말이다.

그들은 그날 자신들의 행동이 웨슬리에게 영향을 미치고, 그 웨슬리에 의해 감리교가 창시될 것이란 사실은 상상조차 못했을 것이다. 그러나 이제 그들은 하나님 나라에서 다 알고 있을 것이다. 그들의 작은 삶을 통하여 얼마나 크고 많은 땅 끝의 역사가 일어났는지를 말이다. 그리고 그들의 온 영혼을 다해 주님을 찬양하였을 것이다.

사랑하는 청년들이여!
그대들이 비록 익명일지라도, 아니 전혀 무명의 존재일지라도, 그대들이 자기 삶의 현장에서 참으로 신실한 크리스천으로 살아가는 한, 그대들은 분명 그 삶의 터전에서 땅 끝의 사람들을 건져 올리는 '갈릴리-고리'가 될 것이다. 그대들의 삶을 통하여 얼마나 많은 땅 끝의 사람들이 건져지고 있는지, 그대 평생토록 알지 못하고 살 수도 있다. 그러나 그날, 주님 앞에서는 모든 것을 확연하게 알게 될 것이다.

바로 이것이 어떤 경우에도 그대들이 진정한 갈릴리 사람—참으로 신실한 크리스천으로 살아야 할 이유이다. 그대들의 삶의 승패는 이 땅에서가 아니라, 그날, 하나님 앞에서 가려지는 까닭이다.

사랑의 주님!
이 땅의 청년들에게, 자신을 진정한 갈릴리 사람으로
가꾸어 가는 지혜와 용기를 주십시오.
삶의 현장에서부터 참으로 신실하게 살아가는
크리스천이 되도록 성령님께서 빛으로 인도해 주십시오.

그리하여 청년들이 어느 곳에 두 발을 딛고 있든,
바로 그곳에서 땅 끝을 건져 올리는
주님의 '고리'가 되게 해 주십시오.
주님께서 청년들을 부르신 것은
무대 위에서 연기자로 쓰시기 위함이 아니라,
세상 속에서 주님의 신실한 도구로
쓰시기 위함임을 잊지 말게 해 주십시오.
교회 밖 삶의 현장에서 참으로 신실하지 않고서는
신실하신 주님의 도구가 될 수 없음을,
어떤 경우에도 망각하지 않게 해 주십시오.
그리하여 이 땅의 신실한 청년들로 인해
이 땅의 내일이 맑아지게 해 주시고,
이 땅의 신실한 젊은이들로 인해
땅 끝의 역사까지도 밝아지게 해 주십시오.
아멘.

참으로 신실하게
Truly Faithfully

지은이 이재철
펴낸곳 주식회사 홍성사
펴낸이 정애주
국효숙 김의연 박혜란 송민규 오민택 임영주 차길환

2002. 5. 17. 초판 발행   2025. 9. 5. 35쇄 발행

등록번호 제1-499호 1977. 8. 1.
주소 (04084) 서울시 마포구 양화진4길 3
전화 02) 333-5161   팩스 02) 333-5165
홈페이지 hongsungsa.com   이메일 hsbooks@hongsungsa.com
페이스북 facebook.com/hongsungsa
양화진책방 02) 333-5161

ⓒ 이재철, 2002

• 잘못된 책은 바꿔 드립니다.   • 책값은 뒤표지에 있습니다.

ISBN 978-89-365-0191-4 (03230)